Nadezhda Beljakova / Thomas Bremer / Katharina Kunter

„Es gibt keinen Gott!“

Kirchen und Kommunismus. Eine Konfliktgeschichte

Nadezhda Beljakova / Thomas Bremer / Katharina Kunter

„Es gibt keinen Gott!“

Kirchen und Kommunismus. Eine Konfliktgeschichte

HERDER

FREIBURG · BASEL · WIEN

www.herder.de
Umschlaggestaltung: Verlag Herder
Umschlagmotiv: Wladimir Michailowitsch Menschikow:
Бога нет (dt.: „Es gibt keinen Gott"). Plakat 1962, privat
Satz: dtp studio eckart | Jörg Eckart
Herstellung: Těšínská Tiskárna a.s., Český Těšín
Printed in Czech Republic
ISBN 978-3-451-30622-8

Inhalt

Vorwort

Mehr als 25 Jahre nach dem Fall des Eisernen Vorhangs und dem Ende der sozialistischen Regime in Mittel- und Osteuropa durchziehen noch immer zahlreiche Spuren der kommunistischen Vergangenheit Politik, Wirtschaft und gesellschaftliches Leben in Europa. Die Schatten dieser Vergangenheit sind dabei oftmals länger als erwartet und belasten nicht nur die demokratischen Transformationsprozesse der postsozialistischen Staaten Europas, sondern sind auf vielen Politikfeldern zu einer aktuellen gesamteuropäischen Herausforderung geworden. Das gilt in gleicher Weise für das Christentum in Europa. Hier geht es nicht nur um die aus der Konfrontation mit dem Kommunismus gewonnenen Erfahrungen, Mentalitäten und Strategien. Ebenso bestimmen und prägen die oftmals in der Öffentlichkeit diskutierte Beziehung zwischen Kirche und kommunistischen Behörden sowie der häufig intransparente und apologetische Umgang der Kirchen mit ihrer Vergangenheit noch immer christliches Leben in Europa, aber auch darüber hinaus.

Dabei geht es um grundlegende Klärungen: Wie haben sich Christen und Christinnen seit dem Aufkommen kommunistischer Ideen im 19. Jahrhundert mit diesem alternativen säkularen Sozial- und Gesellschaftsentwurf auseinandergesetzt? Welche Entwicklungsetappen gab es, und wie sah das tatsächliche Verhältnis zwischen Christen und Verfechtern des Kommunismus in unterschiedlichen kirchlichen und nationalen Kontexten aus? Auf welche historischen Modelle von Widerstand, Anpassung und Kooperation konnten die christlichen Kirchen zurückgreifen und welche neuen Erfahrungen und Einsichten machten sie? Wie standen und stehen Christen zur gesellschaftsverändernden Revolution, zu Gedanken der sozialen Gerechtigkeit? Das alles sind nicht nur historische Fragen der Vergangenheitsdeutung und der politisch-philosophischen Reflexion, sondern betrifft unmittelbar die aktuelle Situation des globalen Christentums, zumal bis heute Christen in kommunistisch orientierten Ländern leben.

Die europäische, globale und transkonfessionelle Dimension des Themas „Kirchen und Kommunismus" ist in Deutschland in Öffentlichkeit, Kirche, akademischer Lehre und Forschung nur am Rande wahrgenommen worden. Das ist bedingt durch die deutsche Wiedervereinigung und die anschließend zunächst auf das Erbe des geteilten Deutschland und die Rolle der evangelischen und katholischen Kirche in der DDR konzentrierte Aufarbeitung. Doch auch in anderen Ländern und Sprachen finden sich kaum Publikationen, die eine Gesamtdarstellung der schwierigen Beziehungsgeschichte zwischen Kommunismus und Christentum bieten. Viele Untersuchungen sind aus einer konfessionellen Perspektive geschrieben und beschränken sich auf die Verfolgung der eigenen Kirche oder das Schicksal wichtiger Vertreter dieser Kirche, oder aber sie befassen sich mit der Situation in einem bestimmten Land.

Um diesem Defizit abzuhelfen, legen wir hiermit erstmals eine konfessions- und länderübergreifende Überblicksdarstellung des Themas in deutscher Sprache vor. Sie wird hoffentlich in Zukunft dazu beitragen, das Thema „Kirchen und Kommunismus" für alle Interessierten sowie in Kirche, öffentlicher Bildungsarbeit und Universität stärker bewusst zu machen und zu neuen Diskussionen, Forschungen und Studien zu motivieren.

Wir haben seit vielen Jahren in verschiedenen internationalen Forschungskontexten und mit unterschiedlichen Schwerpunktsetzungen zum hier behandelten Thema gearbeitet. In den gemeinsamen Diskussionen und Gesprächen ist uns dabei deutlich geworden, dass eine konfessionell getrennte Darstellung wenig sinnvoll erscheint, im Gegenteil: Um verstehen und nachvollziehen zu können, was mit dem Christentum im 20. Jahrhundert unter kommunistischer Herrschaft geschehen ist, vor welchen Herausforderungen es stand und mit welchen bleibenden Konflikten und Erbschaften die Kirchen in Europa angesichts dieser jüngsten Zeitgeschichte zu kämpfen haben, bedarf es des ganzheitlichen Blickes auf die drei großen konfessionellen Strömungen des europäischen Christentums: auf Orthodoxie, Katholizismus und Protestantismus. Dann erst wird deutlich, dass das Christentum immer mehr ist als die Institution Kirche mit ihren offiziellen Repräsentanten, dass zu ihm engagierte christliche Einzelpersönlichkeiten ebenso wie christliche und kirchennahe Gruppen und Bewegungen gehören und dass uns der Glaube, die Theologie sowie die gelebte Kirchlichkeit und Religiosität in mannigfaltigen und ganz unterschiedlichen Ausformungen begegnen. Wie viel von diesem reichen und vielfältigen europäischen Christentum im 20. Jahrhundert verschwunden ist, muss jeden und jede, gleich welcher Konfession, erschüttern.

* * *

Die Übersetzung der russischen Passagen stammt von Xenia Baljakin. Zuweilen kommt es zu Wiederholungen, da das Buch nicht nur chronologisch angelegt ist, sondern auch nach Sachthemen. Solche Doppelungen wurden um der leichteren Verständlichkeit willen nicht getilgt. Um eine bessere Lesbarkeit zu erreichen, haben wir uns dafür entschieden, nur die Zitate an Ort und Stelle zu belegen und die benutzte und weiterführende Literatur am Ende zusammenzufassen. Während im Text die leichter lesbare Transkription russischer Namen verwendet wird (etwa: Gorbatschow), ist in den Nachweisen der Zitate die wissenschaftliche Transliteration zur Anwendung gekommen (Gorbačev), damit die Quellen eindeutig aufzufinden sind. Bei der ersten Nennung historischer Persönlichkeiten sind die Lebensdaten in Klammern angefügt. Schließlich sei noch darauf hingewiesen, dass wir in diesem Text häufig die männliche Form von Substantiven verwenden, dass dabei aber Frauen mit eingeschlossen sind. Das betrifft vor allem die Kirchen- und Gemeindemitglieder, die aktiven Laien, Pfarrer und Pfarrerinnen, Lehrer und Lehrerinnen sowie Katecheten oder Katechetinnen, während auf der Ebene der kirchenleitenden Persönlichkeiten in Mittel- und Osteuropa in der Zeit des Kommunismus so gut wie keine Frauen zu finden sind.

Wir danken dem Verlag Herder, insbesondere Herrn Clemens Carl, für die engagierte verlegerische Betreuung und Unterstützung. Xenia Baljakin, David Kulke, Sandra Olliges und Anna Ott vom Ökumenischen Institut der Universität Münster haben uns bei der Gestaltung des Textes geholfen; auch ihnen gebührt herzlicher Dank.

Moskau – Münster – Frankfurt a. M., Mai 2016
Nadezhda Beljakova – Thomas Bremer – Katharina Kunter

Einführung

„Sie [die Religion] ist das Opium des Volks“[1] – dieser Satz von Karl Marx (1818–1883), einem der geistigen Väter des Kommunismus im 19. Jahrhundert, umschreibt treffend das Verständnis des Phänomens Religion aus der Sicht des Kommunismus. Das Bild vom „Opium des Volks“ oder, in der Variante des russischen Revolutionärs Wladimir Iljitsch Lenin (1870–1924), vom „Opium für das Volk“ soll dabei ausdrücken, dass Religion von den Herrschenden und Privilegierten, also vom „Kapital“, als politisches Instrument benutzt wird, mit dem sie die Arbeiterklasse, also das Volk, unterdrücken, um diese auf ein besseres Dasein in ferner Zeit zu vertrösten und damit von den gegenwärtigen Verhältnissen abzulenken. Wie ein Opiumrausch den Süchtigen die Probleme des Alltags für den Augenblick vergessen lässt, so ist Religion nach kommunistischem Verständnis ein Mittel, um die Arbeiter das Elend ertragen zu lassen, in dem sie nach dem Willen und den Interessen der Ausbeuter leben müssen. In der Nachfolge des deutschen Philosophen Ludwig Feuerbach (1804–1872) wird Religion von Marx als gedankliches Konstrukt verstanden, als Projektion, die nichts mit der Wirklichkeit zu tun hat. Religionstheoretisch bedeutet das: Neben und außerhalb der sichtbaren Welt, die wir durch zunehmende Erkenntnis und durch wissenschaftlichen Fortschritt immer besser zu verstehen lernen, gibt es keine Trans-

1 Karl Marx

1 K. Marx / F. Engels, Zur Kritik der Hegelschen Rechtsphilosophie. Einleitung: http://www.mlwerke.de/me/me01/me01_203.htm.

zendenz. Glauben Menschen dennoch an ein höheres Wesen, sind sie nach diesem Ansatz einfach nicht genügend gebildet oder haben, in der kommunistischen Terminologie, kein ausreichendes gesellschaftliches Bewusstsein. Deshalb werde, so die These des Kommunismus, Religion durch zunehmende Zivilisation und Bildung eines Tages ohnehin von selber verschwinden. Genau das wollte der sowjetische Kosmonaut Juri Gagarin (1934–1968), der erste Mensch im Weltall, ausdrücken, als er nach seiner Rückkehr angeblich gesagt hat, er habe dort keinen Gott gesehen: Hat der Mensch sich also erst einmal das All und die noch ungelösten Geheimnisse der Natur zu eigen gemacht, gibt es nach dieser Vorstellung keinen vernünftigen und nachvollziehbaren Grund mehr, an Gott oder an andere höhere Wesen zu glauben. Die sowjetische Karikatur auf dem Umschlag dieses Buches ist Ausdruck dieser Überzeugung: Der Kosmonaut, Symbol für die Eroberung des Weltalls durch den Menschen, stellt fest: „Es gibt keinen Gott!"

Die unterschiedlichen philosophischen und sozialpolitischen Ideen und Überlegungen zur Lage und Entwicklung der Gesellschaft wurden im 19. Jahrhundert systematisiert und mit dem „Manifest der Kommunistischen Partei" und den Schriften von Karl Marx und Friedrich Engels (1820–1895) erstmals in ein kohärentes gedankliches System gebracht. Die Ideen gingen dabei mit der Entstehung politischer Kreise und Bewegungen einher, die sich für die Verwirklichung dieser Einsichten einsetzten. Die Absolutsetzung der Theorie unter Ausblendung ihrer sich in der Realität zeigenden Defizite machte dann allerdings aus dem säkularen philosophischen Ansatz die Ideologie des Kommunismus, für die ihre Verfechter Anspruch auf Allgemeingültigkeit erhoben. Die radikale praktische Umsetzung dieser Ideologie erfolgte erstmals im 20. Jahrhundert, und zwar in Russland ab dem Jahr 1917, nach der Oktoberrevolution. In den Jahrzehnten nach dem Ende des Zweiten Weltkriegs 1945 kamen dann auch in zahlreichen weiteren europäischen sowie einigen außereuropäischen Staaten sozialistische bzw. kommunistische Regierungen an die Macht. In Europa endete der „real existierende" Sozialismus, wie die Herrschaft der sozialistischen Regime häufig in Abgrenzung zur kommunistischen Theorie bezeichnet wird, mit der Wende von 1989/90, während es weltweit immer noch einige Staaten mit einer kommunistischen Ordnung der Gesellschaft und / oder des Wirtschaftssystems gibt. Unter ihnen ist China sicherlich der weltpolitisch bedeutendste.

In all diesen Staaten haben die kommunistischen Machthaber feststellen müssen, dass sich die Religion und im Besonderen das Christentum für die gläubigen Menschen nicht so schnell als überflüssig erwiesen und dann aufgelöst hat, wie es aus der Theorie zu erwarten gewesen wäre. Das führte und führt in allen diesen Staaten zu starker administrativer und gesellschaftlich-kultureller Einschränkung des religiösen Lebens, zu vielfältigen Schikanen und Repressionen gegenüber Gläubigen bis hin zu blutiger Verfolgung.

Wie die Verfolgung in den verschiedenen Phasen der kommunistischen Herrschaft und in den verschiedenen Ländern aussah, auf welchen weltanschaulichen Prämissen sie beruhte, welche Methoden für sie angewandt wurden, aber auch zu welchen langfristigen Wirkungen sie für das Christentum in Mittel- und Osteuropa führte und wie dieses darauf reagierte, ist Thema dieses Buches. Dabei soll die wechselhafte und vielfältige Beziehung zwischen beiden Anschauungen, Christentum und Kommunismus, und ihren konkreten Ausformungen, den Kirchen und den kommunistischen Staaten, beleuchtet werden. Diese Beziehung beschränkt sich nicht, wie das auf den ersten Blick scheinen mag, auf die osteuropäischen Staaten im 20. Jahrhundert. Christentum und Kommunismus sind bereits vorher miteinander in Berührung gekommen, ihre Kontakte haben sich nicht auf Europa beschränkt, und mit dem Ende der realsozialistischen Systeme Ende der 1990er-Jahre haben sich weder der Kommunismus noch seine Geschichte mit dem Christentum erledigt.

Um diese große Konfliktgeschichte genauer verstehen zu können, werden hier in vier großen Teilen historische Etappen und Phasen in der Auseinandersetzung zwischen Kirche und Kommunismus seit dem 19. Jahrhundert genauer untersucht.

Im ersten Kapitel werden dabei die wichtigsten Grundzüge der kommunistischen Idee sowie ihr theoretisches Verhältnis zur Religion dargestellt. Sie bieten die ideologischen Voraussetzungen dafür, wie sozialistische bzw. kommunistische Systeme dann tatsächlich mit Religion, d. h. konkret mit den christlichen Kirchen in ihrem Herrschaftsbereich, umgegangen sind. Das zweite Kapitel widmet sich vor allem den durch die Oktoberrevolution 1917 hervorgerufenen revolutionären Veränderungen in Russland und der Frage, was die Herrschaftsübernahme der Bolschewiki für die zarennahe Russische Orthodoxe Kirche, aber auch für die anderen Kirchen im Lande bedeutete. Das dritte Kapitel des Buches beleuchtet die Situation von Katholiken, Protestanten und Orthodoxen nach 1945, insbesondere in den Ländern, die nach dem Zweiten Weltkrieg neu in den sozialistischen Herrschaftsbereich gekommen sind, ehe das abschließende vierte Kapitel nach den bleibenden Herausforderungen für Kirche in der Auseinandersetzung mit den Regimes in heute noch kommunistisch regierten Staaten fragt, wie etwa China, Kuba oder Vietnam.

Teil 1

Beginnende Rivalität: Das Aufkommen des Kommunismus und das Christentum im 19. Jahrhundert

1. Kommunitaristische Elemente in der Bibel und im Christentum

In der Vorgeschichte und der frühen Entwicklung des Kommunismus lassen sich erhebliche religiöse bzw. christliche Einflüsse finden. Von späteren Marxisten wie etwa Karl Kautsky (1854–1938) ist bereits auf den Zusammenhang zwischen den urchristlichen Utopien und dem Sozialismus hingewiesen worden. So finden sich beispielsweise in der Bibel viele Hinweise auf das Gemeineigentum; die prominentesten sind wohl die Stellen aus der Apostelgeschichte, die auf den Verzicht auf Privateigentum und die Erfüllung der Bedürfnisse aller abheben:

> „Und alle, die gläubig geworden waren, bildeten eine Gemeinschaft und hatten alles gemeinsam. Sie verkauften Hab und Gut und gaben davon allen, jedem so viel, wie er nötig hatte." (Apg 2,44f.)
>
> „Die Gemeinde der Gläubigen war ein Herz und eine Seele. Keiner nannte etwas von dem, was er hatte, sein Eigentum, sondern sie hatten alles gemeinsam. [...] Es gab auch keinen unter ihnen, der Not litt. Denn alle, die Grundstücke oder Häuser besaßen, verkauften ihren Besitz, brachten den Erlös und legten ihn den Aposteln zu Füßen. Jedem wurde davon so viel zugeteilt, wie er nötig hatte." (Apg 4,32–35)

In der Geschichte des Christentums gab es immer wieder Einzelne, Gruppen und Bewegungen, die sich für Gleichheit und Gemeineigentum mit dem Verweis auf die Situation der „Urgemeinde" einsetzten und sie als ein verbindliches christliches Lebensmodell zu etablieren versuchten, beispielsweise Franziskus von Assisi (1181–1226) und verschiedene täuferische Bewegungen der Reformationszeit, unter denen der thüringische Reformator Thomas Müntzer (1489–1525) besonders hervorragte. Der englische katholische Staatsmann Thomas Morus (1478–1535) verfasste als erster mit seiner 1516 erschienenen Schrift „De optimo statu rei publicae deque nova insula Utopia" (Vom besten Zustand des Staates und von der neuen Insel Utopia), die vor allem unter ihrem Kurztitel „Utopia" bekannt wurde, den programmatischen Zukunftsentwurf einer idealen Gemeinschaft mit sozialistischen Zügen. Denn sie enthielt ein Plädoyer für eine Gesellschaft, die nicht nur auf den Grundsätzen der Gleichheit aufgebaut war, sondern die sich auch explizit gegen Privateigentum und den alles dominierenden Wert des Geldes aussprach. 1623, gut 100 Jahre später, legte der italienische Dominikanermönch Tommaso Campanella (1568–1639) mit seinem Werk „La città del Sole" (Die Sonnenstadt) eine weitere christlich-sozialistische

Gesellschaftsutopie vor, die ebenfalls Privateigentum ablehnte. Ebenso lässt sich das christliche Mönchtum als Versuch verstehen, eine solche Gütergemeinschaft für eine kleinere Gruppe zu etablieren.

Sozialistische Ideen hatten also durchaus christlich inspirierte, religiöse Vorläufer. In der Kirchengeschichte haben sich diese Richtungen und Aufbrüche jedoch nicht durchgesetzt. Auch in den sozialen Verwerfungen des 19. Jahrhunderts gab es zahlreiche christlich motivierte Lösungsansätze, und zwar sowohl solche, die vor allem eine konkrete Linderung der sozialen Probleme durch karitative Maßnahmen bevorzugten, als auch solche, die grundsätzliche Überlegungen über die politischen und gesellschaftlichen Verhältnisse anstellten und diese zu verändern suchten; aus solchen Bewegungen entstanden die Strömungen des christlichen Sozialismus.

Einer der einflussreichsten Vertreter dieser Richtung war Wilhelm Weitling (1808–1871), ein theoretischer Vordenker des Kommunismus, der von seinen christlichen Überzeugungen ausging. Er wurde Mitte des 19. Jahrhunderts nach seinem Bruch mit Marx und Engels aus dem „Bund der Kommunisten" ausgeschlossen. Für Marx spielte hingegen die religiöse Begründung des Kommunismus keine Rolle; daher konnte er mit den Ideen der religiösen Sozialisten nichts anfangen und blieb bei seiner scharfen Kritik der Religion. Damit stand er in der Tradition seiner Zeit; Religionskritik war bei den sogenannten Junghegelianern verbreitet und gehörte zum intellektuellen Zeitgeist der 1840er-Jahre.

2. Die Französische Revolution 1789 und ihre Folgen für die Kirchen

Die Grundlinien im Verhältnis zwischen den christlichen Kirchen und den Vertretern der kommunistischen Lehre, wie es sich im 19. Jahrhundert herausbildete, kamen bereits in der Zeit der Französischen Revolution von 1789 deutlich zum Vorschein. Dabei war das Verhältnis zwischen Kirche und Reformern anfangs nicht einmal feindlich, doch entwickelten sich die Protagonisten der Revolution in deren weiterem Verlauf mit ihren Maximen zum großen Feindbild der christlichen Kirchen. Durch die revolutionäre Dynamik und die umgreifenden sozial-politischen Umwälzungen in Frankreich sah sich das europäische Christentum, insbesondere in Form des höheren katholischen Klerus, grundlegend in seinen Überzeugungen und Traditionen angegriffen und reagierte seitdem gegenüber allen sich im Kontext der Französischen Revolution ergebenden politischen Bewegungen mit Angst, Abwehr und Ablehnung. Dahinter stand die fundamentale Erschütterung, die die katholische Kirche Frankreichs als die stärkste christliche Glaubensgemeinschaft im Land in der Revolutionszeit erfahren hatte. Sie war im 18. Jahrhundert grundlegender Teil der absoluten Monarchie, der später als „Altes Regime" („Ancien Régime") bezeichneten Regierungs- und Staatsform, die auf dem Fundament der alten christlichen Ständeordnung beruhte, in der jeder und jede von Geburt einen festen, von Gott zugewiesenen Platz hatte.

Die Parole der Revolutionäre – nämlich Freiheit, Gleichheit und Brüderlichkeit – setzte den Machteliten des Alten Regime ein Ende. Mit ihrer ideellen Verwurzelung in der Aufklärung und mit ihrem großen Programm der sich für alle Schichten, Klassen und Einzelpersönlichkeiten aus dem Naturrecht ableitenden Menschenrechte kam schließlich der dritte Stand, nämlich das Bürgertum und die Bauern, also „das Volk", an die Macht und konstituierte sich am 17. Juni 1789 als Nationalversammlung. Ihm hatten sich mittlerweile auch zahlreiche katholische Priester angeschlossen. Die Nationalversammlung beendete die alten Privilegien des ersten und zweiten Standes, also von Adel und Klerus, schaffte die alte Feudalherrschaft, die Leibeigenschaft, den Frondienst und die Patrimonialgerichtsbarkeit ab und deklarierte am 26. August 1789 die Allgemeinen Menschenrechte.

Der katholische Klerus verlor im Verlauf der revolutionären Umtriebe nicht nur seine Privilegien, sondern auch seine finanzielle Basis, da der Kirchenzehnte abgeschafft und der kirchliche Grundbesitz verstaatlicht wurde (Säkularisation). Trotzdem wurde die katholische Kirche mit ihren Institutionen zunächst noch als ein Teil des französischen Staates betrachtet, den dieser auch finanziell unterhalten müsse. Die Unterzeichnung und Annahme der dafür geforderten verfassungsmäßigen Grundlage der Zivilkonstitution des Klerus von 1790 lehnte dann allerdings ein Großteil der katholischen Bischöfe und Priester ab, wie das auch schon bei der Menschenrechtserklärung von 1789 der Fall war. Papst Pius VI. (1717–1799) verurteilte 1791 ausdrücklich in zwei Schreiben, „Quot aliquantum" und „Caritas", die Zivilkonstitution, die bürgerliche Freiheit und die Menschenrechtserklärung. Damit war die katholische Kirche Frankreichs gespalten, in einen größeren Teil, der mit dem Papst die Zivilkonstitution und die Menschenrechte ablehnte, und in einen kleineren, aber stärker durch die Priesterschaft getragenen Teil, der für die zivilkonstitutionelle Verankerung der katholischen Kirche plädierte. Ein Teil des höheren Klerus entschloss sich bereits jetzt zur

Emigration. Zunächst hielt die Nationalversammlung aber noch an der Zivilkonstitution fest. Nach der Ausrufung der Republik 1792 und nachdem 1793 der französische König Ludwig XVI. (*1754) vor der Pariser Öffentlichkeit geköpft worden war, begannen jedoch die Jahre des großen Terrors durch die Jakobiner. Sie verfolgten und ermordeten gnadenlos sämtliche Feinde der Revolution, wozu jetzt auch zahlreiche Priester des Dritten Standes gehörten. Nun wurden auch diejenigen Priester, die für die Zivilkonstitution gewesen waren, brutal verfolgt und diffamiert. Kirchen und Klöster wurden geplündert und enteignet, die christlichen Feste verboten, der Sonntag abgeschafft und durch einen neuen Revolutionskult, das Fest der Vernunft, und einen Revolutionskalender ersetzt; so wurde die gesamte christliche Volkskultur säkularisiert. Das Ziel der revolutionären Religionspolitik war neben der gesamtgesellschaftlichen Entchristianisierung die Trennung von Staat und Kirche. Dazu gehörten die Abschaffung der kirchlichen Trauung, die Möglichkeit der Ehescheidung und die Einführung der allgemeinen Religionsfreiheit.

Eine andere Haltung zur Französischen Revolution als der katholische Klerus hatten naturgemäß die französischen Protestanten, die Hugenotten. Sie hatten stets eine kleine, noch bis 1730 verfolgte Minderheit im Land gebildet. Durch das Toleranzedikt Ludwigs XVI. von 1787 waren sie zu Vollbürgern aufgestiegen; doch richtig frei und gleichberechtigt fühlten sie sich erst durch die Allgemeine Erklärung der Menschen- und Bürgerrechte von 1789 und die Verfassung von 1791, die ihnen ebenfalls bürgerliche Gleichheit, Gewissensfreiheit und Religionsfreiheit zugestand. Zahlreiche Protestanten unterstützten daher die revolutionären Entwicklungen, arbeiteten in den Versammlungen mit und forderten in ihrem Verlauf vehement die Bürgerrechte für die Protestanten. Ein besonders profilierter Vertreter war der protestantische Pfarrer Jean-Paul Rabaut Saint-Étienne (1743–1793). Er wurde als Abgeordneter des Dritten Standes Mitglied der Nationalversammlung und machte sich in ihren Debatten für die Geltung der Bürgerrechte für alle Franzosen sowie für die Gewissens- und Meinungsfreiheit als unveräußerliches Menschenrecht stark. Politisch sprach er sich allerdings für die Weiterführung der Monarchie aus, was ihm mit der zunehmenden Radikalisierung der Revolution schließlich 1793 den Tod durch Hinrichtung brachte. Dennoch hatte sich die Situation für die Protestanten durch die Revolution entscheidend verändert. Mit der Erklärung der Menschen- und Bürgerrechte erhielten sie Zugang zu allen öffentlichen Berufen und militärischen Positionen. Nachdem es Protestanten bis dahin verboten war, öffentlich Gottesdienste zu feiern, fand im Mai 1791 erstmals ein öffentlicher Gottesdienst in Paris statt. Die

Jahre des Terrors und der radikalen Entchristlichung 1793/94 betrafen dann freilich auch die Protestanten. Zum einen wurden diejenigen von ihnen, die sich dem gemäßigten Spektrum der Revolution zuordnen ließen, ausgeschlossen und hingerichtet. Zum anderen gaben die meisten Pfarrer ihr gerade noch gewonnenes Recht auf öffentliche Religionsausübung auf, hielten nur noch Gottesdienste im privaten Rahmen ab oder gaben ihr pastorales Amt ganz auf. Fast die Hälfte aller Pfarrer, auch bei den Katholiken, entschied sich für einen Amtsverzicht. Erst mit dem Ende der Schreckensherrschaft Maximilien de Robespierres (*1758) durch dessen Sturz und Hinrichtung 1794 konnten die Kirchen wieder geöffnet und Religion wieder ausgeübt werden.

Die Radikalität der Französischen Revolution blieb zwar zunächst vor allem auf Frankreich beschränkt. Die Revolutionswelle von 1848/49 erfasste dann jedoch, mit Ausnahme Russlands, fast alle Staaten Europas und brachte die Themen der Nation, der Demokratie und der Menschenrechte sowie der sozialen Frage auf die Tagesordnung. Doch den Ideen der Französischen Revolution, den Gedanken von Freiheit, Menschenrechten und Demokratie, standen nach wie vor zahlreiche Christen Europas, die außerhalb Frankreichs in den unterschiedlichen politischen Länderkonstellationen gegen das revolutionäre Frankreich kämpften, distanziert gegenüber, wie es das aus England überlieferte Stoßgebet „Vor Freiheit, Gleichheit und den Menschenrechten bewahre uns, o Herr"[1] anschaulich beschreibt. Denn viele Christen sahen die Menschenrechte als das ideelle Herzstück der Französischen Revolution und damit vor allem als ein Synonym für Chaos, Anarchie und Kirchenfeindlichkeit. Anders sah die Situation dagegen in England und in den Vereinigten Staaten von Amerika aus. In den USA waren die in der Bill of Rights von 1776 garantierten Menschenrechte und die Religionsfreiheit Grund für die Einwanderung zahlreicher in Europa verfolgter Christen, folgerichtig genossen sie hohe Wertschätzung. Sowohl in England als auch dann in den amerikanischen Nordstaaten waren es schließlich vor allem Christen aus der Erweckungsbewegung sowie Mennoniten und Quäker, die den Kampf gegen die Sklaverei politisch und gesellschaftlich entscheidend vorantrieben.

In der Zeit der Französischen Revolution und der sich anschließenden Befreiungskriege in Europa herrschte also eine kirchliche Abwehrhaltung gegenüber revolutionären Bestrebungen gegen die alte gottgewollte Ordnung vor. Durch die Revolutionen wurden die Kirchen als

1 Zitiert nach M. Greschat, Das Zeitalter der Industriellen Revolution. Das Christentum vor der Moderne, Stuttgart 1980, 22.

staatsnahe und nationale Institutionen systematisch ihres materiellen Besitzes beraubt und als der neuen Regierungsform feindlich gegenüberstehende reaktionäre Gemeinschaften verfolgt. Das bildete die mentale Hintergrundfläche für die spätere Auseinandersetzung mit dem Kommunismus und seinen Vertretern.

3. Die Entwicklung des Marxismus und seine Grundzüge

Ungeachtet der oben skizzierten Vorläuferideen gelten jedoch die beiden Deutschen Karl Marx und Friedrich Engels als die wichtigsten Köpfe für die Entstehung der Idee des Kommunismus als eines gesellschaftsphilosophischen Systems, das eine ideale Gesellschaftsform anstrebte und seit dem späten 19. Jahrhundert als „Marxismus" bezeichnet wurde. Dabei wurzelt der Marxismus historisch und sozialgeschichtlich im frühen 19. Jahrhundert. Marx und Engels analysierten die Entstehung und zunehmende Verelendung der Arbeiterklasse sowie die Verarmung der städtischen Bevölkerung seit dem frühen 19. Jahrhundert und suchten eine theoretische und praktische Lösung für die sich aus der Industriellen Revolution ergebenden Folgen, wie die Entstehung eines breiten Proletariats, Landflucht und zunehmende Verstädterung auf der einen Seite, Verlust und Zerbrechen von traditionellen (Familien-)Zusammenhängen, Lebensformen und Werten auf der anderen Seite.

Zwar hat sich der Begriff „Marxismus" vielfach entwickelt und ausdifferenziert und kennt bis heute zahlreiche unterschiedliche Auslegungen und Spielarten, doch gibt es einige Grundsätze, die all diesen Deutungen gemeinsam sind. Dazu gehört der bereits von Marx und Engels in ihrem „Manifest der Kommunistischen Partei" von 1848 formulierte Ausgangspunkt, dass ihre theoretische Gesellschaftsanalyse stets auf praktische, revolutionäre Umbrüche und Veränderungen in der gegenwärtigen Gesellschaft abziele. Diese müsse immer von den unteren Klassen, also vom arbeitenden Volk oder dem Proletariat, ausgehen. Mit diesen Gedanken wurde zugleich eine neue Vorstellung von der Entwicklung der Gesellschaft verbunden, die von Marx selbst als „wissenschaftlicher Sozialismus" verstanden und bezeichnet wurde und an deren Ende schließlich der Kommunismus als Idealzustand stehen sollte.

In Anlehnung und Weiterführung dieser Gedanken versteht sich der Marxismus also als Analyse der Gesellschaft mit dem Potenzial zu ihrer Veränderung. Diese Analyse geht von den wirtschaftlichen Verhältnissen aus und betrachtet das Privateigentum, vor allem das an den Produktionsmitteln, als Ursache für die ungerechten Verhältnisse. Es befördere die ökonomische Herrschaft („Ausbeutung") von Menschen über andere Menschen und sei Ursache für die Zugehörigkeit der Menschen zu geschlossenen sozialen Klassen, aus denen ein gesellschaftlicher Aufstieg kaum möglich sei. Der einzige Weg zum besseren Leben bleibe folglich der Klassenkampf bzw. die Revolution, oder, in den Worten des „Manifests der kommunistischen Partei": „Die Geschichte aller bisherigen Gesellschaft ist die Geschichte von Klassenkämpfen. Freier und Sklave, Patrizier und Plebejer, Baron und Leibeigener, Zunftbürger und Gesell, kurz, Unterdrücker und Unterdrückte standen in stetem Gegensatz zueinander, führten einen ununterbrochenen, bald versteckten, bald offenen Kampf, einen Kampf, der jedes Mal mit einer revolutionären Umgestaltung der ganzen Gesellschaft endete oder mit dem gemeinsamen Untergang der kämpfenden Klassen."[2]

Manifest
der
Kommunistischen Partei.

Veröffentlicht im Februar 1848.

Proletarier aller Länder vereinigt euch.

London.
Gedruckt in der Office der „Bildungs-Gesellschaft für Arbeiter"
von J. E. Burghard.
46, Liverpool Street, Bishopsgate.

2 Originalausgabe des „Manifests der Kommunistischen Partei" (1848)

Nach Marx bringt die Entwicklung der Arbeit, die historisch zum Phänomen Privateigentum geführt habe, eine Entfremdung zwischen dem arbeitenden Menschen und dem Produkt, das er herstellt, mit sich. Diese könne nur dann überwunden werden, wenn die privaten Produktionsmittel zum gemeinsamen Besitz würden. In der Idee des verwirklichten Kommunismus sollten dann alle dieselben Interessen haben und gemeinsam, ohne gegenseitige Konkurrenz, zum allgemeinen Wohl arbeiten. Als Vorstufe zum Kommunismus betrachteten Marx und Engels den Sozialismus. Hier sollten die Produktionsmittel bereits

2 K. Marx/F. Engels, Manifest der Kommunistischen Partei: http://www.mlwerke.de/me/me04/me04_459.htm.

nicht mehr Privateigentum, sondern schon vergesellschaftet („sozialisiert“) sein und jeder Arbeitende sollte entsprechend seiner Leistung belohnt werden. Nach der marxistischen Lehre führt der Sozialismus dann zum Kommunismus, wo jeder all das haben sollte, was seinen Bedürfnissen entspreche. Diese Abfolge wurde vor allem von Lenin postuliert und spielte in der Ideologiegeschichte der Sowjetunion eine wichtige Rolle.

Der Marxismus zeichnet sich durch die Vorstellung historischer Linearität aus, d.h. die von ihm vorhergesagten Entwicklungen müssen nach der Logik seiner Lehrvorstellungen notwendig so eintreffen; es gibt keine Möglichkeit eines anderen Laufs der Dinge. So wird durch Revolutionen jeweils eine neue gesellschaftliche Entwicklungsstufe der Menschheit erreicht: Auf den bürgerlichen Kapitalismus, der durch die Überwindung der Urgesellschaft, der Sklavenhaltergesellschaft und des Feudalismus entstanden ist, folgen dann der Sozialismus und schließlich der Kommunismus.

Die Weiterentwicklung der Hegelschen Dialektik, wonach sich Gegensätze denkerisch aufheben, bzw. ihre Abtrennung vom Idealismus führt Marx dazu, dass es nicht Ideen oder Vorstellungen seien, die das menschliche Sein bestimmen, sondern umgekehrt das Bewusstsein der arbeitenden Menschen von ihrem (gesellschaftlichen) Sein, ihren wirtschaftlichen Interessen und ihren Bedürfnissen bestimmt werde. Nach dieser materialistischen Dialektik sind daher auch überkommene Phänomene wie die gesellschaftliche Ordnung und folglich auch die Religion zum Aussterben verurteilt. So wie sich im Kommunismus der Staat zugunsten einer gerechten und für alle gleich akzeptablen Ordnung auflösen werde, so werde auch die Religion ihr natürliches Ende finden. In der idealen Gesellschaft, in der die Menschen nicht mehr entfremdet, sondern aus ihrem wahren Bewusstsein leben, bräuchten sie daher keine Religion mehr. Sie würden dann sogar erkennen, dass Religion nur ein Konstrukt war, das zu ihrer Unterdrückung diente.

4. Der marxistische Religionsbegriff

Grundsätzlich ist das Verhältnis zwischen dem Marxismus und der Religion sowohl durch die realen historischen Konflikte der jeweiligen Zeitepochen wie durch ihre ideologischen Gegensätze gekennzeichnet. Nach der Vorstellung, dass das Bewusstsein der Menschen von ihrem Sein bestimmt wird, sind ideelle Prinzipien als gesellschaftliche Grundlagen im Marxismus wenn nicht ausgeschlossen, so doch immer Folge realer, meist ökonomischer Gegebenheiten und Verhältnisse. Das bedeutet, dass auch die Religion Folge des menschlichen Denkens ist, eine Reaktion auf die bedrückende Lage der Menschheit. Feuerbach hat hierfür den Begriff der Projektion verwendet; für ihn entsteht Religion allerdings vor allem aus den individuellen Bedürfnissen des Menschen, der angesichts der Unvollkommenheit der Welt Trost, Hoffnung und Liebe brauche. Marx, der Feuerbach kritisch rezipierte, distanzierte sich in diesem Punkt von ihm und übertrug den Konstruktionscharakter der Religion auf die gesellschaftlichen Verhältnisse. In ihnen dient Religion dazu, den Abhängigen die wahren Umstände ihres Lebens zu verschleiern oder sie durch die Aussicht auf eine spätere Belohnung erträglich zu machen. Allerdings sieht er Religion nicht nur als Werkzeug zur Aufrechterhaltung der Unterdrückung, sondern auch als Zeichen für die realen Zustände seiner Zeit, wie der Kontext des berühmten Zitats zeigt: „Das religiöse Elend ist in einem der Ausdruck des wirklichen Elendes und in einem die Protestation gegen das wirkliche Elend. Die Religion ist der Seufzer der bedrängten Kreatur, das Gemüt einer herzlosen Welt, wie sie der Geist geistloser Zustände ist. Sie ist das Opium des Volks."[3]

Religion wird vom Marxismus auf zwei Ebenen abgelehnt: Einerseits grundsätzlich auf der ideologischen Basis der dargestellten materialistischen und dialektischen Weltsicht, andererseits auf der praktischen Ebene, weil die Kirchen durch ihre antirevolutionäre Haltung zur Unterdrückung der arbeitenden Klasse beitrügen. Dabei ist der ideologische Kontrast offensichtlich: Denn die monotheistischen Religionen gehen davon aus, dass es ein transzendentes Wesen gibt: Gott, der sich den Menschen offenbart hat; diese sind daher in der Lage, ihn oder seine Existenz zu erkennen und sich ihm zuzuwenden. Gott ist eine außerweltliche Wirklichkeit, die in einem bestimmten Verhältnis zu seiner Schöpfung steht. Die Idee des Marxismus steht dieser Vorstellung diametral gegenüber und geht davon aus, dass jede Vorstellung von einem transzendenten Wesen eine menschliche Projektion ist, die durch die Produktionsverhältnisse bedingt ist. Beide Weltanschauungen sind im Grundsatz nicht miteinander vereinbar, auch wenn es immer wieder Dialogversuche gab.

Die weitere Ebene betrifft das konkrete Verhalten der Religionen, vor allem der christlichen Kirchen als der größten Religionsgemein-

3 K. Marx/F. Engels, Zur Kritik der Hegelschen Rechtsphilosophie: http://www.mlwerke.de/me/me01/me01_203.htm.

schaften in Europa. Bereits die ersten sozialistischen Ideen wurden von den Kirchen scharf verurteilt; sie sahen darin eine Umwälzung der gottgewollten Ordnung. Wenn die neuen kommunistischen Ideen unterstützt wurden, dann fast ausschließlich von individuellen Christen, kaum von organisierten Kirchen. Mit dem Festhalten an den überkommenen Verhältnissen stand das Christentum allen Vorstellungen von Veränderung, geschweige denn von revolutionärem Umsturz, ablehnend gegenüber. Der Vorwurf von Marx, dass die (verfasste) Religion ihre Anhänger dazu bringe, die ungerechten Verhältnisse länger zu ertragen, hatte darin seine Grundlegung. Danach wirke der Glaube den Interessen der Werktätigen geradezu entgegen, da er sie durch die Vertröstung auf eine glückselige Ewigkeit von ihrer jetzigen Situation ablenke und sie daran hindere, sich für deren Veränderung einzusetzen. Religion verdunkle das Klassenbewusstsein, das für die Revolution notwendig sei, und sei gerade daher „Opium des Volks"; es betäube die Werktätigen, damit sie ihre Unrechtssituation überhaupt ertragen könnten. Die Kirchen des 19. Jahrhunderts taten nicht viel, um diese Anschuldigung zu entkräften.

Damit war für die Marxisten die Existenz von Religion unter den Werktätigen ein Beweis für die Entfremdung der Arbeiterklasse von der sozialen Wirklichkeit. Nach dieser Auffassung war Glaube ein Überbleibsel der bürgerlichen Ansichten, ohne noch an die Lebenswirklichkeiten der Menschen gekoppelt zu sein. Marx verachtete deshalb die Religion und ihre Vertreter, er war aber nicht notwendig für den Kampf gegen sie. Vielmehr werde sie durch die Steigerung des Klassenbewusstseins und durch die Veränderung der sozialen Verhältnisse von selber verschwinden. Es war vor allem Lenin, der den Kampf gegen Religion und besonders gegen die Russische Orthodoxe Kirche zum Prinzip erhob. Der Atheismus war für Marx logische Folge seiner Gesellschaftsanalyse und ergab sich aus dem Verständnis der sozialen Bedingungen; in der kommunistischen Gesellschaft würden die Menschen gar kein Bedürfnis mehr nach Religion haben, sodass auch der Atheismus keinen Sinn mehr haben werde. Lenin hingegen sah in der Religion vor allem den Klassenfeind und war bereit, zur Erreichung des Ziels einer religionslosen Gesellschaft auch Gewalt anzuwenden; das gilt in noch höherem Maße für Stalin (1878–1953). Nach dem Tod des letzteren verzichteten seine Nachfolger weitgehend auf physische Gewalt und versuchten Religion mit administrativen Mitteln zu bekämpfen, bis unter Gorbatschow (*1931) die Verfolgung der Kirchen in der Sowjetunion endete.

5. Christentum und Kommunismus angesichts der sozialen Herausforderungen des 19. Jahrhunderts

Früher Kommunismus, Arbeiterbewegung und Kirche

Die im Kontext der Industriellen Revolution im 19. Jahrhundert aufkommende Arbeiterbewegung und Sozialdemokratie knüpften direkt an die marxistische These der grundsätzlichen Unvereinbarkeit von Kommunismus und Christentum an. Nachdem sich 1847 in London der „Bund der Kommunisten" gebildet hatte und Marx und Engels im darauffolgenden Jahr mit ihrem „Manifest der Kommunistischen Partei" die politisch-philosophischen Grundzüge der Arbeiterbewegung vorgegeben hatten, entstanden in ganz Europa verschiedene Arbeitervereine, die – unter Bezugnahme auf die Revolutionen von 1848 – auf demokratische und sozioökonomische Reformen für die Arbeiterschaft drängten. Dieses Ziel hatte auch der Allgemeine Deutsche Arbeiterverein, der 1863 in Leipzig als die erste deutsche Arbeiterorganisation unter dem Vorsitz Ferdinand Lassalles (1825–1864) gegründet wurde. Stärker am Kommunistischen Manifest orientiert war dagegen die 1869 von August Bebel (1840–1913) und Wilhelm Liebknecht (1826–1900) in Eisenach gegründete Sozialdemokratische Arbeiterpartei. Bereits ihr Gründungsprogramm enthielt die Forderung nach der Trennung der Kirche vom Staat; verbunden damit war auch die Forderung nach der Trennung der konfessionellen Schulen vom Staat und einem Ende ihrer Finanzierung aus öffentlichen Geldern. Religion war für Bebel eine private Angelegenheit, die sich darüber hinaus auch nicht mit seinem Einsatz für die Sozialdemokratie verbinden ließ. Vor dem Hintergrund der zunehmenden Massenarmut, Arbeitslosigkeit und Obdachlosigkeit im Zusammenhang mit der fortschreitenden Urbanisierung und Industrialisierung blieb die Trennung von Kirche und Staat auch in der Folgezeit eine der wesentlichen Forderungen von Marxisten und Sozialdemokraten. Bebel und seine Gefolgsleute argumentierten dabei immer aus der spezifisch deutschen Situation des landesherrlichen Kirchenregiments (Summepiskopat), also des intakten Bündnisses zwischen Thron und Altar. Hierbei verstanden sie die christlichen Kirchen nicht nur als Teil des autoritären Staates mit seinen repressiven und hierarchischen Zügen, sondern auch als direkt verantwortlich für die ausbeuterischen, ungerechten gesellschaftlichen Verhältnisse, da sie Freiheit und Fortschritt verhinderten.

Zusätzlich wurde im Gothaer Programm von 1875 und im Erfurter Programm der Sozialdemokratischen Partei Deutschlands, der Nachfolgepartei der Sozialdemokratischen Arbeiterpartei, 1891 ausdrücklich gefordert, dass Religion als Privatsache zu betrachten sei; weiterhin wurde auch mit der Trennung von Kirche und Staat eine Neugestaltung des von konfessionellen Bildungseinrichtungen dominierten Bildungswesens gefordert. Wörtlich formulierte das Erfurter Programm: „Abschaffung aller Aufwendungen aus öffentlichen Mitteln zu kirchlichen und religiösen Zwecken. Die kirchlichen und religiösen Gemeinschaften sind als private Vereinigungen zu betrachten, welche ihre Angelegenheiten vollkommen selbständig ordnen."[4] Von seinem politischen Eintreten gegen eine privilegierte Stellung der Kirchen in der Gesellschaft des deutschen Kaiserreichs abgesehen, stand Bebel jedoch auch für die Religionsfreiheit in der Gesellschaft und gestand allen Bürgern und Bürgerinnen die private Wahl und Praktizierung ihrer eigenen Religion zu. Die Feindschaft zwischen Kirche und Sozialismus bzw. Sozialdemokratie im 19. Jahrhundert wurde verschiedentlich mit dem anschaulichen Bild von einem Wettkampf zwischen Licht und Finsternis beschrieben. Diese Metapher thematisiert zwar die vielfältigen und komplexen Gründe für die gegenseitige Ablehnung nicht, benennt aber doch treffend den Konkurrenzwettlauf der beiden unterschiedlichen Weltanschauungen und Bewegungen. Dem Erfolg der Arbeiterbewegung und der Sozialdemokratie im 19. Jahrhundert auf der einen Seite und der zunehmenden Säkularisierung auf der anderen Seite konnten die Kirchen in Deutschland (und – oft zeitversetzt – auch in vielen anderen europäischen Staaten) freilich oftmals nicht viel Wirksames entgegensetzen.

Die Entfremdung zwischen Sozialdemokratie, Arbeiterbewegung und Christentum ging auch unter Kaiser Wilhelm I. (1797–1888) und seinem Reichskanzler Otto von Bismarck (1815–1898) im deutschen Kaiserreich weiter. Das galt insbesondere für den deutschen Protestantismus und seine Eliten, die sich dem preußischen Staat Bismarcks besonders verbunden fühlten und direkt an dem am 19. Oktober 1878 vom Reichstag verabschiedeten Sozialistengesetz beteiligt waren. Mit dem Sozialistengesetz, das sozialdemokratische, sozialistische oder marxistische Parteien, Organisationen und Schriften verbot und bis 1890 immer wieder verlängert wurde, wollte Bismarck den sozialdemokratischen Einfluss in der Gesellschaft aufhalten und die Sozialdemokratie als politisch-gesellschaftliche Kraft zerstören. Das lag auch im Interesse

4 Erfurter Programm, SPD 1891: https://www.marxists.org/deutsch/geschichte/deutsch/spd/1891/erfurt.htm.

der evangelischen Kirche. Doch trotz erzwungenem Exil und breiter Verfolgung gelang es Bismarck nicht, das sozialdemokratische Milieu aufzulösen, im Gegenteil: Sozialdemokraten verstanden sich nun stärker als Opposition gegen einen konservativen Staat und konnten ihre Wählerstimmen für die Reichstagswahlen schließlich sogar verdreifachen. Und da Bismarck auch daran gelegen war, den öffentlich-politischen Einfluss der Kirchen zurückzudrängen, gehörte das Christentum in Deutschland zu den doppelten Verlierern. Das zeigte sich besonders deutlich an der Herausforderung durch die „soziale Frage".

Die tiefgreifenden Auswirkungen der Industriellen Revolution führten im 19. Jahrhundert zur erheblichen Verschärfung der sozialen Probleme. Große Massen der Bevölkerung verarmten und verelendeten; vor allem in den Städten bildete sich ein breites Proletariat. Die tägliche Konfrontation mit zunehmender Armut, katastrophalen Lebens- und Wohnbedingungen, mit Arbeitslosigkeit, Heimat- und Obdachlosigkeit sowie anderen tiefen menschlichen und sozialen Notsituationen erschütterte auch die Kirchen und ließ sie nach Lösungen der sozialen Probleme suchen. Anders als die Kommunisten und Sozialdemokraten gingen sie dabei allerdings zunächst von der konkreten Situation und der darin benötigten Hilfe für die Betroffenen aus und fragten erst in einem zweiten Schritt danach, wie und aufgrund welcher Strukturen und Defizite in Politik, Wirtschaft und Gesellschaft es dazu kommen konnte.

Protestantismus und soziale Frage

An den politischen und gesellschaftlichen Repressionen gegen die Arbeiterbewegung und die Sozialdemokratie war der deutsche Protestantismus mitbeteiligt. Das entfremdete ihn nicht nur auf Dauer von der Arbeiterschaft und der Sozialdemokratie, sondern prägte in ihm langfristige, tiefgehende Aversionen gegen Demokratie, Freiheit und Menschenrechte aus. Daher setzten evangelische Christen im Deutschen Reich wegen ihrer grundlegend anderen Auffassungen zu Menschenbild, Staatsform und kirchlichem Ordnungsverständnis bei der Bewältigung der sozialen Probleme auch andere Akzente als die Politik oder der Katholizismus, der durch seine eigene konfessionelle Partei, das Zentrum, sehr viel direkter sozialpolitisch wirkte – und zugleich von Bismarck und dem preußisch-deutschen Staat neben den Sozialisten als weiterer, zentraler innenpolitischer Feind bekämpft wurde (Kulturkampf).

Eine zentrale Figur des evangelischen Engagements in der Auseinandersetzung mit der sozialen Frage war der Hamburger Pfarrer Johann

3 Johann Hinrich Wichern

Hinrich Wichern (1808–1881). Er war in der Erweckungsbewegung verwurzelt und hatte 1833 eine „Rettungsanstalt für sittlich verwahrloste Kinder", das sogenannte „Rauhe Haus" gegründet, das so schnell wuchs und überregional bekannt wurde, dass viele Interessierte von nah und fern kamen, um es als neues diakonisches Erfolgsmodell zu studieren. Motiviert von der positiven Resonanz wollte Wichern weitere diakonische Einrichtungen gründen und sie als wirksame christliche Praxisbeispiele gegen die Massenarmut entwickeln. Dabei war er fest davon überzeugt, dass der Grund für die Verelendung der Arbeiter und die soziale Not der Bevölkerung die im Gefolge der Französischen Revolution entwickelten neuen sozialen Bewegungen von Kommunismus, Sozialdemokratie und Liberalismus mit ihren gottlosen Vorstellungen seien. Folgerichtig attackierte Wichern und mit ihm der deutsche Protestantismus nun sämtliche Ideen von Demokratie, Freiheit und Menschenrechten, die die europaweite Märzrevolution von 1848 auch nach Deutschland gebracht hatte. Der lutherische Rechtsprofessor Friedrich Julius Stahl (1802–1861), der mit seinen beiden Büchern „Der christliche Staat" von 1847 und „Die Revolution und die konstitutionelle Monarchie" von 1848 viel Aufmerksamkeit erzielte, griff die Revolution fundamental an und plädierte für die Schaffung eines absolutistischen christlichen Staates. Wie er fürchteten viele Protestanten das postrevo-

4 Szene aus dem „Rauhen Haus“

lutionäre Chaos und die von den Revolutionären und Demokraten erhobene Forderung nach der Trennung von Staat und Kirche, durch die sie ihre herausgehobene Stellung als Garant nationaler evangelischer Frömmigkeit und Kirchlichkeit, wie sie im Konzept der Volkskirche Ausdruck gefunden hatte, in Gefahr sahen.

Wichern, der die Märzrevolution in der preußischen Hauptstadt Berlin erlebt hatte, deutete die revolutionären Kräfte als einen gottlosen Angriff auf den christlichen Staat. Auf dem ersten gesamtdeutschen Kirchentag in Wittenberg, der damals die repräsentative Vereinigung aller Protestanten in Deutschland war, wurde er im September 1848 zum Sprachrohr dieser evangelischen Ängste: In einer spontanen Rede skizzierte er in der Schlosskirche sein Programm von Diakonie und Innerer Mission als einen Weg, der Kirche und Nation im Hinblick auf die soziale Frage nach vorne bringe. Er sprach sich für eine erneuerte Volkskirche aus, in der sich Männer und Frauen durch „Taten der rettenden Liebe“[5], also durch diakonisch-missionarische Aktivitäten, in von der

5 So häufig von Wichern erwähnt, vgl. etwa J. H. Wichern, Die innere Mission der deutschen evangelischen Kirche. Eine Denkschrift an die deutsche Nation (Johann Hinrich Wichern, Sämtliche Werke, Band I, hg. v. P. Meinhold, Hamburg 1962), 175–367.

Institution Kirche unabhängigen Vereinen und Verbänden für die Armen und Schwachen in der Gesellschaft einsetzen sollten. Dabei konzentrierte sich Wichern, anders als Marx, nicht auf die gesellschaftlich-politischen Ursachen der Massenarmut, sondern sah diese im Abfall vom christlichen Glauben begründet:

> „Als oberster, alles übrige normierender Satz gilt uns, daß aus der Armenpflege alles auszuscheiden ist, was mit Kommunismus, Sozialismus, Humanitarismus etwelche Verwandtschaft hat oder haben mag. *Das Prinzip aller und jeder Art der Armenpflege ist nur eins, die christliche Liebe,* deren unzertrennliche Tochter die Weisheit ist. Alle und jede Art von Armenpflege ist nur so lange dieses Namens in Wahrheit würdig, als sie eine *christliche*, eine Offenbarung und Darstellung *dieser* Liebe ist [...]."[6]

Nur eine christliche Erweckung, eine „Volksmission" gegen die massenhafte Gottlosigkeit und Armut könne also die Massenarmut beseitigen und die Arbeiter wieder in die evangelische Kirche zurückbringen. Nach Wicherns Rede wurde im Januar 1849 der Zentralausschuss für die Innere Mission der deutschen evangelischen Kirche gegründet, der eine neue Phase evangelischen Sozialengagements begründete und damit den Protestantismus als nationale Kraft stärken wollte: „Die Innere Mission hat zu ihrem Zwecke die Rettung des evangelischen Volkes aus seiner geistlichen und leiblichen Not durch die Verkündigung des Evangeliums und die brüderliche Handreichung der christlichen Liebe"[7], hieß es im „Missionsstatement" des Zentralausschusses.

In der Folgezeit wurde eine Vielzahl evangelischer Sonntagsschulen, Rettungshäuser für verwahrloste Kinder, „Herbergen zur Heimat", Obdachlosenheime, aber auch Krankenhäuser und Einrichtungen im Gesundheitswesen gegründet, wie etwa 1867 die „Rheinisch-westfälische Anstalt für Epileptische" in Bielefeld, die sich unter dem Namen „Bethel" zur bekanntesten evangelischen Einrichtung der Diakonie entwickelte.

Die umfassende Rechristianisierung blieb jedoch trotz der individuellen Erfolge der diakonischen Einrichtungen aus. Dass sich der Protestantismus mit seinem Konzept der Inneren Mission, mit seiner darin erfolgten politisch-sozialen Ursachenformulierung und Lösungskompetenz allerdings auch schon weit von den relevanten gesellschaftlich-politischen Kräften im Deutschen Reich entfernt hatte, zeigte sich

6 J. H. Wichern, Über Armenpflege (Johann Hinrich Wichern, Sämtliche Werke, Band II, hg. v. P. Meinhold, Hamburg 1965), 21–61, hier 34.

7 J. H. Wichern, Die innere Mission der deutschen evangelischen Kirche. Eine Denkschrift an die deutsche Nation (Johann Hinrich Wichern, Sämtliche Werke, Band I, hg. v. P. Meinhold, Hamburg 1962), 175–367, hier 360.

nicht zuletzt an den anderen sozialpolitischen Vorstellungen Bismarcks und seiner sich daraus ergebenden eigenen Sozialpolitik, mit der er sich und den preußischen Staat zwischen Katholiken und Sozialisten auf eigene Weise positionieren wollte – und die sich mit dem Ansatz der protestantischen Inneren Mission gar nicht vertrug. Denn Bismarck wollte die soziale Frage zu einem Anliegen des neutralen Staates machen und den Arbeitern zeigen, dass auch der Staat Sorge für sie tragen könne. Damit wollte er die soziale Frage aus den Händen der Sozialisten nehmen und zugleich die individuellen christlichen diakonischen und karitativen Initiativen unnötig machen. Letzteres zielte nicht nur auf die Schwächung der evangelischen, sondern auch der katholischen Kirche. Mit seiner Sozialgesetzgebung und der Implementierung der Krankenversicherung (1883), der 1884 erfolgten Unfallversicherung, der Alters- und Invaliditätsversicherung (1889) sowie der Einführung der gesetzlichen Rentenversicherung von 1891 griff er nämlich auch Forderungen auf, die bereits verschiedene Kreise der katholischen Kirche erhoben hatten.

Der Protestantismus in Deutschland tat sich allerdings weiterhin schwer mit überzeugenden Ansätzen zur Lösung der sozialen Frage. Er träumte noch bis in das 20. Jahrhundert hinein von einem christlich-monarchischen Staat unter protestantischer Führung und blieb im Großen und Ganzen dem Konzept der Inneren Mission verhaftet. Die Kluft zwischen evangelischer Kirche und Arbeiterschaft weitete sich damit zu einem unüberwindbaren Graben aus. Daran änderten auch einzelne neue sozialpolitische Initiativen aus dem Kreis der evangelischen Kirche wenig, wie etwa im Jahre 1877 der Versuch des Berliner Dompredigers Adolf Stoecker (1835–1909), zusammen mit anderen eine eigene „Christlich-Soziale Arbeiterpartei“ zu gründen. Sie fand nur wenig Resonanz in der Arbeiterschaft, stützte aber Stoeckers Meinung, dass die Gegenwart durch einen einzigen großen Konflikt gekennzeichnet sei, nämlich die Frage, ob es sich grundsätzlich mit oder ohne christliche Weltanschauung leben ließe. Dementsprechend suchte er Verbündete im Kampf gegen die Säkularisierung und für eine umfassende Rechristianisierung Deutschlands. Diese fand er vor allem bei den konservativen Protestanten. In der Folgezeit trat Stoecker nicht nur mit einem zunehmend aggressiver vorgebrachten Nationalismus auf, sondern auch mit einem immer deutlicher werdenden Antisemitismus.

Mit seiner konservativen Grundhaltung verkörperte Stoecker den Mainstream des deutschen Protestantismus. Daneben gab es jedoch auch Minderheitsmeinungen. Zu ihnen gehörte beispielsweise der Theologe Friedrich Naumann (1860–1919). Er wollte die soziale Frage durch eine neue Allianz zwischen Sozialdemokratie, Liberalismus und Protestantismus lösen und gründete dazu 1890 den Evangelisch-Sozialen Kongress. Dazu akzentuierte er im Christentum stärker die Mitmenschlichkeit und Brüderlichkeit und betonte den „Volksmann Jesus".

Katholizismus und soziale Frage

Die katholische Kirche in Deutschland befand sich, wie gezeigt, in einer etwas anderen Ausgangsposition als die evangelische Kirche. Es gab jedoch durchaus theologisch und sozial vergleichbare Initiativen. So verfolgte etwa der katholische Priester Adolph Kolping (1813–1865), der zusammen mit Johann Gregor Breuer (1820–1897) katholische Vereine als Heimatersatz für wandernde Handwerksgesellen aufbaute, einen ähnlichen Ansatz wie der evangelische Pfarrer Wichern mit seiner Inneren Mission. Grundsätzlicher und weiter waren dagegen die Überlegungen und sozialen Initiativen des Mainzer Bischofs Wilhelm Emmanuel Freiherr von Ketteler (1811–1877). Zwar ging auch von Ketteler anfänglich davon aus, dass die sozialen Missstände behoben werden könnten, wenn sich die Menschen wieder dem christlichen Glauben zuwendeten und von diesem Fundament aus dann quasi natürlich Nächstenliebe und soziale Hilfe spenden würden. Doch seit seiner Reihe von Adventspredigten 1848 über die „Die großen sozialen Fragen der Gegenwart" vertrat von Ketteler mehr und mehr die Ansicht, dass die soziale Frage nicht auf der religiösen oder individualen Ebene gelöst werden könne, sondern nur auf der gesellschaftlich-staatlichen. Dazu gehörte für ihn z. B., dass sich die Arbeiter in selbstständigen Produktionsgenossenschaften engagieren sollten. Darüber hinaus müsse der Staat für die Schaffung von guten und humanen Arbeitsbedingungen Verantwortung übernehmen, formulierte er 1864 in seinem Buch „Die Arbeiterfrage und das Christentum". Einige Jahre später wurde seine Ansprache vor 10.000 Arbeitern in Offenbach am 25. Juli 1869 berühmt, in der er deutlich machte, dass nur eine Kombination von staatlicher Sozialpolitik, katholisch-karitativem Engagement und der Selbstorganisation der Arbeiter langfristig die soziale Frage lösen werde. Trotz dieser Rede, bei der er sich außerdem u. a. für eine Lohnerhöhung, gegen Kinderarbeit und für Arbeitszeitverkürzungen ausgesprochen hatte und die später oft als „Magna Charta der christlichen Arbeiterbewegung" bezeichnet wurde, lehnte aber auch von Ketteler den Sozialismus eindeutig ab. Denn der Sozialismus, so von Ketteler, komme wie der Liberalismus ohne göttliche Dimension aus. Sein großer Nachdruck und Einsatz für eine Verbesserung der realen Arbeitsbedingungen und seine For-

5 Bischof Wilhelm Emmanuel von Ketteler

mulierungen stimulierten später auch die päpstliche Enzyklika „Rerum Novarum“ von 1891.

Auf päpstlicher Seite dominierte zunächst die Ablehnung von Kommunismus und Sozialismus. In seiner Antrittsenzyklika „Qui pluribus“ über den Glauben und die Religion vom 9. November 1846 hatte Papst Pius IX. (1792–1878) erstmals den Kommunismus erwähnt, und zwar im Zusammenhang mit neuen philosophischen Bewegungen, die die Jugend verführten: „Hierher gehört die abscheuliche und sogar dem natürlichen Recht selbst zutiefst entgegengesetzte Lehre vom sogenannten Kommunismus, in der – wäre sie erst einmal zugelassen – die Rechte, der Besitz und das Eigentum aller und sogar die menschliche Gesellschaft selbst von Grund auf umgestürzt würden“[8]. Die Warnung vor dem Sozialismus und dem Kommunismus als einem zu verwerfenden Irrtum griff dann auch sein „Syllabus errorum“ von 1864 in § 4 auf, der als Anhang zur Enzyklika „Quanta cura“ erschien und in dem er eine Liste von 80 Irrtümern, die er an verschiedenen Stellen zuvor herausgestellt hatte, präsentierte. In die gleiche Traditionslinie stellte sich Pius' Nachfolger, Papst Leo XIII. (1810–1903), der sich in seiner am 28. Dezember 1878 veröffentlichten Enzyklika „Quod apostolici muneris“ ausführ-

8 Papst Pius IX., Enzyklika „Qui Pluribus“, 9. November 1846: DH 2786.

6 Papst Leo XIII.

lich mit dem Sozialismus auseinandergesetzt und ihm kirchlicherseits den Kampf angesagt hat. Dazu verdeutlichte er zunächst, dass und wie der Sozialismus an den Fundamenten des Staates rüttele, und bezeichnete ihn als eine „todbringende Seuche, die die innersten Organe der menschlichen Gesellschaft befällt und in höchste Gefahr bringt“[9]. Seine Anhänger seien über die ganze Erde verbreitet und durch ein verwerfliches Bündnis aufs Engste miteinander verbunden, um die Fundamente der bürgerlichen Gesellschaft zu untergraben. Die katholische Kirche stelle dagegen deutlich heraus, dass die Lehre des Sozialismus falsch sei. Das zeige sich etwa an der Gleichheit, die die Sozialisten predigten, wohingegen christlicherseits festzuhalten sei, dass Ungleichheit im Recht

9 Papst Leo XIII., Enzyklika „Quod apostolici muneris“, 28. Dezember 1878: Die katholische Sozialdoktrin in ihrer geschichtlichen Entfaltung, Bd. I, hg. v. A. Utz / B. Gräfin von Galen, Aachen 1976, Nr. 120–131, hier 120.

und in der Macht durch Gott eingeführt sei. Ebenso werde die Obrigkeit von Gott gerichtet; Tyrannenmord und Revolution seien daher verboten. Schließlich müsse die katholische Kirche gegen die Zerstörung der christlichen Familie durch den Sozialismus vorgehen und stattdessen die segensreiche Macht der Kirche herausstellen. Denn die Kirche verteidige das Eigentumsrecht, nehme sich aber trotzdem der Armen an.

Die scharfe Linie der Abgrenzung gegenüber dem Sozialismus und dem Kommunismus wurde erst in der Sozialenzyklika desselben Papstes Leo XIII. „Rerum Novarum" aus dem Jahr 1891 abgemildert. In ihr setzte sich erstmals ein Papst ausführlich mit der sozialen Frage und mit den aus der Sicht der Kirche als gefährlich betrachteten Aspekten des Sozialismus und Liberalismus auseinander und thematisierte die tatsächliche soziale Not der Arbeiter. Er formulierte vor diesem Hintergrund Prinzipien einer staatlichen Sozialpolitik, wie etwa Solidarität und die bereits von ihm angedeutete, später von Papst Pius XI. ausführlicher entfaltete Subsidiarität, mit denen ein entfesselter Kapitalismus gebändigt werden könne. Den Sozialismus und seine Überzeugung, dass nur der Klassenkampf die aktuellen gesellschaftlichen Probleme lösen könne, lehnte Leo XIII. zwar nach wie vor ab, doch rief er die Arbeiter zur Selbsthilfe und zur Selbstorganisation auf und setzte sich für gerechte Löhne und staatlichen Schutz der Arbeitnehmer ein. Da er zwar zugleich das Privateigentum verteidigte, aber auch betonte, dass die Kirche eine soziale Verpflichtung gegenüber der Gesellschaft habe, wird die Enyzklika „Rerum Novarum" in der Regel als Beginn der katholischen Soziallehre betrachtet.

Unter den katholischen Zeitgenossen fand die Sozialenzyklika sehr positive Aufnahme und inspirierte in der Folgezeit den Aufbau von karitativen und sozial engagierten katholischen Einrichtungen in ganz Deutschland. Darüber hinaus gelang es der katholischen Kirche mit dieser Denkschrift die Brücke zur katholischen Arbeiterschaft zu festigen und damit zum Ausbau eines eigenen katholischen Sozialmilieus beizutragen. So wurde kurz darauf, im Jahre 1897, der Caritasverband für das katholische Deutschland gegründet, der alle katholisch-karitativen Vereine und Verbände zusammenschloss.

Die offizielle katholische Ablehnung von Sozialismus und Kommunismus galt jedoch weiter. Noch 1931 betonte Pius XI. (1857–1939) in seiner Enzyklika „Quadragesimo Anno", dass der Sozialismus mit der Lehre der katholischen Kirche immer unvereinbar bleibe. Auch wenn der Sozialismus einiges Richtige enthalte, „so stützt er sich doch auf seine eigene Lehre von der menschlichen Gesellschaft, die mit dem wahren Christentum unverträglich ist. Religiöser Sozialismus, christlicher Sozialismus behaupten [einander] Widersprechendes: niemand kann echter Katholik und zugleich im wahren Sinne des Wortes Sozialist sein"[10].

Religiöse Sozialisten, christliche Sozialdemokraten und das „Social Gospel"

Die Kluft zwischen Christentum, Kommunismus und Sozialismus blieb zwar in der ersten Hälfte des 20. Jahrhunderts grundsätzlich bestehen. Gleichwohl gab es auch länderübergreifend Dialoge und Annäherungen zwischen den beiden unterschiedlichen Weltanschauungen, die allerdings immer nur eine sehr kleine Gruppe von Christen betrafen. Dazu zählten beispielsweise die „Religiösen Sozialisten", eine überkonfessionelle und überkirchliche Gruppe, die aber in der Mehrheit aus Protestanten bestand und sich in verschiedenen Ländern gründete. Einer der ersten prominenten Vertreter in Deutschland war der evangelische Theologe Christoph Friedrich Blumhardt (1842–1919) aus Württemberg. Aus einem pietistischen Bekehrungserlebnis heraus solidarisierte er sich mit der Arbeiterbewegung und trat schließlich 1899 der Sozialdemokratischen Partei bei. Dabei waren für ihn vor allem theologische Gründe ausschlaggebend. Überzeugt davon, dass die Lösung der sozialen Frage in den Händen der Sozialdemokratie lag, sah er in ihrem politischen Engagement letztlich auch ein Voranschreiten der christlichen Hoffnung auf ein Mehr an Gerechtigkeit, wie es das Reich Gottes versprach:

> „Man darf sich nicht wundern, daß ein Mann, der sich zu Christus hält, heute zur arbeitenden Klasse steht. Denn Christus gehört zu den Geringen. Er ist gekreuzigt worden, weil er ein Sozialist war."[11]

Neben Blumhardt gehörte vor allem der Schweizer reformierte Theologe Leonhard Ragaz (1868–1945) zusammen mit seiner Frau, der Frauenrechtlerin Clara Ragaz-Nadig (1874–1957), zu den Mitbegründern des religiösen Sozialismus. Auch bei ihm fußte die Annäherung an die Arbeiterbewegung und der darauffolgende Eintritt in die Sozialdemokratische Partei der Schweiz auf einer Reich-Gottes-Theologie, die nicht

10 Papst Pius XI., Enzyklika „Quadragesimo Anno", 15. Mai 1931: DH 3744.

11 Chr. F. Blumhardt, Dritte politische Rede in einer sozialdemokratischen Versammlung vom 24.10.1899, in: ders., Ansprachen, Predigten, Reden, Briefe 1865–1917, Band 2, 184, zitiert bei: P. von Euchner, H. Grebing, F. J. Stegmann, P. Langhorst, T. Jähnichen und N. Friedrich, Geschichte der sozialen Ideen in Deutschland, Essen [2]2000, 978.

nur in der Sozialdemokratie einen Schritt hin zur einer gerechteren Welt sah, sondern auch in einer genossenschaftlich organisierten Gesellschaft die bessere Zukunftsform.

Der Erste Weltkrieg und der mit ihm verbundene tiefe Zivilisationsbruch in Gesellschaft und Politik führten dann die Vertreter des religiösen Sozialismus, zu denen in der Schweiz neben Ragaz auch die evangelischen Theologen Hermann Kutter (1863–1931) und Karl Barth (1886–1968) gehörten, zu einem radikalen Umdenken im Hinblick auf die soziale Frage. In Ablehnung der alten christlich-monarchischen Ständeordnung standen sie der Weimarer Republik sehr positiv gegenüber. Eine kapitalistische Wirtschaftsordnung lehnten sie ab und setzten auf die sozialistische Weiterentwicklung der Gesellschaft, nicht zuletzt deshalb, weil sie im Sozialismus die Chance zu einem sich erneuernden christlichen Glauben sahen. Die erste Gruppe religiöser Sozialisten, die – nach einer vorhergehenden Initiative in der Schweiz – in Deutschland entstand, war der am 3. Dezember 1919 in Berlin gegründete „Bund religiöser Sozialisten". Ihm folgte als überregionale Organisation 1924–1926 der „Bund der religiösen Sozialisten Deutschlands" (BRSD), der sich vor allem aus Landesverbänden in Thüringen, Baden und Berlin gebildet hatte, mit eigenen Publikationsorganen wie den „Blättern für den religiösen Sozialismus" (1920–1927) bzw. dann den „Neuen Blättern für den Sozialismus" (1927–1933).

Das politisch-kirchliche Ziel der religiösen Sozialisten bestand zum einen darin, sozialistisch gesinnten Arbeitern eine Heimat in der größtenteils bürgerlich-konservativen Kirche zu verschaffen, und zum anderen darin, den Gegensatz zwischen sozialistisch und religiös aufzubrechen und zu zeigen, dass es auch möglich sei, zur gleichen Zeit Sozialist und Christ zu sein. Obwohl die Bewegung des religiösen Sozialismus in der Weimarer Republik wuchs, mehr Anhänger fand und ihre Repräsentanten 1926 schließlich sogar eine eigene Kirchenpartei gründeten, gelang es den religiösen Sozialisten jedoch nicht, sich mit ihren Ideen und Ansätzen in die Sozialdemokratische Partei zu integrieren oder dort für ihre Sache zu werben. Erst nach 1945 vollzogen sich zwischen Kirche, Sozialdemokratie und Sozialismus grundlegende mentale Wandlungsprozesse. Mit der Auflösung der Gesamtdeutschen Volkspartei 1957 wechselten einige Abgeordnete, darunter die Protestanten Gustav Heinemann (1899–1976) und Johannes Rau (1931–2006), zur Sozialdemokratischen Partei (SPD). Das markierte den Beginn eines sich mehr und mehr entspannenden Verhältnisses zwischen evangelischer Kirche und Sozialdemokratie. In der katholischen Kirche war diese Annäherung zwischen Kirche und Sozialdemokratie in Deutschland allerdings längere Zeit nicht möglich. Das änderte sich erst durch das Zweite Vatikanische Konzil, das von 1962 bis 1965 stattfand. Zuvor war freilich in Deutschland das 1959 formulierte Godesberger Programm der SPD, das die Bedeutung von Kirchen und Religionsgemeinschaften und ihren öffentlich-rechtlichen Schutz anerkannte, zu einem wichtigen Meilenstein der gegenseitigen Vertrauensbildung zwischen der SPD und den christlichen Kirchen geworden.

Ein anderer Ansatz als der des deutschen Protestantismus und des deutschen Katholizismus, mit der sozialen Frage umzugehen, bildete sich seit den späten 1870er-Jahren in Kanada und in den USA aus; er wurde unter dem Begriff „Social Gospel"-Bewegung bekannt. Auch hier ging es um ein durch die Erweckungsbewegung geprägtes soziales und missionarisch orientiertes Engagement von einzelnen Christen, zumeist Protestanten. Im Unterschied jedoch zu den anderen christlichen sozialpolitischen Initiativen in Europa spielte in der Social Gospel-Bewegung von Anfang an die Frage nach sozialer Gerechtigkeit, in der auch die Rassentrennung und Rassendiskriminierung Thema waren, eine größere Rolle. Theologisch identifizierte sich die Bewegung stärker mit liberalen und progressiven ethischen Ansätzen aus Politik und Gesellschaft und vertrat eine mehr eschatologisch orientierte Reich-Gottes-Theologie. Diese prägte dann auch Teile der amerikanischen Bürgerrechtsbewegung (Civil Rights Movement) unter ihrem baptistischen Wortführer Martin Luther King (1929–1968) in den 1960er-Jahren.

Teil 2

Kampf gegen das Christentum: Kirchen und Kommunismus in Russland und der UdSSR bis 1945

1. Die sozial-religiösen Voraussetzungen

Industrialisierung und Urbanisierung als Bruch traditioneller orthodoxer Kirchlichkeit

Russland war im 19. Jahrhundert ein von Landwirtschaft geprägtes Land, in dem die Mehrheit der Bevölkerung aus Bauern bestand. Der Prozess der städtischen Industrialisierung und Modernisierung verlief rasant und schmerzhaft. In ihrem Gefolge zog eine große Anzahl von Bauern in die Stadt. Das zerstörte die traditionelle bäuerliche Kultur und damit auch die religiöse Tradition. Ein Merkmal dieser spezifisch bäuerlich geprägten Religiosität war ihre Verknüpfung mit dem agrarischen Jahresablauf, in den Festtage und Fastenzeiten fest eingebunden waren, sowie ihr gemeinschaftlicher, nichtindividueller Charakter. Bei der neu aufgenommenen Arbeit in den großstädtischen Betrieben konnte ein ehemaliger Bauer nun weder fasten noch den Feiertagsgottesdienst besuchen. Die Geburt eines Kindes bedeutete für eine Arbeiterin jetzt nicht mehr das Hinzukommen eines neuen Familienmitglieds, das als Segen Gottes empfunden wurde und der Familie für die Zukunft eine weitere Arbeitskraft bringen sollte, sondern schuf eine Reihe neuer, kaum lösbarer finanzieller und sozialer Probleme. Deswegen mussten in den wichtigsten Städten Waisenhäuser eröffnet werden; das Glaubenstoleranzdekret von 1905 enthielt sogar einen Artikel, der es erlaubte, Kinder zu adoptieren.

Das städtische Leben verlangte nach anderen Formen von Religiosität; das traditionelle System der Pfarreien funktionierte aufgrund der hohen Mobilität der Bevölkerung nicht mehr. In der Kirche versuchten einzelne Reformwillige, zum Beispiel der später heiliggesprochene Erzpriester aus dem Ort Kronstadt, Ioann Sergejew (1829–1909), oder die Großfürstin aus dem Haus der Romanow, Elisabeta Fjodorowna (1864–1918, geboren als Elisabeth Alexandra Luise Alice von Hessen-Darmstadt und bei Rhein), neue Organisationsformen in den Kirchengemeinden und in den Gottesdiensten zu etablieren sowie die Kirche stärker an der Lösung der sozialen Frage zu beteiligen und zu konkretem diakonischen Engagement und sozialer Arbeit zu ermutigen. Ioann von Kronstadt erwies sich beispielsweise als radikaler Umgestalter und verfocht die aktive Teilnahme von Laien an der Eucharistie, führte die Praxis der allgemeinen Beichte ein und initiierte die kirchliche Seelsorge an den Arbeitern. Damit hatte er Zugang zu einem Milieu, mit dem die orthodoxe Kirche keine Erfahrung hatte. Durch seine finanzielle Unterstützung wurde das zahlreiche Mittellose anziehende „Haus des Fleißes" in Kronstadt gegründet, das angesichts der wachsenden Zahl von Armen Arbeit und Wohnraum bot. Ein einzigartiger Versuch, der sozialen Arbeit in der Kirche durch die Wiederherstellung des Diakonissenamtes einen festen Platz zuzuweisen, wurde von Großfürstin Elisabeta Fjodorowna unternommen. Sie gründete 1909 den Martha-Marien-Konvent, der systematisch mit der Arbeit in Familien von besitzlosen Moskauer Arbeitern begann. Die Notwendigkeit des Wirkens der Kirche und die Formen des kirchlichen Dienstes im Arbeitermilieu beschrieb der spätere erste Märtyrer nach der Oktoberrevolution, Metropolit Wladimir (Bogojawlenski, 1848–1918) von Kiew, in der 1907 veröffentlichten Broschüre „Die Kirche und die Arbeiterfrage".

Wie schwer die Anpassung an die neuen Strukturen einer industrialisierten Welt fiel, verdeutlichte zur gleichen Zeit der starke Anstieg des orthodoxen Mönchtums, besonders der Frauengemeinschaften. In einer unüberschaubaren und riskanten Welt von sozialer Veränderung bedeutete das Kloster einen Raum traditioneller, gut organisierter Gemeinschaft. Klösterliche Frauengemeinschaften boten einerseits eine Sozialisationsinstanz für die zunehmende Anzahl alleinstehender Frauen in der russischen Gesellschaft und verrichteten zugleich andererseits wichtige soziale Arbeit für die lokale Bevölkerung. Bekannt ist das Beispiel des Lesna-Klosters, dessen Äbtissin 1905 beim Synod beantragte, ihrer Gemeinschaft aufgrund ihrer aktiven sozial-aufklärerischen (und nicht monastisch-asketischen) Ausrichtung den Status einer Diakonisseneinrichtung zuzugestehen.

Das orthodoxe Mönchtum versuchte so durchaus am gesellschaftlichen und sozialen Leben teilzuhaben, wie etwa die verlegerische Tätigkeit der Optina-Einsiedelei, die zum Bindeglied zwischen Kirche und hauptstädtischer Intelligenzija wurde, verdeutlichte. Doch insgesamt hatte die umfangreiche soziale Tätigkeit, die von orthodoxen Christen vor allem in den Hauptstädten durchgeführt wurde, überwiegend individuellen Charakter, basierte auf der persönlichen Autorität der Organisatoren und rief Kritik und Misstrauen bei kirchlichen und weltlichen Behörden hervor.

Die Sonderstellung der orthodoxen Kirche im Russischen Reich

Nach den Grundsätzen und der Gesetzgebung des Russischen Reiches hatte die orthodoxe Kirche eine herausragende Stellung inne und war mit Abstand die größte Glaubensgemeinschaft im Lande. Der russische

Kaiser (Zar) galt als oberster Schutzherr der Kirche und als Bewahrer der Rechtgläubigkeit. Nach Artikel 64 des Gesetzkodex des Russischen Reiches war der „Kaiser, als der christliche Herrscher, der oberste Verteidiger und Beschützer der Dogmen des herrschenden Glaubens, und der Bewahrer der Rechtgläubigkeit und aller Frömmigkeit in der heiligen Kirche"[1]. Der nächste Artikel sagte aus, dass „die Macht des Selbstherrschers in der Kirchenverwaltung mittels des Heiligsten Dirigierenden Synods wirkt"[2], eines Gremiums, das die orthodoxe Kirche in Russland seit 1721 leitete. Das bedeutete beispielsweise, dass die orthodoxe Kirche öffentliche Zeremonien abhalten durfte und das alleinige Recht zur Mission hatte, der orthodoxe Kalender im ganzen Land verbindlich war und der Austritt aus der orthodoxen Kirche unter Strafe gestellt war. Selbstredend waren der Zar und die Zarenfamilie orthodox. Andere christliche Glaubensgemeinschaften wie Katholiken, Protestanten und Armenier sowie Juden und Moslems gab es dagegen nur sehr wenige. Sie wurden vom Staat in tolerierte und nicht tolerierte unterteilt. Im Reich war Konfessionslosigkeit nicht erlaubt.

Dabei hatte die orthodoxe Kirche, die in die staatlichen Strukturen des Russischen Reiches als „Behörde für die orthodoxe Konfession" integriert war, eine Reihe von rechtlichen, polizeilichen und geistlichen Funktionen zu erfüllen. Dazu gehörte die Überprüfung der jährlichen Beichte und des Kommunionempfangs der Bevölkerung als ein Kriterium für die Loyalität der Bürger, mit dem die Kirche die Rechtgläubigkeit überprüfen und Schismatiker und Sektenmitglieder erkennen sollte. Die Kirche beteiligte sich dabei an allen Maßnahmen des russischen Kaiserhauses, die gegen Andersdenkende oder Reformer gerichtet waren: Sie unterstützte und legitimierte sämtliche Kriege, verfolgte die sogenannten Altgläubigen (eine Abspaltung von der russischen Kirche aus dem 17. Jahrhundert, die in der Halblegalität überlebte), half dem Staat in den westlichen Randgebieten des Reiches bei der gewaltsamen „Rückführung" von griechisch-katholischen Gläubigen („Unierten") in die Orthodoxie sowie beim Kampf gegen „Sektanten" (wie die Mitglieder von Sondergruppen genannt wurden), und einigem mehr. All das führte dazu, dass die orthodoxe Kirche im allgemeinen Bewusstsein der Gesellschaft als ein wichtiger Bestandteil des autokratisch-monarchischen Systems angesehen wurde.

Der Bereich des Ehe- und Familienrechts lag in der Zuständigkeit der kirchlichen Institutionen. Die Diskrepanz zwischen den kirchlich-

1 Stat'ja 64, Svod Zakonov Rossijskoj Imperii (23. April 1906).
2 Stat'ja 65, Svod Zakonov Rossijskoj Imperii (23. April 1906).

staatlichen Normen und den zu beobachtenden gesellschaftlichen Prozessen, insbesondere der wachsenden Säkularisierung der Gesellschaft, vergrößerte die Kluft zwischen den Lebensbedürfnissen der Menschen und den normativen Vorgaben. Zum Beispiel erkannte der Staat nur Ehen an, die in der Kirche geschlossen wurden; zudem wurden die Gesetze, die Scheidungen regelten, im 19. Jahrhundert strenger, was in direktem Widerspruch zu den gesellschaftlichen Entwicklungen stand. Die Dramen im Zusammenhang mit Scheidungen und die Ineffizienz der Beteiligung der Kirche an diesen Prozessen, die oft zu einer Farce wurden, spiegelten sich in den äußerst beliebten Romanen „Was tun?" von Nikolai Tschernyschewski (1828–1889) und „Anna Karenina" von Lew Tolstoi (1828–1910) wider. Selbst die kaiserliche Familie hielt sich nicht an die Ehegesetze – so lebte Zar Alexander II. (1818–1881) offen mit einer anderen Frau zusammen, hatte mit ihr Kinder und verlieh ihr eine öffentliche Position, obgleich seine erste Frau noch lebte.

Zu Beginn des 20. Jahrhunderts stand die orthodoxe Kirche vor einer Reihe ungelöster Probleme, die Zeitgenossen als Krise der russischen Orthodoxie deuteten. Besonders der Klerus, als ein seit dem 19. Jahrhundert geschlossener und von den anderen sozialen Milieus abgegrenzter Stand, zog dabei zunehmend Kritik auf sich. Verschiedene orthodoxe Vertreter aus den gebildeten Schichten, zumeist Nachkommen des geistlichen Standes, betonten die Notwendigkeit grundlegender kirchlicher Reformen, doch die Zugehörigkeit der Kirche zum bürokratischen Apparat, die kategorische Weigerung der obersten staatlichen Behörden, die Kirche aus diesem Würgegriff zu entlassen, die Trägheit der Masse des Klerus und der Gemeindemitglieder – all das bremste die Reformprozesse bis zu den Erschütterungen durch die Revolution.

Gottsuchertum und christlicher Sozialismus als Kirchenkritik

Im Verlauf des 19. Jahrhunderts mehrten sich in den gebildeten russischen Kreisen, der sogenannten Intelligenzija, deren Mitglieder häufig Kinder und Nachkommen von Angehörigen des geistlichen Standes waren, kritische Stimmen gegenüber der orthodoxen Staatskirche. Statt ihres christlichen Auftrages erfülle sie vor allem staatliche und polizeiliche Funktionen, lautete die Kritik, die beispielsweise auch Schriftsteller wie Lew Tolstoi oder Fjodor Dostojewski (1821–1881) äußerten. Wie in Westeuropa ließen die zunehmenden sozialen Spannungen, Ungerechtigkeiten und die massive Verarmung der russischen Bevölkerung zahlreiche Anhänger der Intelligenzija nach christlich inspirierten gesellschaftlichen Lösungsmöglichkeiten suchen.

Der Ruf nach einer gerechten Umgestaltung der Gesellschaft sowie nach Hilfe für das Volk und dessen Bildung wurde zur Grundlage einer breiten volkstümlichen Bewegung, der sogenannten *narodniki*, in der zweiten Hälfte des 19. Jahrhunderts. Unter diesen revolutionär gesinnten „Volkstümlern", wie man die Anhänger dieser Bewegung auch nannte, befanden sich zahlreiche Vertreter der russischen Intelligenzija. Ihre Kritik richtete sich insbesondere gegen die Vertreter der orthodoxen Staatskirche und war damit auch eine Form des Protestes gegen die offizielle Staatsmacht und ihre Ideologie. So berief sich zum Beispiel der „Volkstümler" (*narodnik*) Sergei Stepnjak-Krawtschinski (1851–1895) bei der Vorbereitung für seinen „Gang ins Volk" (das bedeutete, dass gebildete Menschen zu den Bauern entsandt wurden, unter ihnen lebten, den Kindern eine Elementarausbildung zu geben und zugleich revolutionäre Ideen unter den traditionell-monarchisch gesinnten Bauern zu verbreiten versuchten) auf die Schrift „Worte eines Gläubigen" (1834) des französischen Priesters und Philosophen Hugues-Félicité Robert de Lamennais (1782–1854). Der Katholik de Lamennais hatte sich für die Trennung von Staat und Kirche ausgesprochen und für einen sozial-liberalen Katholizismus gekämpft.

Die Grenzen zwischen der pragmatischen Benutzung der im „Volk" gebräuchlichen religiösen Vorstellungen, die die Bauern von der Notwendigkeit eines Aufstands überzeugen konnten, und der eigenen religiösen Suche der Volkstümler waren dabei fließend, wie auch das Flugblatt „Die Zehn Gebote" des Petersburger Studenten und Mitglieds eines revolutionären Zirkels Pawel Filippow (1825–1855) zeigte. So ging es einerseits darum, durch die politische Interpretation und die propagandistische Nutzung der biblisch geprägten, christlichen Werte die Bauern für den revolutionären Kampf zu gewinnen. Andererseits wurde die bäuerliche Bevölkerung durchaus auch persönlich von der politisch-christlichen Botschaft inspiriert.

Die von den Bauern und Volkstümlern verfochtenen Utopien von sozialer Gerechtigkeit brachten ihre Urheber nicht nur in Konflikt mit den unmittelbaren Verursachern der von ihnen kritisierten sozialen Missstände, sondern auch mit den offiziellen orthodoxen Institutionen. Die Kirche verfolgte die Anhänger sozialer Gerechtigkeit und ihre Ideen einer richtigen und gerechten Umgestaltung der Gesellschaft. Traditionelle russische Sekten – wie etwa die Molokanen oder die Duchoborzen (Gruppen, die die offizielle Kirche nicht anerkannten und die eine Heilsmöglichkeit nur durch eine rechtmäßige Lebensform bekannten, weswegen sie strenge soziale und ethische Normen sowie Ernährungsvorschriften einhielten) –, die im Reich entstandenen und weit verbreiteten „Evangeliumschristen" (seit der zweiten Hälfte des 19. Jahrhunderts entstandene Freikirchen, die sich auf das Evangelium beriefen) sowie die Baptisten beteiligten sich trotz der drohenden staatskirchlichen Verfolgung dennoch aktiv an den Diskussionen über den Zusammenhang zwischen den Geboten des Evangeliums und den Grundlagen und Ausgestaltungen sozialer Gerechtigkeit. Auch der unter seinen Zeitgenossen in der zweiten Hälfte des 19. Jahrhunderts populäre russische Schriftsteller Graf Lew Tolstoi variierte in seinen Werken immer wieder den Vorwurf, dass die orthodoxe Amtskirche die Lehre Christi vergessen habe und sich dadurch Schuld habe zukommen lassen. So formulierte er etwa 1882 in seinem Buch „Meine Beichte":

> „Und nicht nur diese Morde im Krieg, sondern auch während der Unruhen, die darauf folgten, sah ich; ich sah Kirchenmitglieder, ihre Lehrer, Mönche, Einsiedler, die den Mord an fehlgegangenen hilflosen jungen Männern billigten. Und ich wurde auf alles aufmerksam, was von Menschen angerichtet wird, die sich zum Christentum bekennen, und war erschüttert."

Tolstoi selbst hat nach einer spirituellen Krise sein Leben grundsätzlich geändert und eine religiös-ethische Lehre formuliert, die später zu einer ganzen gesellschaftlichen Bewegung wurde, dem Tolstojanismus. Er beschrieb seine Ideen in den Werken „Meine Beichte", „Worin mein Glaube besteht", „Über das Leben" und „Die christliche Lehre". Seine wichtigsten Prinzipien waren die Nächstenliebe, Gewaltlosigkeit, Verzicht auf Feindschaft („Liebet eure Feinde"), wie es von Christus in der Bergpredigt verkündet worden ist, sowie eine moralische Vervollkommnung und Einfachheit in allen Dingen. „Alle diese fünf Gebote haben nur dieses eine Ziel – den Frieden zwischen den Menschen. Es lohnt sich, dass die Menschen der Lehre Christi glauben und sie erfüllen, und dann wird Friede auf Erden sein, und zwar kein solcher Friede, wie er von Menschen gemacht wird, ein zeitweiser, zufälliger, sondern allgemeiner, ewiger, unzerstörbarer Friede [...]. Diese Gebote schließen alles Böse aus dem Leben der Menschen aus", schrieb Tolstoi 1884 in „Worin mein Glaube besteht". Die Lehre Tolstois fand rasch ihre Anhänger in den verschiedenen Schichten der russischen Gesellschaft und wurde auch bald in Westeuropa, Japan und Indien bekannt. Ein Anhänger Tolstois war Mahatma Gandhi (1869–1948), Begründer der Philosophie der Gewaltlosigkeit. Der Tolstojanismus bekräftigte die Priorität des Evangeliums, das Christentum war als ethische Komponente der Lehre wichtig. Die Tolstojaner lehnten die Autorität der offiziellen Kirche ebenso ab wie öffentliche Gottesdienste, und sie kritisierten jede Gewalt und soziale Ungerechtigkeit. Als Grundlage ihrer Ideen sahen sie eine moralische Umgestaltung der Gesellschaft, wonach die bestehende Gesellschaft und der Staat durch das Zusammenleben freier und gleichberechtigter Bauern ersetzt werden sollten. Die Tolstojaner waren überzeugte Anhänger von Gewaltlosigkeit und Pazifismus und lehnten den Militärdienst kategorisch ab, was zu Konflikten mit dem Staat führte.

Für die russische Gesellschaft waren diese sozial-religiösen Vorstellungen Tolstois von großer Bedeutung. Seine pazifistischen Ideen vom gewaltfreien Widerstand gegen das Böse fanden nicht nur bei der Intelligenzija großes Echo, sondern auch in der russischen Bauernschaft, bei den Evangeliumschristen und den Baptisten. Um die Ideen Tolstois umzusetzen, wurden Gemeinden (Kommunen, Wohnheime) gegründet, von denen einige die Oktoberrevolution überstanden und erfolgreich bis zur Kollektivierung existierten. Die Exkommunikation Tolstois 1901 rief schließlich sogar bei den Gegnern des Schriftstellers große Empörung gegen die Kirche hervor. Der Philosoph Wassili Rosanow (1856–1919), der Tolstois religiöse Überzeugungen nicht teilte, schrieb:

> „Tolstoi ist, abgesehen von all seinen schrecklichen und verbrecherischen Irrtümern, Fehlern und frechen Worten, ein enormes religiöses Phänomen, möglicherweise das größte der russischen Religionsgeschichte in neunzehn Jahrhunderten, wenn auch ein entstelltes. Aber eine schief gewachsene Eiche ist trotzdem immer noch eine Eiche und darf nicht von einem mechanisch-formalen ‚Amt' gerichtet werden [...]. Tolstois Exkommunikation hat dem russischen Glauben größeren Schaden zugefügt als seine Lehre."[3]

Priester der armenischen Kirche in St. Petersburg hielten nach Tolstois Tod 1910 einen Totengottesdienst ab – das konnten sie tun, da die Armenisch-Gregorianische Kirche selbstständig und der orthodoxen Kirche im Russischen Reich nicht unterstellt war. Der 10. November (der Tag, als der hochbetagte Tolstoi sein Haus zu seiner letzten Reise verließ) sowie der 20. November (sein Todestag) wurden in Russland Gedenktage an Tolstoi, die sowohl antikirchlich als auch revolutionär geprägt waren und von der russischen Studentenschaft regelmäßig begangen wurden.

Neben den antikirchlich geprägten russischen Sozialisten vertraten zu Beginn des 20. Jahrhunderts auch einige russische Philosophen den entgegengesetzten Weg zum klassischen Marxismus mit seinem Ausgangspunkt in einer materialistischen Weltauffassung. Sie verstanden sich eher als vom religiösen Idealismus herkommend und wurden zu einflussreichen Vertretern eines sozialen Christentums. Ein Teil dieser Richtung versammelte sich in der „Religiös-Philosophischen Ge-

3 V.V. Rosanov, Ob otlučenii ot Cerkvi gr. L. Tolstogo, in: V temnych religioznych lučach, Moskau 1994, 37.

sellschaft" in Sankt Petersburg; dazu gehörten etwa der Religionsphilosoph und Ökonom Sergei Bulgakow (1871–1944), der Religionsphilosoph Nikolai Berdjajew (1874–1948), der Philosoph Pjotr Struwe (1870–1944), der Schriftsteller Dmitri Mereschkowski (1865–1941) und seine Frau, die Lyrikerin und Autorin Sinaida Hippius (1869–1945). Hier versuchte man, in kritischen Diskussionen und im Dialog mit Vertretern anderer gesellschaftlich-politischer Lehren die von den Materialisten ausgehende Bedrohung zu erklären und als Alternative einen eigenen christlichen Sozialismus zu entwickeln. Programmatische Schriften wurden die 1906 erstmals von Bulgakow herausgegebene Zeitung „Narod" („Volk") sowie die Zeitschrift „Das lebendige Leben" und der für die Richtung der „Gottsucher" (*bogoiskateli*) stehende Sammelband „Wechi" („Wegzeichen"), der wütende Proteste der Vertreter des orthodoxen Marxismus hervorrief, einschließlich Lenins. In diesem Sammelband hatte Bulgakow ausführlich den Gedanken entwickelt, dass Materialismus und atheistischer Humanismus eine menschliche Religion seien, aber ohne Gott und gegen Gott. Berdjajew ging darüber hinaus und betonte, dass gerade der marxistische Atheismus und seine völlige Ablehnung jeglicher Spiritualität erst seine eigene Konversion zum Christentum möglich gemacht habe.

Die „Gottsucher" mahnten, dass nicht Revolution, sondern Christus die Menschheit retten werde, dass man deshalb auf die Wiederkunft Christi warten und diese vorbereiten müsse. Dazu seien eine neue christliche Religion und ein neues christliches Ethos von Fleiß, Verstand, Freiheit des Menschen, Liebe und Freundschaft notwendig. Diese sollten die Menschen erhöhen und mit ihrem religiösen Geist Gesellschaft, Kultur und Nächstenliebe durchdringen und so die Erde „erneuern".

Orthodoxie und soziale Frage

Ideen zu Reformen und sozialer und religiöser Erneuerung der Gesellschaft gab es auch in unterschiedlichen Kreisen innerhalb der orthodoxen Kirche. Sehr bekannt wurde etwa die Gruppe „32 Petersburger Priester" mit einem Programm zur Erneuerung der Kirche. Ähnlich entwickelte auch Archimandrit Michail (Semjonow, 1873–1916), ein prominenter Prediger und Dozent an der Moskauer Geistlichen Akademie und später ein Bischof der Altgläubigen, eine Art von „christlichem Kommunismus", der sogar als Vorläufer der „Theologie der Befreiung" gilt. Vor allem in den Arbeiterkreisen der Großstädte war das von ihm mitgeprägte sogenannte „Golgota-Christentum" als eine „Religion des freien Menschen" weit verbreitet. Es setzte nicht auf „Selbsterlösung und servile Tugenden", also die Einhaltung der Gebote, sondern lehrte das Heil des Ganzen. Da Michail Semjonows Vorstellungen jedoch in der orthodoxen Kirche abgelehnt wurden, trat er zu den Altgläubigen über, bei denen er allerdings auch kein Verständnis fand. 1908 begann er mit der Veröffentlichung der Reihe „Freiheit und Christentum". Sie beschäftigte sich mit der Auseinandersetzung des westlichen Christentums mit der sozialen Frage.

Ein weiterer prominenter Vertreter des christlichen Sozialismus im Russischen Reich war der Priester und populäre Prediger Grigori Petrow (1866–1925). Sein Hauptwerk „Das Evangelium als Grundlage des Lebens" (1898) erschien in über 20 Auflagen und wurde in zahlreiche Sprachen übersetzt. In ihm und in vielen anderen Broschüren für Arbeiter setzte er sich mit Fragen der Gerechtigkeit, einem Leben nach dem Evangelium, Alkoholismus etc. auseinander. Petrow gehörte formal nicht zu den sozialistischen Parteien, wurde allerdings 1907 als Kandidat auf der Liste der Konstitutionell-Demokratischen Partei („Kadettenliste") in die zweite Staatsduma gewählt. Mit seiner aktiven sozialen Position, seiner harschen Kritik an der Führung des Synods und der Stellung des Klerus sorgte er für Spannungen. Das zeigt auch sein 1908 formulierter Brief an Antoni (Wadkowski, 1846–1912), den Metropoliten von St. Petersburg. In ihm klagte er den Missstand an, dass das „Schweigen der Kirche zu dieser Zeit ein schweres Verbrechen" sei und dass „das, was der Klerus zurzeit in Russland treibt, vor allem die höhere Geistlichkeit und die Mönche, die Billigung jeglicher Schreckenstat der Behörden, Treue zur bestehenden [...] Staatsform sein kann und ist, aber es besteht kein Zweifel, dass dies Verrat an den Aufgaben der Kirche ist, Verrat an der Wahrheit Christi sowie Hintanstellung der Leiden des Volkes gegenüber den Bedürfnissen des Vaterlands."

Die schonungslose Kritik Petrows an der aktuellen Verfasstheit der orthodoxen Kirche brachte ihm jedoch schließlich ein langjähriges Verbot ein, sein Priesteramt auszuüben. Ein konsequenter Anhänger der Ideen des christlichen Sozialismus war auch Bischof Andrei (Uchtomski, 1872–1937) von Ufimsk. Wie Petrow tendierte er ebenfalls weltanschaulich stärker zu den Altgläubigen, bei denen sie die russische Spiritualität und das Wirken eines freien, unabhängigen Geistes besser verwirklicht sahen – obwohl sie selber beide die höchste institutionell gebundene orthodoxe Bildung durchlaufen hatten.

Eines der Hauptmerkmale der russischen Gesellschaft im 19. Jahrhundert war, dass die religiöse und ideelle Suche im einfachen Volk wie auch in der intellektuellen Elite dieser Zeit an der orthodoxen Amtskirche vorbei – und sogar ihr entgegen – verlief. Darin glichen die Protagonisten eines christlichen russischen Sozialismus durchaus ihren westlichen Glaubensbrüdern und Glaubensschwestern in Diakonie und Caritas, die sich durch ihre Auseinandersetzung mit der sozialen Frage und ihren Einsatz für deren Lösung häufig außerhalb der Strukturen und Lehren von offizieller evangelischer und katholischer Kirche befanden. Die folgende Aussage Berdjajews hätten die westeuropäischen Vertreter eines sozialen Christentums vermutlich ebenso für ihre Situation vor Ort gelten lassen können:

> „Die Kirche hat ihre führende Rolle im Leben des Volkes verloren. Ihre untergeordnete Stellung im Verhältnis zum monarchischen Staat, der Verlust des synodalen Geistes, das niedrige kulturelle Niveau des Klerus – all dies war fatal. Sie war keine organisierende geistige Kraft. Das Christentum in Russland durchlebte eine tiefe Krise."[4]

Die orthodoxe Kirche reagierte in der Regel ablehnend und negativ auf sozialistische Ideen; zum Beispiel in den kirchlichen Zeitschriften während der seit 1906 währenden Regierungszeit des reformorientierten Premierministers Pjotr Stolypin (1862–1911). In den Jahren 1909/10 gab es in den Seminaren und Geistlichen Akademien sogar einen eigenen Kurs „Geschichte und Entlarvung des Sozialismus". Die Oktoberrevolution hinterließ schließlich bei vielen Zeitgenossen einen äußerst quälenden Eindruck. Verschiedene kirchliche Kreise rückten allmählich mit rechts-nationalistischen Organisationen zusammen und verkündeten den Schutz des Glaubens, die Liebe zum gottgesalbten Zaren, die Treue zum Vaterland und den Schutz vor der jüdisch-atheistischen, sozialistischen Bedrohung. Einige Vertreter des Episkopats und des geistlichen Standes gaben ihren Segen zu diesen Bemühungen oder wurden selbst zu Mitgliedern der nationalistischen Organisation „Union des russischen Volkes" oder ähnlicher Organisationen. Vor dem Hintergrund zunehmender Auseinandersetzungen in der russischen Gesellschaft führte die Mitgliedschaft eines Teils des Klerus in diesen rechtsgerichteten, nationalistischen Organisationen häufig dazu, dass die ganze orthodoxe Kirche als „Schwarzhundert"-Organisation gebrandmarkt wurde. Doch bei Ausbrüchen von Antisemitismus verurteilten die orthodoxen Hierarchen und die Lehrkräfte der geistlichen Lehranstalten die Pogrome stets offiziell und erklärten ebenso, dass es bei den Juden keine blutigen Opferpraktiken gebe.

4 N. Berdjaev, Istoki i smysl russkogo kommunizma, Kap. 6: http://www.vehi.net/berdyaev/istoki/06.html.

2. Marxismus, Religion und die Russische Revolution von 1917

Russischer Marxismus und die Haltung zu Kirche und Religion vor 1917

Unter den russischen Marxisten gab es weder eine einheitliche Einstellung zur Rolle und Bedeutung der Religion noch eine ausgebildete Doktrin über die konkreten Beziehungen zu den Kirchen im Land. Wie schon gezeigt, waren religiöse Ideen und Gottsuchertum unter den Anhängern einer sozialen Neuordnung durchaus weit verbreitet. Einige von ihnen vertraten dabei jedoch konsequent eine antiklerikale Position und kritisierten die christliche Kirche als eine Lehrerin der Unterwürfigkeit, die deswegen auch die breite Aufklärung des Volkes bedrohe. Zu den prominentesten Protagonisten dieser antikirchlichen demokratischen Intelligenzija gehörten Wissarion Belinski (1811–1848), Alexander Herzen (1812–1870), Nikolai Ogarjow (1813–1877), Dmitri Pisarew (1840–1868), Nikolai Dobroljubow (1836–1861) und Nikolai Tschernyschewski. Belinski schrieb in seinem berühmten Brief an den Schriftsteller Nikolai Gogol (1809–1852) von 1847:

> „Sie glauben, die Russen seien das religiöseste Volk der Welt – falsch! Die Basis der Religiosität ist Frömmigkeit, Ehrfurcht und Gottesfurcht. Aber der Russe spricht den Namen Gottes aus, während er sich am Hintern kratzt. Er sagt über Ikonen: ‚Wenn es passt – beten, wenn es nicht passt – als Topfdeckel verwenden'. Sehen Sie genauer hin, und Sie werden sehen, dass es ein seiner Natur nach zutiefst atheistisches Volk ist. Man findet noch viel Aberglauben, aber keine Spur von Religiosität [...]. Religiosität gibt es nicht einmal bei der Geistlichkeit, denn einige besondere Ausnahmepersönlichkeiten, die sich durch stille, kühle asketische Versenkung auszeichnen, beweisen nichts. Die Mehrheit unserer Geistlichkeit hat sich nur durch einen dicken Wanst, theologische Pedanterie und völlige Unwissenheit ausgezeichnet. Es ist falsch, sie religiöser Intoleranz und des Fanatismus zu beschuldigen; eher sollte man sie loben für beispielhaften Indifferentismus auf dem Gebiet des Glaubens. Religiosität hat sich bei uns nur in den Sekten entwickelt, die ihren geistigen Ansichten nach der Masse des Volkes so entgegengesetzt und die nach ihrer Anzahl so unbedeutend sind. [...] Russland braucht keine Predigten (es hat schon genug gehört!), keine Gebete (es hat schon genug aufgesagt!), sondern es braucht das Erwecken des Gefühls der Menschenwürde im Volk, die so viele Jahrhunderte verloren war in Schlamm und Dreck, des Gefühls für Recht und Gesetz, die sich nicht nach den Lehren der Kirche richten, sondern nach dem gesunden Menschenverstand und der Gerechtigkeit, und es braucht, soweit möglich, deren Umsetzung."[5]

5 V. G. Belinskij, Pi'smo N. V. Gogolju (1847).

Einen Schritt weiter ging der Sozialist Anatoli Lunatscharski (1875–1933), später von 1917 bis 1929 Bildungsminister in der russischen Sowjetrepublik, der in seinem in den Jahren 1908–1911 verfassten Werk „Religion und Sozialismus“ seinen marxistischen Gesinnungsgenossen vorschlug, eine neue proletarische Religion zu gestalten. Denn die Sozialdemokratie könne nur dann Zustimmung gewinnen, wenn sie von sich behaupte, dass sie eine religiöse Kraft sei und eine Religion in sich trage, meinte Lunatscharski. Folgerichtig sei für ihn der „wissenschaftliche Sozialismus die religiöseste unter allen Religionen“, und „der wahre Sozialdemokrat der religiöseste Mensch.“[6]

Einen anderen Aspekt betonte wiederum der Schriftsteller Maxim Gorki (eigentlich Peschkow, 1868–1936), indem er Ideen des „Gotterbauertums“ aufgriff, weiterentwickelte und dabei Christus als den Beschützer der Rechtlosen in den Mittelpunkt seiner Ausführungen und Schriften stellte. Das „Gotterbauertum“ entstand im ersten Jahrzehnt des 20. Jahrhunderts als ethisch-philosophische Richtung im russischen Marxismus. Die unter Maxim Gorkis aktiver Beteiligung gegründete „Arbeiterschule“ auf der Insel Capri wurde zur Basis dieser Bewegung. Viele „Gotterbauer“ erkannten die Existenz Gottes und einzelne Postulate der christlichen Religion an, doch dominierend war die Idee der Vergöttlichung des Fortschritts, des Kollektivs oder der Gesellschaft als ganzer, wodurch Ideal und Realität in Übereinstimmung gebracht werden sollten. Von anderen Theoretikern des Marxismus wurde diese Richtung scharf kritisiert, etwa von Georgi Plechanow (1856–1918) und von Lenin.

Unter den verschiedenen Richtungen des russischen Marxismus gab es außerdem diejenigen, die stärker für den Zusammenhang von freiem Denken und Atheismus standen. Ein Teil von ihnen vertrat konsequente Positionen von Antiklerikalismus und einer äußerst negativen Beziehung zur christlichen Kirche als Lehrerin des Erduldens. Die Bildung des Volkes wurde der von der Kirche verbreiteten Finsternis von Vorurteilen und Unterwürfigkeit entgegengesetzt. Der Vertreter der jakobinischen Richtung unter den Volkstümlern Pjotr Tkatschow (1844–1886), der bekannte Anarchist Michail Bakunin (1814–1876) und der Ideologe der Volkstümler Pjotr Lawrow (1823–1900) betonten die negative Rolle der Religion in der sozialen Entwicklung. Dabei setzte sich letzterer bereits früher als Friedrich Engels mit der Vorstellung eines christlichen Sozialismus auseinander, wobei er verschiedene westliche

6 A.V. Lunačarski, Očerki po istorii marksizma, in: Religija i socializm, Sankt Petersburg 1908, 157.

Theologen wie Saint-Simon (Claude Henri de Rouvroy, Comte de Saint-Simon, 1760–1825) oder Wilhelm Weitling diskutierte. In mehreren Artikeln, unter anderem mit dem Titel „Religiöse Sozialisten“ (1873), „Der Sozialismus und das historische Christentum“ (1875) und „Das christliche Ideal vor dem Gericht des Sozialismus“ (1876), argumentierte Lawrow, dass „die verschiedenen Typen des christlichen Ideals und die Lehre der sozialen Revolution nichts gemeinsam haben“[7].

Obwohl die russischen Marxisten von aufklärerischen und von durch Friedrich Nietzsche (1844–1900) formulierten Ideen ausgingen, war ihr Wortschatz häufig von liturgischen oder biblischen Referenzen geprägt und offenbarte damit durchaus eine religiöse Grundstimmung ihrer Protagonisten.

Einige Sozialisten glaubten, dass der wahre russische Kommunismus sehr gut auf den Erfahrungen der russischen Bauernbewegungen und der Altgläubigen, der Molokanen und evangelischen Christen verschiedener Strömungen aufbauen könne. Der bekannte Aktivist der bolschewistischen Partei Wladimir Bontsch-Brujewitsch (1873–1955) etwa sympathisierte mit den sozialen Ideen dieser Gruppen und setzte sich deshalb u. a. auch dafür ein, dass die russischen Protestanten in den ersten Jahren der Sowjetherrschaft landwirtschaftliche Genossenschaften gründen konnten. Bei russischen Protestanten trifft man daher bis heute die Überzeugung an, dass ihre eigene erfolgreiche Erfahrung einer kollektiven Landwirtschaft als Vorbild für die Errichtung von Kolchosen durch die Sowjetmacht im ganzen Land gedient habe.

Die später im Sowjetstaat als einzig richtige anerkannte marxistische Haltung zu Religion und Kirche, nämlich die von Lenin, war in der Zeit vor der Revolution äußerst polemisch. Für ihn war die Auffassung „des Volkes“ vom „lieben Gott“ und dem „kleinen Gott“ Ausdruck von Stumpfsinn, Unterdrückung und Ungebildetheit „des Volkes“. Harsch kritisierte Lenin das sozialistische „Gotterbauertum“-Konzept Gorkis und Lunatscharskis und entwickelte das Konzept eines militanten Materialismus und Atheismus als Gegengewicht. Lässt man seine von Leninforschern oftmals zitierten polemischen Texte über religiöse Fragen aus der Zeit vor der Revolution beiseite, kann man seine Position etwa wie folgt zusammenfassen: Die Religion (die sicherlich schädlich ist, da sie die unterdrückten Klassen Gehorsamkeit und Demut lehrt) sollte in Bezug auf den Staat eine private Angelegenheit werden, nicht aber in Bezug auf die Partei, die gegen die Ungebildetheit und den religiö-

7 A.V. Lunačarski, Očerki po istorii marksizma, in: Religija i socializm, Sankt Petersburg 1908, 157.

sen Aberglauben kämpfen muss. Die antireligiöse Propaganda sollte dabei allerdings der Hauptaufgabe, nämlich dem Kampf für den Sozialismus, untergeordnet sein.

Die revolutionären Ereignisse und die Kirchen

Die revolutionären Umwälzungen im Russischen Reich begannen 1905, als es im ganzen Land zu Massenprotesten gegen die Erschießung von friedlichen Demonstranten aus der Arbeiterschaft in St. Petersburg kam, die sich unter der Führung des Priesters Georgi Gapon (1870–1906) versammelt hatten. Gapon war ein bekannter Prediger und der Gründer der revolutionären Organisation „Allrussischer Arbeiterbund". Arbeiter lieferten sich auf den Straßen der Städte Schlachten mit der Polizei und Bauern zündeten die Anwesen von Gutsbesitzern an. Im Laufe dieser Revolution wurde am 17. April 1905 vom Herrscher ein Toleranzedikt erlassen. Es hob die strafrechtliche Verfolgung des Austritts aus der Orthodoxie auf. Altgläubige und nichtorthodoxe christliche Gruppen, die in der Sprache der Zeit als „Sektierer" bezeichnet wurden, erhielten nun das Recht, öffentlich Gottesdienst zu feiern und Kirchen zu bauen. Ihre Gemeindeleiter bekamen den Klerikerstatus zugesprochen. Eine weitere Folge der revolutionären Ereignisse war die Errichtung eines neuen Regierungsorgans, nämlich eines Parlaments – der Staatsduma. Der Klerus erhielt entsprechend dem Vermögenszensus das Wahlrecht. Der Anteil der orthodoxen Priester in der Duma nahm zu und wuchs von elf Priestern und zwei Bischöfen in der ersten auf 48 in der dritten und 46 Priester in der vierten Duma (1912–1917), was mit der Hoffnung der Regierung zusammenhing, der Klerus würde die Monarchie unterstützen.

In der Zeit der ersten russischen Revolution lässt sich eine Radikalisierung des orthodoxen Klerus beobachten, der zwischen zwei Polen gespalten war: Einerseits gab es die „Schwarzhundertschaften", die für die Unterstützung der Selbstherrschaft und den Kampf gegen die Revolution waren, andererseits die Demokratischen, die mit den Ideen des Sozialismus sympathisierten. Linke Ideen waren vor allem in den geistlichen Lehranstalten verbreitet, die in die revolutionären Wirren verstrickt waren. Viele Dorfgeistliche unterstützten die Forderungen der Bauern nach Land und legitimierten so häufig ihr gegen die Regierung gerichtetes Engagement. Praktisch in jedem Bistum gab es solche Priester, wie Materialien von den Untersuchungen ihrer Aktivitäten in den Diözesanarchiven belegen. Der Radikalismus des Gemeindeklerus, vor allem auf dem Land, der die Bauernunruhen in den Jahren der ersten russischen Revolution gefördert hatte, stellte sich als so einflussreich heraus, dass der Heiligste Synod am 20. Dezember 1905 eine Verordnung über das „verwerfliche Verhalten einiger Priester zur Zeit der Volksunruhen" erließ. Die getroffenen repressiven Maßnahmen entflammten die Proteststimmung im Klerus nur noch mehr und machten den Widerstand bei Priestern und Bischöfen offenbar. Der Priester und Theologe Michail Tschelzow (1870–1931), der später hingerichtet und 2005 heiliggesprochen wurde, schrieb in seinem Artikel „Die Not des Priesters" in der Zeitschrift „Kirchlicher Bote" 1906:

> „Und in fast jeder Zeitungsausgabe lesen wir: Da irgendwo haben sie einen Geistlichen dafür verhaftet, dass er dem Volk das Manifest vom 17. Oktober erklärt hat; hier hat ein Bischof ganze Gruppen von Priestern suspendiert; andernorts wurden bei Dutzenden von Priestern strenge Untersuchungen nur aufgrund dessen angestellt, dass ihr Gewissen ihnen verboten hat, in der Kirche einen Aufruf zu verlesen, der nicht im Geiste des Friedens und der Liebe war."[8]

Die Revolution von 1905 belebte Hoffnungen auf die mögliche Einberufung eines Konzils der Russischen Orthodoxen Kirche, das sich für die nötigen Reformen starkmachen sollte und für das sich sogar der konservative Episkopat einstimmig aussprach. Das Konzil sollte den Ausstieg aus der starren Kontrolle durch die Bürokratie und dem scharfen Diktat der Oberprokuroren den Weg bereiten; diesen Titel trugen die staatlichen Beamten, die dem Synod vorstanden. Zur Vorbereitung dieses Konzils wurde 1906 eine „Vorkonziliare Versammlung" einberufen. Sie sollte die synodale Tradition in der Verwaltung und im Patriarchat wiederherstellen sowie dazu beitragen, das Ansehen der Bischöfe und der Kirchenleitung, des Episkopats, wieder zu stärken. Zusätzlich ging es um die Wiedereinführung der Priesterwahlen durch die Gemeinden und die Frage, wie man die Kirche wieder als eine relevante gesellschaftliche Kraft etablieren könne. Allerdings kam es dann nicht zum Konzil. Das Ausbleiben der anstehenden Reformen sowie die sichtbaren Missstände in kirchlicher Verwaltung, Bildung und Missionsarbeit führten dazu, dass die Kirche auf die kommende Revolution unzureichend vorbereitet war.

Der Verzicht auf das Konzil hing in vielerlei Hinsicht mit dem neuen reaktionären Kurs und dem hohen kirchenpolitischen und persönlichen Einfluss des selbsternannten Mönchs und Wunderheilers Grigori Rasputin (1869–1916) auf die Zarenfamilie zusammen. Dieser hatte zunächst dem schwer erkrankten Thronfolger helfen können und dadurch großen Einfluss vor allem auf die Zarin, aber auch auf Zar Nikolaus II. (1868–1918) erwerben können. Weder der Monarch noch sein

8 Cerkovnyj Vestnik (1906), 16. Feb. Nr. 7, 210–212.

Premierminister Stolypin wollten Veränderungen in Kirche und Staat – und schon gar keine öffentliche Diskussion über den Zustand der Kirche. Zugleich verschärfte die Regierung ihren antisemitischen Ton, indem sie immer wieder die Nähe zur nationalistisch-rechtsextremen Bewegung der „Schwarzen Hundertschaft“ suchte. Im Einklang mit ihren Vertretern erklärte sie die revolutionären Ereignisse als Ergebnis jüdischer Propaganda und nannte sie 1905 „jüdische Revolution“. Das hatte nicht nur politische Auswirkungen, sondern auch kirchlich-theologische: Denn als Gegengewicht zum sogenannten „jüdischen“ Atheismus lancierten Regierung und Kirche nun Ideen einer betont russisch-orthodoxen Spiritualität.

Der Erste Weltkrieg von 1914 bis 1918 wurde zu einer Herausforderung, die die russische Monarchie nicht überstand. Die große Zahl Kriegstoter, die Unklarheit über die Ziele des Krieges, erhebliche Probleme auf dem Land, die Unzufriedenheit mit der Regierungspolitik in allen sozialen Schichten sowie die Radikalisierung der Soldaten waren der Nährboden für eine neue Revolution.

Die erste der beiden Revolutionen des Jahres 1917 fand im Februar statt. Sie führte zur Abdankung des Zaren und zur Abschaffung der Monarchie. Russland wurde nun zu einer Republik, die von einer „Provisorischen Regierung“ geführt wurde. Die orthodoxe Kirche verlor bald ihre Privilegien. Der Synod als das Leitungsgremium der Kirche wurde zunächst neu besetzt; im Laufe des Sommers wurde dann von der Regierung ein Ministerium für Glaubensbekenntnisse geschaffen. Damit war der Synod faktisch abgeschafft und die orthodoxe Kirche unabhängig vom Staat.

Die Februarrevolution wurde vom radikal gesinnten Gemeindeklerus nicht nur weitgehend als „Befreiung von jahrhundertelanger Unterdrückung“ begrüßt, sondern sogar auch mit der Auferstehung Christi verglichen. Bischof Innokenti (Figurowski, 1863–1931), der Leiter der russischen Mission in China und ein bekannter Sinologe, schrieb im Frühjahr 1917 an den Erzbischof von Nowgorod, Arseni (Stadnizki, 1862–1936):

> „Die Kirche Christi im freien russischen Staat hat sich jetzt aus Jahrhunderten der Sklaverei befreit und für sie bricht ein neuer Morgen [...] des Lebens in einem freien Land an. Mit dem Sturz der Monarchie wurde die Kirche von der Schande befreit, vom Schicksal der sie bindenden Sünde des Caesaropapismus.“[9]

9 GARF, F. 550. Op. 1. d. 95. L.1. Zitiert nach: P.G. Rogoznyj, Cerkovnaja revoljucija 1917. goda (Vysšee duchovenstvo Rossijskoj cerkvi v bor'be za vlast' v eparchijach posle Fevral'skoj revoljucii), St. Petersburg 2008, 142.

Zur gleichen Zeit fanden in den Diözesen zahlreiche Versammlungen statt, die das Ende des autokratischen Zarenreiches begrüßten und ihre Unterstützung für die provisorische Regierung und die revolutionären Umgestaltungen bekundeten. Dabei gab es allerdings keine gemeinsam ausgearbeitete, einheitliche Grundlage der Kirche. Denn auch in der Kirche war die Palette an gesellschaftlich-politischen Präferenzen breit und reichte von extremen Monarchisten und Anhängern der Schwarzen Hundertschaft bis hin zu den radikalen Anarchisten und Bolschewiki.

Das „progressivste" und dynamischste kirchliche Umfeld in den Hauptstädten bildete die Professorenschaft der geistlichen Akademien von Petrograd (so hieß St. Petersburg in der Zeit vom Kriegsausbruch 1914 bis zur Umbenennung in Leningrad 1924) und Moskau. Deren Position spiegelte die wichtigste kirchliche Zeitschrift „Allrussischer kirchlich-gesellschaftlicher Bote" wider. Sie wurde von Boris Titlinow (1879– nach 1944), Professor an der Petrograder Geistlichen Akademie und später Aktivist der „Erneuerer"-Bewegung, herausgegeben und erschien unter dem Motto „Freie Kirche eines freien Volkes". Doch nicht nur im kirchlich-akademischen Milieu wurde intensiv über die Formen der Ausgestaltung des kirchlichen Lebens nach dem Ende der strengen staatlichen Vormundschaft debattiert. Auch in der Kirche wurden neue kirchenpolitische Aktionen eingeleitet: Bischöfe wurden versetzt und neue gewählt. Rasch begann man, ein Landeskonzil vorzubereiten, das im August 1917 feierlich in Moskau eröffnet wurde. Doch die Lossagung von der „monarchischen Herrschaft des Episkopats" brachte zugleich neue Missverständnisse und Polarisierungen: zwischen „schwarzen" und „weißen" Geistlichen (also zwischen Mönchen und Gemeindepriestern), zwischen dem Episkopat und dem übrigen Klerus, zwischen dem Klerus und den Kirchendienern etc.

Der Oktoberumsturz 1917, initiiert von der Russischen Sozialdemokratischen Partei der Bolschewiki (SDRP [b] – das „b" steht für *bolschewiki*, Mehrheitsgruppe) unter der Leitung von Lenin (der später in der offiziellen sowjetischen Ideologie als „Große Sozialistische Oktoberrevolution" bezeichnet wurde), war eine völlige Überraschung für die Teilnehmer des Konzils, die gehofft hatten, dass eine demokratisch einberufene verfassungsgebende Versammlung die Regierungsform im Land bestimmen würde und dass ihr darin, als Vertreterin der Mehrheit der Bürger Russlands, ein angemessener Platz im neuen Staat zustünde.

Unmittelbar nach dem bolschewistischen Umsturz entbrannte ein scharfer Konflikt zwischen den Bolschewiki, die die Macht ergriffen hatten, und dem Konzil, das die Kirchenreformen erarbeitete. Der Prozess der raschen Verdrängung der Kirche von der politischen Bühne und der Aberkennung jener Rechte und Vorteile, die sie unter den Zaren genossen hatte, wurde gleich in den ersten Tagen der neuen Regierung deutlich, und er war unumkehrbar.

3. Die Kirchenpolitik der Sowjets

Die ersten Maßnahmen der Sowjetmacht im religiösen Bereich

Noch während der Machtergreifung in Russland deklarierten die Bolschewiki Religionstoleranz und das Recht des einzelnen, die eigene religiöse Überzeugung selbst zu wählen. Diese Politik stand bewusst im Gegensatz zur zarischen Vergangenheit, in der die orthodoxe Kirche „Dienerin der Autokratie" war und sich an der Verfolgung von Andersdenkenden und Andersgläubigen beteiligt hatte. Die Idee, bessere Bedingungen für nationale und religiöse Minderheiten als den Opfern des zaristischen Regimes zu schaffen, war in der bolschewistischen Lehre der ersten Jahre der Sowjetherrschaft deutlich zu erkennen. In der „Deklaration der Rechte der Völker Russlands" vom 15. November 1917 (nach dem in Russland damals noch gültigen julianischen Kalender auf den 2. November datiert) wurden alle nationalen und national-religiösen Privilegien und Beschränkungen abgeschafft. Der „Aufruf an die muslimische Arbeiterschaft Russlands und des Orients" erklärte, dass „von nun an eure Überzeugungen und Gewohnheiten, eure nationalen und kulturellen Institutionen für frei und unantastbar erklärt sind"[10]. Das Dekret über die Ehescheidung, das die Bolschewiki im Dezember 1917 verabschiedeten, legte fest, dass eine Ehe auf Antrag eines der Eheleute getrennt werden konnte, was im absoluten Widerspruch zur bisherigen Praxis und zu den kirchlichen Vorschriften stand.

Zum Rechtsakt, durch den auf legislativer Ebene die Religionspolitik des Sowjetstaates bestimmt wurde, wurde das „Dekret über die Gewissensfreiheit, die kirchlichen und die religiösen Gemeinschaften" vom 20. Januar 1918. Es wurde später unter dem Titel „Dekret über die Trennung der Kirche vom Staat und der Schule von der Kirche" bekannt. Es erklärte die volle Gewissensfreiheit, die Gleichheit aller Religionen vor dem Gesetz und verbot die Erwähnung der Religionszugehörigkeit in offiziellen Dokumenten. Bekannt ist die Geschichte des ersten

10 Ko vsem trudjaščimsja musul'manam Rossii i Vostoka (Obraščenie Soveta Narodnych Komissarov): http://constitution.garant.ru/history/act1600–1918/5310/.

Satzes dieses Dekrets, der ursprünglich lauten sollte, dass Religion Privatangelegenheit eines jeden Bürgers sei. Dieser Satz wurde von Lenin eigenhändig durchgestrichen und durch den Satz „Die Kirche wird vom Staat getrennt" ersetzt. Dieses Dokument sorgte zunächst für Zufriedenheit bei den Vertretern der anderen Konfessionen und Religionen in Russland, da der orthodoxen Kirche ihre traditionellen Privilegien genommen wurden.

Das Dekret beraubte jedoch alle religiösen Organisationen in Russland ihres Eigentums, einschließlich ihrer Sakralbauten. Diese wurden zu „Volkseigentum" erklärt und konnten „durch besondere Verfügungen der lokalen oder zentralen staatlichen Behörden" den Religionsgemeinschaften „zur kostenlosen Nutzung" übergeben werden. Doch auch die Rechte der Kirchen und anderer religiöser Gruppen als juristische Person, die Angebote von Religionsunterricht und karitativer Tätigkeiten wurden ihnen genommen. Folgerichtig wurde der Begriff „Kirche" von der sowjetischen Gesetzgebung im Weiteren nicht mehr verwendet; sie waren nun den „Allgemeinen Bestimmungen über private Gesellschaften und Verbände" unterworfen.

Mit der somit vollzogenen „Trennung" der Kirche vom Staat sprach der Sowjetstaat nun auch den Kirchen das Recht auf innere Autonomie ab und legte das Format fest, in dem die Kirche als eine Gemeinschaft von Gläubigen offiziell bei den Behörden registriert werden konnte. Dementsprechend behielt sich der Staat das Recht vor, die religiösen Aktivitäten seiner Bürger zu reglementieren, wobei er von der Vorstellung und dem gesetzlichen Rahmen von „privaten Gesellschaften und Verbänden" ausging. Es waren 20 Personen notwendig, um sich als Religionsgemeinschaft registrieren zu lassen – nach dem russischen Wort für „Zwanziger" wurden diese Gruppen „Dwadzatka" genannt. Diese Gruppe konnte Räume zur Verfügung gestellt bekommen und einen „Kultdiener" anstellen. Damit war das orthodoxe ekklesiologische Prinzip zerstört, dass der Priester in der Jurisdiktion eines Bischofs stand und von diesem in eine Gemeinde entsandt wurde: Jetzt wurde die Dwadzatka die Arbeitgeberin der Priester. Diese Gruppe von Laien wurde in der späteren Sowjetunion häufig von den Behörden für Aktionen gegen konkrete Priester benutzt. Schließlich verboten auch das Allrussische Zentrale Exekutivkomitee (WZIK) und der Rat der Volkskommissare (SNK) der Russischen Sozialistischen Föderativen Sowjetrepublik (RSFSR) mit dem Gesetz „Über die religiösen Vereinigungen" vom 8. April 1929 direkt jegliche wirtschaftliche, soziale, missionarische und pädagogische Aktivität aller religiösen Gemeinschaften und Vereinigungen.

In der Politik gegenüber Religionen und kirchlichen Institutionen zeigte sich die dauerhafte Diskrepanz zwischen den theoretischen sozialistischen bzw. marxistischen Konzeptionen und den praktischen Maßnahmen der Bolschewiki. Zur Einhaltung ihres Dekrets schuf die Regierung eine eigene Abteilung im Volkskommissariat für Justiz, die die Bezeichnung „Liquidationsabteilung" erhielt. Die am 24. August 1918 herausgegebene Verordnung „Über die Durchführung des Dekrets der Trennung der Kirche vom Staat und der Kirche von der Schule" konkretisierte die diskriminierenden Maßnahmen gegen kirchliche Institutionen. Damit begann der die gesamte Sowjetzeit durchziehende systematische Konflikt und Kampf zwischen Sowjetregierung und Kirche. Dabei kam es durchaus zu Abweichungen und Widersprüchen zwischen marxistischer Lehre und praktisch-bürokratischer Durchführung. So beschrieb etwa Pjotr Krassikow (1870–1939), stellvertretender Justizkommissar und Vorsitzender der Kommission für die Trennung der Kirche vom Staat, im Artikel „Die Praxis des antireligiösen Kampfes", der in der regierungsnahen Zeitschrift „Revolution und Kirche" erschien, die Methode der Durchführung des Dekrets vor Ort als „unangemessen und unproduktiv" und stellte fest, dass sie „die Bevölkerung aufreize und ihre religiösen Gefühle verletze".

> „Nicht immer nehmen die örtlichen Behörden den marxistischen Standpunkt bezüglich der religiösen Frage ein. Konfrontiert mit den konterrevolutionären Kultdienern, griffen sie zu Repressionen. Man hat einen Weg gewählt, von dem man dachte, dass er richtig sei, der aber in Wirklichkeit nichts erreichte und sogar eher schadete. Es kam zu offenen Verletzungen der religiösen Gefühle der Bürger. In den Kirchen wurden kirchliche Gewänder entwendet, Altartücher wurden durch Revolutionsflaggen ersetzt. In Petrosawodsk wurde in den Räumen einer ehemaligen Kirche ein Maskenball veranstaltet. Es gab zwei Maskierte in Priestergewändern, beide mit Kreuzen und Weihrauchgefäßen in den Händen und mit Zigaretten zwischen den Zähnen."[11]

Wie Krassikow richtig bemerkte, hatte der Kampf gegen die Religion, der sich im Land entfaltete, keinen aufgeklärt-atheistischen Charakter, sondern setzte sich in den Köpfen der Bevölkerung als blasphemisch fest.

Der sowjetische Staat und die orthodoxe Kirche

In den ersten Jahren nach der Oktoberrevolution richtete sich der Kampf der Behörden mit besonderer Schärfe gegen den gesellschaftlichen Einfluss und die enormen finanziellen Ressourcen der Russi-

11 Praktika antireligioznoj bor'by, in: Revoljucija i cerkov' (1919).

7 Antireligiöser Karnevalsumzug, Moskau 1920er Jahre

schen Orthodoxen Kirche. Bereits das Dekret „Über Grund und Boden", das in der Revolutionsnacht am 26. Oktober 1917 beschlossen wurde, erklärte alle Ländereien der Klöster und der Kirche mit allen beweglichen und unbeweglichen Gütern zu „Volkseigentum": „Das gesamte Land [...], im Besitz des Staates [...], von Klöstern, der Kirche, [...] von Privateigentümern oder von Bauern wird ersatzlos enteignet, zum Volkseigentum gemacht und allen darauf Arbeitenden zur Nutzung übergeben."[12] In einem nächsten Schritt wurden die kirchlichen Konten beschlagnahmt.

Bis zum Ende der Revolution, die sich tatsächlich längst zu einem Bürgerkrieg entwickelt hatte, sah die bolschewistische Führung die Kirche als feindliche, konterrevolutionäre Organisation, die so schnell wie möglich beseitigt werden musste. Die antiklerikalen Maßnahmen wurden ab März 1922 systematisch durchgeführt, als sich die sowjetische Regierung im Zuge einer Kampagne zur Beschlagnahmung der kirchlichen Wertgegenstände (zur Linderung der Hungersnot) vornahm,

12 Dekret o zemle s-ezda sovetov rabočich i soldatskich deputatov (26. Oktober 1917), in: Dekrety Sovetskoj vlasti, Bd. 1, Moskva 1957, 17–20.

8 Metropolit Weniamin von Petrograd

die orthodoxe Kirche als öffentliche Institution von Bedeutung zu zerstören. In einem berühmten Brief Lenins an das Politbüro vom 19. März 1922 hieß es:

> „Wir müssen einen entscheidenden und gnadenlosen Kampf gegen den Klerus der Schwarzhundertschaft führen und ihn mit einer solchen Brutalität zermalmen, dass sie es für die nächsten Jahrzehnte nicht vergessen [...] denn je mehr Vertreter des reaktionären Klerus [...] wir dabei erschießen können, desto besser."[13]

Es gab eine Reihe von Schauprozessen gegen die Kirchenleitung; besondere Aufmerksamkeit erregte die Verurteilung einer Gruppe Petrograder Geistlicher und Professoren mit dem Metropoliten von Petrograd Weniamin (Kasanski, 1873–1922, als Märtyrer heiliggesprochen) an ihrer Spitze, der im Juli 1922 erschossen wurde.

Diese Offensive war durch bisher beispiellose Gewalt und „neue" Druckmittel wie Repressionen, innerkirchliche Spaltungen (insbesondere das sogenannte Erneuerer-Schisma) sowie den Einsatz massiver antireligiöser Propaganda gekennzeichnet. Die Forschung hat in den letzten Jahren zahlreiche Belege dafür gefunden, wie sowjetische Beauftragte Maßnahmen zur Kirchenspaltung, zu innerkirchlichen Abgrenzungsprozessen und zum Anwerben von Agenten erdachten und umsetzten. Mitarbeiter der Geheimabteilung der Außerordentlichen Allrussischen Kommission (Tscheka) hatten bereits seit Anfang 1919 die Idee verbreitet, dass „der fortschrittliche Klerus das Recht habe, sich auf die Unterstützung des Sowjetstaates zu verlassen"[14]. Diese Unterstützung sollte nach Absicht der Tschekisten die „progressiven Pfaffen" dazu ermutigen, die „alten Kirchenfürsten" zu vertreiben und eine „erneuerte Kirche" zu gründen, die „hinter der Sowjetmacht steht". Die Poli-

13 V.I. Lenin, Pis'mo dlja členov politbjuro CK RKP(b) (19. März 1922), in: V.I. Lenin, Neizvestnye dokumenty. 1891–1922, Moskva 2000, 516–519. Deutsch auszugsweise in: Hauptmann, Peter/Stricker, Gerd (Hg.), Die Orthodoxe Kirche in Rußland, Göttingen 1988, 674–676.

14 M.I. Lacis, Cerkov' i gosudarstvo, in: Izvestija VCIK (2. Dezember 1919) (Nr. 270), 1.

tik, die auf den Zusammenbruch, die Zersetzung und die Spaltung der Kirche in mehrere einander entgegengesetzte Fraktionen setzte, wurde einerseits durch die Rekrutierung von Agenten aus kirchlichen Kreisen, andererseits durch repressive Maßnahmen gegen Illoyale verwirklicht.

Derjenige, der die konzeptionellen Planungen zur Spaltung der Kirche maßgeblich vorangetrieben hatte, war der bekannte marxistische Ideologe Leo Trotzki (1879–1940, eigentlich: Lejba Bronstein). Im Mai 1922 stellte er den Mitgliedern des Politbüros sein Konzept zur Verstärkung der Spaltungen innerhalb der Kirche vor:

> „Nun besteht die wichtigste politische Aufgabe darin, dass der positiv eingestellte Klerus nicht von der alten kirchlichen Hierarchie terrorisiert wird: Die Trennung der Kirche vom Staat, die wir ein für alle Mal vollzogen haben, bedeutet nicht, dass der Staat sich gleichgültig gegenüber dem, was in der Kirche als materiell-gesellschaftlicher Organisation geschieht, verhalten kann [...]. Auf jeden Fall ist erforderlich, ohne unsere materialistische Einstellung zur Religion zu verstecken, sie in absehbarer Zeit nicht in den Vordergrund zu stellen, um beide Seiten nicht zu einer Annäherung zu bringen [...]. Kritik am positiv eingestellten Klerus und den ihm nahestehenden Laien sind nicht mit materialistisch-atheistischen Argumenten zu üben, sondern von einem bedingt demokratischen Standpunkt aus: Ihr seid auch zu sehr von den Fürsten eingeschüchtert, ihr zieht nicht alle Schlussfolgerungen aus der Dominanz der Monarchisten in der Kirche, ihr könnt die ganze Schuld der Amtskirche gegenüber dem Volk und der Revolution gar nicht einschätzen usw. usw."[15]

In der ersten Etappe demonstrierte die Regierung ausdrücklich ihre Unterstützung für die „Erneuerer", eine Gruppe von Priestern und Laien, die der Regierung gegenüber loyal waren; die Weigerung, sich ihnen anzuschließen, wurde als Sabotage an der Sowjetmacht angesehen. Gemäß den Plänen der Spaltungsinitiatoren sollte allerdings nach der Zerschlagung der „reaktionären" Kirche auch ihr progressiver Teil vernichtet werden.

Die aggressivste Maßnahme zur Übertragung der Kirchenverwaltung in die Hände der Erneuerer fand 1922 gleichzeitig mit der erwähnten Kampagne statt, die vorsah, die kirchlichen Wertgegenstände zu beschlagnahmen, um mit dem Verkaufserlös Lebensmittel zu kaufen. In dieser Zeit wurde der auf dem Landeskonzil 1917 bestimmte Patriarch Tichon (Belavin, 1865–1925, heiliggesprochen 1989) im Moskauer Donskoi-Kloster unter Hausarrest gesetzt, und die Verfügungsgewalt über die Kirche ging an die „Oberste Kirchenverwaltung" der Erneuerer. Ähnlich lief es in den Diözesen ab, in denen die Bischöfe, die die

15 Sekretnoe pis'mo Trockogo po povodu obnovlenčeskogo raskola: L. D. Trockij – členam Politbjuro CK RKP(b) (15. Mai 1922), in: Izvestija CK KPSS, 1990, NR. 4, 196–197.

9 Patriarch Tichon

Oberste Kirchenverwaltung nicht anerkannten, verhaftet wurden. Überall konnten damit die Erneuerer die Kirchenverwaltung an sich reißen. Eine Weigerung der Bischöfe, der Konfiszierung von geweihten Gegenständen zuzustimmen, zog eine Gerichtsanklage nach sich.

Im Jahre 1920 wurde das berühmte Kloster auf den Solowki-Inseln im Weißen Meer, das seit dem 15. Jahrhundert bestand, aufgelöst. In seinen Gebäuden wurde ein Arbeitslager errichtet, in dem neben gewöhnlichen Verbrechern auch politische Gefangene in Haft gehalten wurden. Besonders Priester und Mönche wurden auf die Solowki-Inseln verschickt. Waren 1923 etwas mehr als 2.500 Häftlinge dort untergebracht, so wuchs die Zahl auf mehr als 70.000 Gefangene im Jahre 1930. Viele von ihnen starben an Entkräftung, Seuchen oder wurden liquidiert.

Am 7. April 1925 starb Patriarch Tichon. Bis heute gilt sein Tod als mysteriös; es hält sich das Gerücht, dass der Geheimdienst mit seinem Tod zu tun hatte. Die Wahl eines neuen Patriarchen wurde der orthodoxen Kirche nicht gestattet. Damit war die Orthodoxie im Land zersplittert. Die Regierung konnte die verschiedenen kirchlichen und konfessionellen Milieus gezielt gegeneinander ausspielen und Agenten in die Kirche einschleusen.

Eine neue Phase der Verfolgung begann im Zusammenhang mit der Kollektivierung der Landwirtschaft, der sich die Gläubigen verweigerten. Das neue Gesetz von 1929 mit dem Titel „Über die Religionsgemeinschaften“ beschränkte das kirchliche Leben nun ausdrücklich auf den Bereich der „Kultausübung“ und verbot alle wirtschaftlichen, karitativen und pädagogischen Aktivitäten. Damit war es den Kirchen und Religionsgemeinschaften untersagt, ihren Mitgliedern materielle Unterstützung zukommen zu lassen, Kassen zur gegenseitigen Unterstützung einzurichten, Genossenschaften und Betriebsverbände zu gründen, Bibel- und Literatur-, Handwerks-, Arbeits-, Glaubens- und ähnliche Versammlungen, Gruppen, Kreise und Einrichtungen zu organisieren, Ausflüge zu veranstalten und für Kinderspielplätze zu sorgen, sowie Bibliotheken, Lesesäle, Sanatorien und therapeutische Hilfe einzurichten. Diese Verbote blieben bis 1990 in Kraft.

1929 brachte eine neue Phase der Kirchenverfolgung. Die orthodoxe Kirche war zu diesem Zeitpunkt schon geschwächt: Es hatte bereits mehrere innerkirchliche Spaltungen gegeben, 60% der Bischöfe waren verhaftet oder auf dem Verwaltungswege aus ihren Diözesen entfernt worden, und die Behörden verhinderten die Einberufung des Landeskonzils und die Wahl eines neuen Patriarchen, sodass seit 1925 die Kirche von einem Metropoliten, der als Patriarchatsverweser fungierte, geleitet wurde.

Der nächste Angriff auf die orthodoxe Kirche und alle anderen Konfessionen des Landes geschah während der Landkollektivierung in den Jahren 1929–1931 und hatte einen beispiellosen Terror gegen die Bauernschaft zur Folge. Alle Genossenschaften, Gemeinden und landwirtschaftlichen Siedlungen der christlichen Gläubigen wurden geschlossen. Da die lokalen Behörden die gewaltsam kollektivierte Bauernschaft

10 Zu Wohnzwecken umgebaute orthodoxe Kirche in Moskau, 1955

nun zudem automatisch als „Ungläubige" betrachteten, wurden mit dieser Begründung massenhaft Kirchen und Gebetshäuser auf dem Land geschlossen, ohne dass auch nur minimale formale Anforderungen dafür erfüllt sein mussten. Das betraf je nach Landesteil 40 bis 90% der noch in Gebrauch stehenden Kirchen.

Zugleich verschärften Stalin und sein Machtapparat in den 1930er-Jahren die Repressionen gegen alle Gläubigen und kirchlichen Amtsträger wie auch gegen die angeblichen Großbauern („Kulaken") auf das Heftigste. Zwischen Herbst 1936 und Ende 1938 – Jahre, die als die Zeit des Großen Terrors oder der Großen Säuberung bezeichnet werden – wurden sämtliche Gegner der stalinistischen Politik verfolgt, erschossen oder aber in Zwangsarbeiterlager gesteckt. In sechzehn Monaten wurden so 1,5 Millionen Menschen ermordet. Auch die Kirchen traf es erneut: Nach allgemeinen Schätzungen wurden bis Ende der 1930er-Jahre zwischen 300.000 und 500.000 Vertreter des orthodoxen Klerus und der Gläubigen verhaftet, nicht weniger als ein Drittel davon erschossen. Diese Zahlen lassen sich einer Datenbank zu den Neumärtyrern und Bekennern entnehmen, die an der Tichon-Universität in Moskau erstellt wurde. In der Zeit nach der Revolution wurden viele neue Bischöfe geweiht, um die getöteten oder an ihrer Amtsausführung behinderten zu ersetzen, so dass die Zahl der Bischöfe erheblich zugenommen hatte. Etwa 400 Bischöfe, die zuvor in der Verbannung leben mussten oder im Gefängnis saßen, wurden jetzt in großen Schauprozessen zum Tod durch Erschießen verurteilt. Um das Ausmaß der Verfolgung zu verstehen, muss beachtet werden, dass es im März 1917 im Russischen Reich 179 Bischöfe gab, von denen 69 einer Diözese vorstanden (die übrigen waren Vikarbischöfe, in Pension oder mit anderen Aufgaben betraut). In Bezug auf die Zahl der Opfer unter den Gläubigen gibt es keine genauen Angaben, und es wird sie wohl in naher Zukunft auch kaum geben. Das hängt unter anderem damit zusammen, dass Kleriker und Gläubige während des Großen Terrors auch als Kulaken, Monarchisten, Konterrevolutionäre oder Spione verfolgt werden konnten.

In diese letztere Gruppe – Spione – fielen auch die meisten Katholiken und Protestanten. In den ersten 20 Jahren der Sowjetherrschaft wurden etwa 130 lutherische Pastoren verfolgt; von ihnen verbrachten mehr als 90 langjährige Haftstrafen in Lagern, 22 starben in der Haft, 15 wurden von den Organen der Staatssicherheit erschossen, und vier sind spurlos verschwunden. Von vielen weiteren fehlen alle Angaben. Es gibt ziemlich genaue Angaben über die Maßnahmen gegen die lutherische Geistlichkeit, da die Korrespondenz des deutschen Auswärtigen Amtes mit den Sowjetbehörden aus den frühen 30er-Jahren erhalten ist, in denen man sich immer wieder nach dem Schicksal der deutschen Geistlichen in der UdSSR erkundigt hat. Die Zahlen der katholischen Geistlichkeit sind schwerer zu erfassen, weil ein bedeutender Teil von ihnen aus Polen bestand, die wegen ihrer Nationalität oder als „Spione" verfolgt wurden. Es gab mehrere Gruppenprozesse gegen katholische Priester, von denen mehrere Hundert Geistliche betroffen waren – genauere Zahlen lassen sich aber nicht anführen.

Die stalinistische Politik des Terrors und der administrativen Verfolgung und Diskriminierung in den 1920er- und 1930er-Jahren verschärfte die sozialen Ungleichheiten zwischen Klerus und Kirchenleitung und den „normalen" Gläubigen. Man spricht in diesem Zusammenhang von „sozialer Segregation". Geistlichen wurde auf Grundlage der ersten Verfassung der Russischen Sowjetrepublik von 1918 sowohl das aktive als auch das passive Wahlrecht entzogen. Damit fielen sie unter die Kategorie der „Rechtlosen" („Lischenzy"), was eine enorme Einschränkung ihrer politischen Rechte bedeutete. Darüber hinaus wurden sie durch diese politische Diskriminierung auch sozial stigmatisiert: Die Kinder von Priestern, Pfarrern und höheren Klerikern hatten nur noch erschwerten Zugang zu Bildung (vor allem Hochschulbildung); sie selber mussten eine erhöhte Besteuerung, bis zu 75%, ihres Einkommens hinnehmen, und sie hatten sehr viel mehr für kommunale Dienstleistungen zu zahlen. Außerdem wurde ihr Recht auf soziale Versorgung begrenzt und ihre Familien wurden oft aus den Großstädten verbannt. Als zu Beginn der 1930er-Jahre ein Lebensmittelkartensystem im Land eingeführt wurde, erhielten die „Lischenzy" weder Lebensmittel- noch Warenkarten, sodass viele direkt vom Hungertod bedroht waren. Die Gläubigen konnten noch nicht einmal die wenigen verbliebenen Gotteshäuser frei aufsuchen, zumal seit Beginn der Industrialisierung die Fünf-Tage-Woche eingeführt wurde (in anderen Fällen zehn Tage), und der Sonntag daher nicht mehr notwendig frei war.

Kommunismus als neues Wertesystem

Zahlreiche Zeitgenossen der revolutionären Ereignisse in Russland erstaunte die Leichtigkeit, mit der sich das einfache russische Volk von seinem traditionellen Weltbild lossagte. Dass die Bauern, im Gegensatz zu den als gottlos angesehenen Intellektuellen, dem orthodoxen Glauben und der Monarchie treu ergeben seien, erwies sich als eine unrealistische Einschätzung und Illusion.

Die spontane und gewaltsame Auflehnung gegen das alte System der Zarenherrschaft und das Aufräumen mit allem Überholten war begleitet von einer Desakralisierung von zuvor als heilig verehrten Orten, Personen und Gegenständen; frühere Heiligtümer wurden schamlos entwürdigt. So beschrieb General Anton Denikin (1872–1947), später einer der Führer der „weißen" Bewegung zur Befreiung Russlands von der „Revolutionsseuche", wie nach der Februarrevolution Soldaten einen Abort in einer vorher von ihnen gebauten Regimentskirche einrichteten.

Der Aufbau einer neuen Welt auf einem neuen Wertesystem verlangte die Auflösung und Zerstörung der alten Werte. Das betraf die Zarenfamilie ebenso wie die Kirchen und ihre Amtsträger, die die ersten Objekte symbolischer und tatsächlicher Hinrichtungen durch die Bolschewiki wurden: Priester wurden ertränkt, es wurde auf Ikonen geschossen und Zigaretten auf ihnen ausgedrückt, Ikonen und andere religiöse Gegenstände wurden verbrannt, oder Kirchen zu Viehställen oder Toiletten umfunktioniert. Wie grausam die Kommunisten dabei vorgingen, verdeutlichen die Zeilen aus dem Gedicht „Die Zwölf" des berühmten Lyrikers Alexander Blok (1880–1921) von 1918:

> „Genosse, halt das Gewehr, sei nicht feige!
> Schießen wir auf das Heilige Russland –
> auf das hölzerne
> das bäuerliche
> das fettarschige!
> Ja, ja, ohne Kreuz!"[16]

Zum Alten zählten auch die bürgerliche Moral, die entsprechend der kommunistischen Lehre als „bourgeois" bezeichnet wurde, und die „biblischen" Gebote. In der Praxis wurde der absolute Etatismus der Bolschewiki zum eigentlichen Kult des neuen Systems, der den Staat des Proletariats in den Mittelpunkt rückte und das ganze Wertesystem um ihn konzentrierte.

Eine der ersten ideologischen Kampagnen, die die moralische Autorität der orthodoxen Kirche untergraben sollten, war das „Aufbrechen" und die „Entnahme" von Reliquien. Die Kampagne hing einerseits mit der im Bewusstsein der russischen Volksfrömmigkeit verwurzelten Vorstellung von der „Unversehrtheit und Unverweslichkeit" der Reliquien als der sichtbaren Manifestation der Heiligkeit zusammen, andererseits mit der engen Verbindung zwischen Reliquienverehrung und der Institution der Zarenmacht. Für die kommunistischen Atheisten war das nicht nachvollziehbar. Am 20. Juli 1920 verabschiedete der Rat der Volkskommissare der RSFSR daher die Verordnung „Über die russlandweite Beseitigung der Reliquien". Sie hatte die Aufgabe, „das barbarische

16 A. Blok, Dvenadcat', Sofia 1920. Auch: http://az.lib.ru/b/blok_a_a/text_0020.shtml.

11 Abtransport abgelieferter und beschlagnahmter Ikonen

Relikt des Landes, wie es der Kult toter Körper ist, vollständig zu beseitigen". Diese Verordnung wurde kurz darauf durch eine Sonderverordnung namens „Über die Reliquien" ergänzt. Demnach waren nun für „Quacksalberei, Gaukelei, Betrug und andere kriminelle Handlungen, die Unbildung ausnutzen", Gerichtsverfahren vorgesehen.

Eine konzeptionell radikale Position, die den religiösen Institutionen des Landes mit Gewalt ein Ende setzen wollte, nahm die antireligiöse Kommission unter der Leitung von Jemeljan Jaroslawski (1878–1943) ein. Parallel dazu gab es die ebenfalls von Jaroslawski geleitete öffentliche Organisation „Freunde der Zeitung ‚Der Gottlose'", die 1925 in „Verband der Gottlosen" umbenannt wurde und seit 1929 „Verband der militanten Gottlosen" hieß. Sie konnte als formell erlaubte gesellschaftliche Organisation radikale Maßnahmen entwickeln, um die Religion und ihre Gläubigen als Sinnbilder der „Alten Welt" zu zerstören. Dazu gehörten antireligiöse Märsche und Demonstrationen, die Publikation und Verbreitung antireligiöser Broschüren, Karikaturen und Plakate, die Geistliche und Gläubige schmähen und beleidigen sollten, die Aufstellung von Listen verbotener Bücher, die Vernichtung von religiöser Literatur und die Organisation von antireligiösen Abendveranstaltungen in den Betrieben. In ihrer Arbeit präsentierten sich die „militanten Gottlosen" als die neuen, vollkommenen Menschen, deren

12 Jemeljan Jaroslawski

Hauptanliegen darin bestand, „die Analphabeten lesen und schreiben zu lehren, dem Bedürftigen in Form von Krediten oder Aushilfsarbeit zu helfen, dem Genossen in Schwierigkeiten zu helfen", statt wie früher auf „Gottes peitschenden Zorn bewusst auf kameradschaftliche Beziehung, gegenseitige Hilfe und eine enge ideologische Gemeinschaft zu setzen"[17]. An die Jugend gewandt, führte Jaroslawski dazu aus:

> „Ihr, junge Gottlose, fürchtet euch schon nicht mehr vor des Pfaffen Hölle. Ihr werdet die ganze Welt als solche erkennen, wie sie wirklich ist. Ihr baut eine neue Welt, in der es weder Herren noch Knechte gibt, sondern in der alle gleich sind, in der es keinen Hunger, keine Kriege und keine Armut neben grenzenlosem Reichtum geben wird. Die Religion ist für Ausbeuter in der ganzen Welt von Vorteil, weil sie mit ihrer Hilfe das Volk unterdrücken. Lernt, die Welt so zu verstehen, wie sie wirklich ist. Lernt, wie ihr diese Welt so umgestaltet, wie sie für die Arbeiter sein muss. Seid im privaten und öffentlichen Leben so, dass man sich an euch ein Beispiel nehmen kann."[18]

Militante Gottlose setzten sich ferner gegen Alkoholismus und Antisemitismus ein. Dem grenzenlosen Alkoholkonsum der Kleriker, der auf zahlreichen Plakaten propagandistisch dargestellt wurde, setzten sie das Anpacken des nüchternen und aufgeklärten Kommunisten gegenüber. Zu einem weiteren Überbleibsel des alten Systems zählten sie den in den Kirchen vertretenen Antisemitismus, der ihrer Meinung nach immer wieder betone, dass mit den Bolschewiki Juden, also Nichtchristen, die Macht an sich gerissen hätten.

17 Zitiert nach: Ch.Š. Ulina, Antireligioznoe dviženie v SSSR (20–30-e gody), in: http://waffen.ucoz.ru/news/antireligioznoe_dvizhenie_v_sssr_20_30_e_gody/2009-10-20-2556.

18 E.M. Jaroslavskij, Junym bezbožnikam (http://propagandahistory.ru/393/ZHurnal-Bezbozhnik-i-drugaya-antireligioznaya-propaganda-v-SSSR).

Die Etablierung kommunistischer Kulte und Rituale als quasi-religiöser Ersatz

Aktuelle Forschungen stellen heraus, wie und wie rasch sich in der Sowjetunion trotz der grundsätzlichen Ablehnung von Religion ein neues, quasireligiöses System mit eigenen Kulten und Ritualen, Priestern und heiligen Stätten etablierte. Das korrespondiert mit einschlägigen Studien zum Nationalsozialismus oder zum Faschismus als politischer Religion.

Die Mai- und Oktoberdemonstrationen ähnelten beispielsweise christlichen Prozessionen, Porträts und Büsten glichen politischen Ikonen, und die Parteitage folgten der Form der christlichen Konzilien. Dazu gab es „rote Ecken", also Agitations- und Propagandaecken in Betrieben, die den Ikonenecken in Bauernhütten entsprachen. Der Besuch des Lenin-Mausoleums oder von ruhmreichen militärischen Or-

13 Antireligiöses Propagandaplakat „Die Religion ist Feindin der Industrialisierung"; der Arbeiter rechts liest die Zeitung „Der Gottlose" mit der Schlagzeile „Wir beschleunigen den Untergang der Religion durch aktive Beteiligung am sozialistischen Aufbau"

ten kann mit Wallfahrten zu heiligen Stätten verglichen werden, wie auch die revolutionären Hymnen die Gebete ersetzten oder der kirchliche Lobgesang eine säkulare Entsprechung fand in den Lobeshymnen an die Kommunistische Partei.

Auch die Herausbildung des Lenin-Kultes kann in dieser Weise als Entstehung einer Ersatzreligion interpretiert werden. Der Persönlichkeitskult um Lenin begann schon zu seinen Lebzeiten; er hatte die typischen Merkmale der Verehrung eines göttlichen Übermenschen mit einem stark ausgeprägten zyklischen Charakter. Der Held versprach ein messianisches Ziel – das Leiden für die Menschen – und einen messianischen Sieg, eine neue Gemeinschaft in Form des internationalen Zusammenschlusses aller kommunistischen Parteien. So wurde auch das Attentat auf Lenin 1918 von den Sowjets als bewusstes Opfer eines Menschen gedeutet, der sich für das Heil der Menschen selbst in Gefahr bringt, wie es im Gedicht „Lenin" hieß, das 1918 in der Zeitschrift „Bednota" erschien:

> „Du bist zu uns gekommen,
> um zu erleichtern
> unser schweres Leid.
> Du bist zu uns gekommen als ein Führer, um zu zerschlagen
> die Feinde der Arbeiterbewegung.
> [...]
> Wir werden Deine Leiden nicht vergessen,
> die Du ertragen hast, Führer, für uns.
> Du bist zu einem Opfer geworden."[19]

Bereits in den 1920er-Jahren entstanden dann zahlreiche Werke, die dem Leben Lenins und anderer sowjetischer Revolutionäre in einer Heiligenliteratur huldigten. Der kommunistische Heiligenkalender wurde mit neuen Namen gefüllt, und seit den 1920er-Jahren wurden Kinder nach den neuen Heiligen oder dem höchsten „Gott" – Lenin – benannt: Wilen, Wilenin, Wil, oder Wladlen. Zugleich erfolgte die Umbenennung von Städten.

Die Ausformung des Lenin-Kultes wurde nach Lenins Tod 1924 mit dem in drei Tagen (zunächst provisorisch) errichteten Bau eines Mausoleums, in das „die unverweslichen Reliquien Lenins" gelegt wurden, auf dem Roten Platz in Moskau vollendet. Hier musste die Bevölkerung der UdSSR Lenin mit einer Losung huldigen, die seine Unsterblichkeit ausdrückte: „Lenin lebte, Lenin lebt, Lenin wird leben." In der sowjetischen Zeit waren fast täglich an die sechs- bis achttausend Menschen,

19 Stradajuščij Akim V. Leninu, in: Bednota (11. September 1918).

an Sonntagen gar bis zu 15.000 Menschen „bei Iljitsch". Chronologisch fiel der Bau des Mausoleums mit dem Ende der Kampagne zur Beseitigung von Reliquien zusammen, die von den Behörden zur Aufklärung vom von der Kirche unterstützten Aberglauben ins Leben gerufen worden war. In den 1970er-Jahren entstanden zum Gedenken an Lenins hundertsten Geburtstag viele Gedichte und Lieder mit ihn überhöhenden Worten. Das folgende ist etwas älter:

> „Lenin ist immer lebendig, Lenin ist immer mit dir,
> In Not, in Hoffnung und Freude.
> Lenin ist in deinem Frühling, in jedem glücklichen Tag.
> Alle Toten schlafen fest,
> aber Lenin schläft niemals.
> Und Iljitsch legt seine Hände auf deine Schultern, wie ein Genosse im Kampf,
> und wenn niemand hilft,
> dann wird dir Lenin helfen."[20]

Anstelle der traditionellen Holzkreuze trugen Schüler einen kleinen Stern mit einem Porträt von Lenin als kleinem Jungen um den Hals, das deutlich an die Darstellung des Erlösers erinnerte. Der Kult Lenins, der Revolution und der Helden der Revolution bestand in der UdSSR bis zum Fall des kommunistischen Systems. Der auf Stalins Tod 1953 folgende Generalsekretär der Kommunistischen Partei, Nikita Chruschtschow (1894–1971), beendete allerdings zunächst die Ganzheit und Struktur des religiös-ideologischen Systems vom „Personenkult" um Stalin, was eine Desakralisierung der Führerfigur in der Gesellschaft nach sich zog.

4. Die Reaktion der orthodoxen Kirche

Das orthodoxe Milieu war in seinen politischen und sozialen Überzeugungen nicht einheitlich; gerade deswegen spekulierte die neue antikirchliche Macht auf eine Zuspitzung des innerkirchlichen Konflikts. Das breite orthodoxe Spektrum an Meinungen über alle relevanten Fragen des politischen und gesellschaftlichen Lebens kam auch deutlich bei den Beratungen des Landeskonzils von 1917/18 zum Ausdruck, wie Archivalien dieser Zeit zeigen. Doch keiner der Beteiligten war da-

20 L. Ošanin / S. Tulikov, Lenin vsegda s toboj, Moskau 1955. Vgl.: http://www.norma40.ru/photo/lenin-vsegda-zhivoy.htm.

rauf vorbereitet, dass aus der staatlichen Amtskirche über Nacht eine marginale, verfolgte und in ihren Strukturen mittellose Kirche werden würde, in der die gestern noch Gläubigen jetzt verbittert ihre eigenen früheren Heiligtümer zerstörten.

Die Tragödie des Bürgerkrieges, Hunger, Zerstörung und Terror rückten die innerkirchlichen Reformanliegen anfangs in den Hintergrund. Zugleich verstärkte sich jedoch bei den Gläubigen das Gefühl, nun in eine extreme Situation der Gegenwart Gottes gestellt zu sein, und festigte prophetische und eschatologische Erwartungen. In zahlreichen orthodoxen Memoiren aus dieser Zeit lässt sich die Empfindung, dass jetzt die „letzten Tage" angebrochen seien, stark herauslesen. Als ein ganz neues Element des kirchlichen Selbstverständnisses traten nun die nicht theologisch geschulten Männer und Frauen aus den Gemeinden, die Laien, aus dem Schatten ihrer bisherigen Existenz hervor. Sie versuchten kirchliches Eigentum vor der staatlichen Beschlagnahme und vor der Schändung zu retten. Landesweit entstanden Bruder- und Schwesterschaften; geschlossene Klöster wurden in Genossenschaften umgewandelt und ihre Bewohner siedelten sich bei den noch übrig gebliebenen Pfarrkirchen an. Es begann ein kurzer Anstieg der theologischen Ausbildung im Land: 1917 wurde in Moskau die Frauenhochschule für Theologie und Pädagogik und 1920 in Petrograd ein Theologisches Institut eröffnet. Zugleich wurden zahlreiche theologisch-pastorale Kurse im ganzen Land angeboten. Es kam zu lebhaften Diskussionen über kirchenbezogene theologische Fragen, die Rolle und Relevanz des liturgischen Lebens in der Kirche traten in den Vordergrund. Mit dem Bürgerkrieg begann die aktive Wiederbelebung des liturgischen Lebens.

Die sowjetische Geschichtsschreibung beschuldigte traditionell die offizielle Führung der orthodoxen Kirche, dass sie den Weg der Konfrontation mit der neuen Regierung eingeschlagen habe. Inwiefern sich die Kirchenführung allerdings selbst als eine dem politischen Regime der Bolschewiki konsequent entgegenstehende Kraft sah, lässt sich nicht eindeutig sagen. Zumindest aber nutzte sie die sich ergebenden Situationen, um ihren Protest zum Ausdruck zu bringen, wie eine Reihe von Sendschreiben zeigt, in denen Patriarch Tichon die gewaltsamen Aktionen der Kommunisten und ihr Schüren des Bürgerkrieges im Land verurteilt hat. Orthodoxe Kirchenführung und Landeskonzil hielten fest, dass die Gesetze über die Scheidung und die Einführung der Zivilehe die Lehre des Evangeliums von der Unauflöslichkeit der Ehe verletzten. Sie widersprächen den kirchlichen Gesetzen und könnten daher nicht von der Kirche anerkannt werden. Nachdrücklich forderte Tichon am 18. Januar 1918 seine Kirche und die Gemeindemitglieder dazu auf, sich auf keinen Fall „auf irgendeinen Dialog mit den Unmenschen" einzulassen. Stattdessen sollten sie die diffamierte und unterdrückte Kirche verteidigen. Zum Jahrestag der Oktoberrevolution gab Tichon dann ein Hirtenschreiben heraus, in dem er dem bolschewistischen Regime das Vergießen unschuldigen Blutes, einen schändlichen Frieden, die Hinrichtung unschuldiger Kleriker und Laien und die Aufhebung der Meinungs- und Pressefreiheit vorwarf. Kurz darauf verurteilte der Patriarch im September 1919 zusätzlich „den blutigen Brüderzwist" in Russland; es litten Menschen, die an diesem „schrecklichen politischen Kampf" unbeteiligt seien, einschließlich der Geistlichen, die „bei den Trägern des gegenwärtigen Regimes in Verdacht stünden, eine geheime Konterrevolution zu planen, angeblich um das sowjetische Regime zu stürzen". Der Patriarch wies Vorwürfe der Unterstützung einer Intervention zurück und bemerkte, dass die Wahl der Regierungsform Sache des Volkes und nicht der Kirche sei, deren Vorschriften Geistlichen die Teilnahme an politischen Auseinandersetzungen verböten.

Die „Erneuerer"

Ein Teil des Klerus, der eine uneinheitliche Bewegung bildete und dessen Mitglieder die Sammelbezeichnung „Erneuerer" oder die „Lebendige Kirche" erhielten, unterstützte die laufende „sozialistische" Umgestaltung im Land. Sie riefen zur konzeptionellen Unterstützung des Sozialismus auf, weil die Revolution und die aus ihr hervorgegangene sowjetische Macht genau das verwirklicht hätten, was die christliche Kirche in den vergangenen 2000 Jahren ihrer Existenz nicht getan habe: nämlich in einem einzelnen Land „den alten Traum der Menschheit von der Gleichheit und einem glücklichen Leben auf Erden" wahr zu machen. Die revolutionären Veränderungen sollten als Grundlage einer wahrhaft christlichen Kirche und ihrer Modernisierung dienen, und die „permanente Revolution" war ihrer Meinung nach ein Garant für die Wiederbelebung des kirchlichen Lebens. Das Konzept „Der Kapitalismus ist eine Todsünde" wurde von ihnen als der erste Schritt einer kollektiven und segensreichen Umarbeitung „aller Verfälschungen der Wahrheiten Christi" dargestellt.

Die leitenden Vertreter der Erneuerer wollten die Ideen des christlichen Sozialismus in der Sowjetunion umsetzen. Sie hofften, dass durch ihre bedingungslose Unterstützung des sozialistischen Experiments die Bolschewiki ihre antichristliche Rhetorik einschränken würden. Große Resonanz erfuhren die öffentlichen Debatten über Religion und Atheismus, die zwischen einer der führenden Figuren der Bewegung der Erneuerer, dem begabten Prediger, Philosophen und Priester Alexander Wwedenski (1888–1946), und dem Volkskommissar für Bildung Anatoli Lunatscharski stattfanden. Gleichzeitig prangerten die Erneuerer die „Kirche Tichons“ als monarchistisch an, was unter den damaligen Voraussetzungen als politische Anschuldigung galt und in den Augen der gewöhnlichen Gläubigen gerade deswegen vor allem die Bewegung der Erneuerer selbst kompromittierte. 1923 verschwand die ekklesiologisch eigentlich annehmbare Komponente der kirchlichen Reformen, die die Erneuerer ins Gespräch gebracht hatten, endgültig. Im kirchlichen Leben führten sie Neuerungen durch, die auf die begrenzten Interessen ihrer eigenen Gruppe verwiesen: die Einführung eines verheirateten Episkopats, der Anspruch auf die Wiederheirat von Klerikern u. ä. Die Beschlüsse der II. Erneuerer-Synode in Moskau im Mai 1923 zeigten auf, wie weit in diesem Bereich der Prozess der Sowjetisierung vorangeschritten war und wie sehr dieser Flügel versuchte, sich den ideologischen Grundlagen der kommunistischen Rhetorik anzupassen. Die Synode behauptete insbesondere, dass „die ganze Welt in zwei Klassen zerfallen sei – in die der kapitalistischen Ausbeuter und die des Proletariats“, und sie konstatierte den christlichen Inhalt des sozialistischen Kampfes:

> „Die Synode verurteilt die internationale und einheimische Konterrevolution und verdammt sie mit ihrer ganzen religiös-moralischen Autorität. Die Synode ruft jeden aufrichtigen Christen, der Bürger Russlands ist, dazu auf, in der Einheitsfront unter der Führung der Sowjetregierung aufzutreten, um gegen das weltweite Übel der sozialen Ungerechtigkeit zu kämpfen.“[21]

Wwedenski hielt einen Vortrag mit dem Titel „Über die Beziehung der Kirche zur sozialen Revolution“, in dem die Sowjetmacht als Verfechterin der Vermächtnisse „der sozialen Gerechtigkeit“ verkündet wurde. Die Synode sandte Grußadressen an die Regierung der Russischen Republik, das Allrussische Zentrale Exekutivkomitee (AZEK) und den „Obersten Führer der Arbeiter- und Bauernmacht W. I. Lenin“.

Zugleich beschuldigte sie die Kirchenführung und den Episkopat der konterrevolutionären Gesinnung. So setzten die Erneuerer Patriarch Tichon ab, entzogen ihm seinen Status als Mönch und warfen ihm „Dienst an der Konterrevolution“ und „Anstiftung der Gläubigen zum konterrevolutionären Kampf gegen die Sowjetmacht“ vor, in des-

21 64. Rezoljucija Sobora 1923 g. (o Pravoslavnoj Cerkvi, social'noj revoljucii, Sovetskoj vlasti i Patriarche Tichone) (3. Mai 1923). Deutsch auszugsweise in: Hauptmann, Peter / Stricker, Gerd (Hg.), Die Orthodoxe Kirche in Rußland, Göttingen 1988, 686–688.

sen Verlauf „mehr als tausend Menschen umgekommen" seien. Die Synode schaffte ebenfalls die Institution des Patriarchats ab, weil es „die Hoffnungen nicht gerechtfertigt hat und schädlich für die Sache der Kirche" sei, und gab gleichzeitig eine Grundsatzerklärung für die Regierung ab. In dieser hieß es erstens, dass es in Sowjetrussland keine Verfolgung der orthodoxen Kirche gäbe, zweitens, dass alle Mitglieder des „Karlovci"-Synods, also der russischen Bischöfe im Ausland, aus der Kirche ausgeschlossen seien, und drittens, dass Kirche und Staat nach dem „Prinzip der Solidarität" „in den gemeinsamen Werten und bei der Vergrößerung des Lebenswohls der Bürger unseres Vaterlandes" zusammenarbeiten sollten.

Das Schicksal von Patriarch Tichon

Zur gleichen Zeit, als die Synode der „Erneuerer" tagte, befand sich Patriarch Tichon unter starkem staatlichen Druck. Er stand unter Arrest und die Vorbereitungen für einen Schauprozess, dessen Ausgang die Todesstrafe sein sollte, waren in vollem Gange. Allerdings entschied sich die Sowjetmacht in Anbetracht der großen Unzufriedenheit in der Bevölkerung für einen Kompromiss mit dem Patriarchen. („Bei den Massen wird ein starker Aufschwung der Religiosität beobachtet, die Kirchen sind überfüllt wie nie. Tichon wird schon für einen Märtyrer gehalten"[22], berichtete die Staatliche Politische Verwaltung [GPU] am 20. April 1923.) Am 16. Juni 1923 reichte der immer noch unter Arrest stehende Patriarch beim Obersten Gericht der RSFSR eine von GPU-Mitarbeitern sorgfältig redigierte Erklärung ein, in der er die Tatsache, dass er vor Gericht gebracht wurde, als berechtigt anerkannte, seine Handlungen gegen die Sowjetmacht bereute und sich „sowohl von den ausländischen als auch den inneren monarchistischen weißgardistischen Konterrevolutionären" distanzierte. Dem folgte am 30. September 1924 ein weiterer Brief Tichons an das Zentralkomitee, in dem er den Zustand der orthodoxen Kirche wie folgt beschrieb:

> „Sie ist der materiellen Existenzmittel beraubt und von einer Atmosphäre des Mißtrauens und der Feindschaft umgeben. Dutzende von Bischöfen und Hunderte von Priestern und Laien sind ohne Gerichtsverfahren, oft sogar ohne Angabe von Gründen ins Gefängnis geworfen oder in weit abgelegene Gebiete der Republik verbannt worden, wo sie von Ort zu Ort verschleppt werden. Von Uns eingesetzte orthodoxe Bischöfe werden entweder nicht in ihre Eparchien hi-

22 N. N. Pokrovskij / S. G. Petrov (Hg.), Archivy Kremlja: Politbjuro i Cerkov', 1922–1925, in 2 Bd.n, Bd. 1, Novosibirsk / Moskau 1997–1998, 244.

neingelassen oder aus ihnen vertrieben, sobald sie dort erscheinen, oder aber sie werden verhaftet. Die Zentrale Verwaltung der Orthodoxen Kirche ist desorganisiert, da die beim Allrussischen Patriarchen bestehenden Institutionen nicht registriert und sogar ihre Kanzleien und Archive versiegelt und unzugänglich sind. Kirchen werden geschlossen, zu Klubs und Kinosälen gemacht, oder sie werden großen orthodoxen Pfarreien genommen und zahlenmäßig unbedeutenden Erneuerergruppen übergeben."[23]

Der letzte Text Tichons stammte aus dem Jahr 1925. Er wird auch als sein „Testament" bezeichnet, wobei schon damals seine Authentizität umstritten war, weil es nicht vom Patriarchen eigenhändig unterzeichnet worden war. In ihm erkannte Tichon die „Arbeiter- und Bauernmacht der Völker an, deren Regierung er aufrichtig begrüßte", und rief dazu auf, sich der sowjetischen Macht nicht aus Angst zu unterwerfen, sondern aus Gewissensgründen; er verurteilte zugleich die schädliche und konterrevolutionäre Tätigkeit der Geistlichkeit der orthodoxen Kirche im Ausland aufs Heftigste.

„Ohne uns gegen Glauben und Kirche zu versündigen und ohne irgend etwas an ihnen zu verändern, mit einem Wort, ohne die geringsten Kompromisse und Zugeständnisse auf dem Gebiet des Glaubens zu machen, müssen wir in unserem bürgerlichen Verhalten der Sowjetmacht und dem Wirken der UdSSR für das Gemeinwohl gegenüber aufrichtig sein, indem wir Leben und Tätigkeit der Kirche ihrer äußeren Ordnung nach mit der neuen staatlichen Struktur in Übereinstimmung bringen und jegliche Gemeinschaft mit den Feinden der Sowjetmacht und jede offene oder versteckte Agitation gegen sie verurteilen."[24]

Heute steht fest, dass dieser Text dem Format von früheren zensierten Schreiben des Patriarchen Tichon entspricht, die unter Mitwirkung von Tschekisten verfasst worden sind.

Der Erhalt der Kirchenverwaltung und die Frage nach der Loyalität zum Sowjetsystem

Zu einer anderen konziliaren Stimme wurde das im Juni 1926 entstandene „Solowki-Sendschreiben". Es wurde nach dem Aufenthaltsort einer Gruppe von 17 Bischöfen mit dem Erzbischof Ilarion (Troizki, 1886–

23 Zajavlenie Svjatejšego Patriarcha Tichona vo Vserossijskij Central'nyj Ispolnitel'nyi Komitet (otnositel'no reformy kalendarja) (30. September 1924). Deutsch auszugsweise in: Hauptmann, Peter/Stricker, Gerd (Hg.), Die Orthodoxe Kirche in Rußland, Göttingen 1988, 704–707.

24 Zaveščanie Patriarcha Tichona (25. März 1925). Deutsch auszugsweise in: Hauptmann, Peter/Stricker, Gerd (Hg.), Die Orthodoxe Kirche in Rußland, Göttingen 1988, 708–711.

1929) und anderen an der Spitze benannt, die sich auf den Solowki-Inseln in Haft befanden. In ihm forderten die Häftlinge den Staat dazu auf, die kirchliche Verwaltung ohne Einmischung in die inneren Angelegenheiten der Kirche zu legalisieren und das Gesetz zur Trennung von Kirche und Staat umzusetzen. Darüber hinaus nannten sie die Verfolgung der Kirche politisch motiviert, wobei sie auf die Beschuldigungen der konterrevolutionären Tätigkeit verwiesen.

Nach dem Tod Tichons 1925 hatte die orthodoxe Kirche nicht die Möglichkeit, ihre Organisationsstruktur zu festigen. Das bot dem Staat zusätzliche Manipulationsmöglichkeiten. Insbesondere das Verbot der Neuwahl eines Patriarchen, das erst nach der Veränderung der Beziehung zwischen Staat und Kirche 1943 aufgehoben wurde, machte es der Kirche unmöglich, ihre Aktivitäten zu koordinieren.

Sämtliche kirchlichen Stellungnahmen und kirchlichen Äußerungen zur politischen Situation und der Rolle der Kirche in der Gesellschaft fanden in einer repressiven Atmosphäre statt und waren weit entfernt von dem, was wir uns heute unter Diskussionsfreiheit vorstellen. Alle an der Diskussion beteiligten Seiten mussten ihre Positionen so formulieren, dass gegen sie keine politischen Anschuldigungen in Richtung konterrevolutionärer Aktivität erhoben werden konnten. Die kirchlichen Dokumente der sowjetischen Periode wurden von ihren Autoren selbst rigoros zensiert (wenn sie nicht anonym waren), sodass die eigentliche Position der Verfasser nicht unbedingt erkennbar war. Seit Beginn des Dialogs mit der bolschewistischen Regierung wurde der Ausspruch „Ich sage das Eine, ich denke das Andere. Wer Ohren hat zu hören, der höre" zu einem geflügelten Wort der kirchlichen Repräsentanten.

Nichtsdestotrotz wurde die Frage nach der Beziehung zum Staat, genauer gesagt zur Sowjetmacht, und nach der Grenze der zulässigen Loyalität ein ernstzunehmender Stein des Anstoßes im kirchlichen Milieu. Die Sowjetmacht nutzte die Uneinigkeit in der orthodoxen Kirche, um sie weiter auseinanderzutreiben. Bis zur zweiten Hälfte der 1920er-Jahre schlug die Kirche unterschiedliche Wege ein: So setzten Teile auf die vollständige Anerkennung und den Wunsch nach Zusammenarbeit mit der Sowjetmacht, wie sie beispielsweise im Wirken der Erneuerer zum Ausdruck kam. Diesen Weg betrachtete allerdings die Mehrheit der Gläubigen als überhaupt nicht christlich. Der Moskauer Theologiedozent Michail Nowosselow (1864–1938, heiliggesprochen), Mitglied in der „Bruderschaft der Eiferer für die Orthodoxie", bezeichnete die „Erneuerer" etwa als „Teufelskirche"; aber auch die einfachen Gläubigen mieden die „Roten Pfaffen". Ein anderes, zweites Verhaltensmodell war die explizite Politik der Loyalität, die auf die (oft erzwungene) Ausfüh-

14 Metropolit (seit 1943 Patriarch) Sergi

rung der Verordnungen der Behörden in kirchlich-administrativen Angelegenheiten achtete. Dieser Linie folgte der Vertreter des Patriarchatsverwesers, Metropolit Sergi (Stragorodski, 1867–1944), und er wurde darin von der Mehrheit des Klerus und der Laien unterstützt. Die Suche nach Überlebensmöglichkeiten durch die Kirchenleitung verlief nicht nur unter beispiellosem Druck durch die staatlichen Behörden, sondern auch unter ständigen Anschuldigungen konterrevolutionärer und reaktionärer Gesinnung durch die Erneuerer, die bis vor kurzem noch Mitbrüder gewesen waren und denen die Behörden jetzt demonstrative Unterstützung gewährten.

Unter den Bedingungen der Spaltung, der Unmöglichkeit, die kirchliche Verwaltung zu legalisieren, und des harten Drucks auf die Bischöfe gab Metropolit Sergi am 29. Juli 1927 eine „Deklaration" heraus, in der er mitteilte, dass der „Vorläufige Heilige Synod des Patriarchen" unter seiner Leitung als oberste Kirchenverwaltung registriert wurde, und die die Vorbereitung und Einberufung eines Zweiten Landeskonzils zur Lösung der angehäuften kirchlichen Fragen zusicherte. Metropolit Sergi schrieb die Deklaration in Fortführung der Linie Tichons, der die Kirche in geordnete Verhältnisse zur sowjetischen Regierung stellen wollte, um somit der Kirche eine legale und friedliche Existenz zu ermöglichen. Dazu müsse in der Praxis bestätigt werden, dass

> „nicht nur solche Menschen, die gleichgültig zur Orthodoxie stehen oder sie verraten haben, ergebene und sich loyal zur Sowjetregierung verhaltende Staatsbürger der Sowjetunion sein können, sondern auch die eifrigsten Anhänger der Orthodoxie, denen diese mit all ihren Dogmen und Überlieferungen, mit ihrer gesamten kanonischen und gottesdienstlichen Struktur so teuer ist wie die Wahrheit und das Leben. Wir wollen Rechtgläubige sein und uns zugleich dessen bewußt bleiben, daß die Sowjetunion unsere bürgerliche Heimat ist, deren Freuden und Erfolge unsere Freuden und Erfolge und deren Mißerfolge unsere Mißerfolge sind."[25]

25 „Deklaracija" Mitropolita Sergija (Juli 1927). Deutsch auszugsweise in: Hauptmann, Peter/Stricker, Gerd (Hg.), Die Orthodoxe Kirche in Rußland, Göttingen 1988, 726–730.

In der Deklaration wurde als Bedingung für den Verbleib in der Jurisdiktion des Moskauer Patriarchats (und zwar auch für russische Kirchenstrukturen im Ausland) die Loyalität zur sowjetischen Regierung genannt, ihr wurde „öffentlich unsere Dankbarkeit des Volkes […] für eine solche Aufmerksamkeit gegenüber den geistigen Bedürfnissen der orthodoxen Bevölkerung ausgedrückt", und man versprach, „das uns geschenkte Vertrauen nicht zum Bösen zu missbrauchen"[26]. Allerdings war die Veröffentlichung der Deklaration nicht die einzige Bedingung für die Legalisierung, die an Metropolit Sergi gestellt wurde. So sollte er weiterhin das liturgische Gebet für die Regierung wieder aufnehmen und Personalveränderungen im Episkopat nur nach Absprache mit den Staatsorganen vornehmen.

Die Deklaration vergrößerte die Kluft zwischen der orthodoxen Kirche in der Sowjetunion und den russischen orthodoxen Auslandsgemeinden und -kirchen und brachte letztlich den Bruch mit ihnen. Sie trug weiterhin zur unvermeidlichen Distanzierung der prinzipientreuen Orthodoxen von Metropolit Sergi bei, was zu ihrem Martyrium oder ihrer Marginalisierung führte.

Aus Berichten von Zeitgenossen geht hervor, dass die Loyalitätserklärungen das gläubige Volk nicht im Geringsten beeindruckten. Stellvertretend für viele formulierte etwa Erzpriester Wassili Winogradow (1885–1968) in Bezug auf Tichon: „Das hat der Patriarch nicht für uns geschrieben, sondern für die Bolschewiki."[27] Ein anderer Priester kommentierte solche Äußerungen folgendermaßen:

> „Geheim, durch zuverlässige Personen ins Ohr geflüstert, machen Sie den Gläubigen klar, dass sich der Patriarch in schrecklichen Umständen, zwischen Hammer und Amboss befindet. Einerseits muss man sich der bürgerlichen Macht unterwerfen, andererseits darf man sich ihr in kirchlichen Angelegenheiten keinesfalls unterwerfen, weil sie gottlos ist und zur Zerstörung der Kirche führt, und mit dem Volk werden wir nicht in einen Konflikt treten, sonst gehen sie zu den Erneuerern. Und Sie wissen doch selbst, dass diese Roten genauso sind wie die Gottlosen, die Bolschewiki […]."[28]

26 Ebd.
27 V. Vinogradov, O nekotorych važnejšich momentach poslednego perioda žizni i dejatel'nosti Svjatejšego patriarcha Tichona (1923–1925 gg.), München 1959.
28 Central'nyj archiv FSB. d. N–1780. T.5. L.108 (Bericht eines Erneuerer-Priesters an die Behörden), zitiert nach D. Safonov, Byl li Patriarch Tichon storonnikom vvedenija novogo stilja?, in: http://www.pravoslavie.ru/57504.html.

15 Archimandrit Ignati (Lebedev, 1884–1938) mit Mitgliedern seiner geheimen Klostergemeinschaft, Odinzowo 1929

Widerstand gegen den Kompromiss zwischen Behörden und Kirchenführung

Die Sammelbezeichnung für die dem Metropoliten gegenüber kritisch eingestellte Bewegung war „Antisergianismus“ oder „Nicht Gedenkende“. Damit sollte ausgedrückt werden, dass sie in der Liturgie nicht des Metropoliten Sergi gedachten und auch nicht für ihn als Kirchenoberhaupt Fürbitte leisteten. Diese Gruppe war zunächst groß, aber die Positionen ihrer Anhänger veränderten sich im Verlauf des Dialogs zwischen den Gruppen und durch die zunehmenden Verfolgungen im Land.

Der orthodoxe Kirchenrechtler Nikolai Fioletow (*1891), der 1943 in den Mariinskie-Lagern umkam, schrieb Mitte der 1920er-Jahre das Manuskript „Zwei Wege“. In ihm entfaltete er die für die Kirche möglichen Wege der Akribie und Oikonomia, also entweder der genauen Beachtung aller kirchlichen Vorschriften oder aber der Abweichung davon aus pastoralen Gründen. Er verbrannte sein Manuskript jedoch später, da er nach dem Zeugnis seiner Frau meinte, dass Metropolit Sergi die Grenze des Erlaubten hinsichtlich dessen, was den Behörden zugestanden werden dürfe, überschritten habe. In einer anderen Arbeit, den „Skizzen zur christlichen Apologetik", versuchte Fioletow aufzuzeigen, dass das Christentum kein Gegner des Fortschritts sei, dass ein Ringen um bessere Formen und Bedingungen dazugehöre, doch dass es die Formen dieses Kampfes den „höchsten Prinzipien der Wahrheit und Gerechtigkeit" unterordne. Das Beharren auf Wahrheit und Gerechtigkeit bedeutete unter sowjetischen Bedingungen eine direkte Provokation des Regimes.

Der Episkopat und die Gläubigen, die dieser Gruppe angehörten, isolierten sich nicht absichtlich. Zunächst versuchten sie, sich an der Gestaltung der kirchlichen Linie zu beteiligen. Dann jedoch verschärfte sich die Kirchenverfolgung und drängte sie in die Isolation. Ihr kirchliches Leben beschränkte sich nunmehr auf die Feier der Liturgie im Geheimen und das persönliche Gebet. In diesem Teil der Kirche waren Endzeiterwartungen besonders stark, wie sie generell für das russische religiöse Bewusstsein im Zusammenhang mit der antireligiösen Politik der Behörden charakteristisch sind. Das galt in besonderer Weise für die Mönche und Nonnen, die jeglichen sozialen Status verloren hatten. In vielen Verfolgungsakten werden Priester beschuldigt, Predigten über das Ende der Welt und über die Sowjetmacht als Herrschaft des Antichrist gehalten zu haben. Die Beschuldigungen geben natürlich nicht immer die echten Ansichten der Beschuldigten wieder, doch viele Gegner des Kurses von Metropolit Sergi, die „Nicht Gedenkenden", vertraten solche Positionen, wonach die Anpassung der Kirchenleitung an das Regime das Ende der Welt einleite.

Die strikten Maßnahmen, die Metropolit Sergi gegen die kirchliche Opposition verhängte, vertieften den Graben weiter. Beim Verhör sagte einer ihrer Führer, Metropolit Josif (Petrowych, 1872–1927):

> „Unsere Bewegung kann von keiner Verfolgung seitens der Sowjetmacht vernichtet werden. Unsere Ideen, unser Verharren in der Reinheit des orthodoxen Glaubens haben tiefe Wurzeln geschlagen. Die Lüge des Metropoliten Sergi in seinem Interview, wonach die Kirchen nach den Beschlüssen der Gläubigen geschlossen werden, ist für jeden, sogar einen ungebildeten Bauern, offensichtlich."[29]

In seinem Brief an den Leningrader Archimandrit Lew (Jegorow, 1889–1937, heiliggesprochen) bezeichnete er Metropolit Sergi direkt als Schismatiker, da er „im Namen der Kirche sich zu sagen erdreistet, was der Rest seiner Mitbrüder nicht teilt":

29 M. Škarovskij, Sud'by iosifljanskich pastyrej. Iosifljanskoe dviženie Russkoj Pravoslavnoj Cerkvi v sud'bach ego učastnikov. Archivnye dokumenty, Sankt Petersburg 2006, 45.

> „Wir rufen euch zum Kampf für die Unabhängigkeit der Kirche auf und bekräftigen euch darin – nur überhaupt nicht so, wie ihr es für richtig haltet: nicht durch Einigung mit den Unterdrückern dieser Kirche und den Mördern ihrer heiligen Unabhängigkeit, die sich jetzt in ihrer heiligen Rechtlosigkeit zeigt, sondern durch lauten und entschlossenen Protest gegen jegliche Kompromissbereitschaft, gegen heuchlerische und verlogene Kompromisse und den Verrat an den Interessen der Kirche zugunsten der Interessen des gottlosen Obskurantismus und des grausamen Kampfes gegen Christus und seine Kirche.“[30]

Im Schuldspruch gegen die „Wahre Orthodoxe Kirche“ von 1930 in der Republik Tatarstan (nach einem Prozess gegen 33 Menschen) wurde dem Erzpriester Jakow Galachow (1865–1938) folgende Bemerkung zugeschrieben:

> „Das Christentum und der Sozialismus sind so unvereinbar, dass man von friedlichen Beziehungen zwischen der Kirche Christi und dem kommunistischen Staat nicht einmal träumen kann. Die Lehre der Apostel über die Unterordnung unter die Staatsmacht und darüber, dass ‚es keine Gewalt gibt, die nicht von Gott kommt‘, ist auf die Sowjetmacht absolut nicht anwendbar.“[31]

Die Massenerschießungen von Klerikern 1937 versetzten der Gruppe, die den Weg der Kompromisslosigkeit unterstützte, jedoch einen vernichtenden Schlag. Allerdings gab es wohl bis lange nach dem Zweiten Weltkrieg kleinere Gruppen und Gemeinden im Untergrund, die meist ohne Verbindung untereinander sich bemühten, ein orthodoxes Leben zu führen, ohne die Patriarchatskirche, die sich ihrer Meinung nach kompromittiert hatte, anzuerkennen. Es gab auch illegale klösterliche Gemeinschaften. Lebten sie ohne Kontakt mit anderen Gruppen dieser Art und ohne nach außen aufzufallen, so konnten sie längere Zeit auch vor den Behörden verborgen bleiben.

Das Dilemma der orthodoxen Kirche in einem totalitären gottesfeindlichen Staat bestand darin, dass die Hierarchen, die zu einer Kirche von Märtyrern und Glaubensbekennern gehörten, gleichzeitig nicht nur Loyalität zu einem gottlosen Regime bekennen, sondern auch jeglicher Information über Verfolgung „aufgrund des Glaubens“ widersprechen mussten. Diese Situation, die in den Jahren nach dem Zweiten Weltkrieg zur Gewohnheit wurde, sorgte in der Kirche für eine besondere Situation, die von Verschweigen und Misstrauen, von Verdacht und Denun-

30 Mitropolit Iosif, Pis'mo odnomu petrogradskomu archimandritu (L'vu Egorovu) (1928), in: M.A. Pol'skij (Hg.), „Novye mučeniki Rossijskie“. Vtoroj tom sobranja materialov. Jordanville, New York 1957, 5–11.

31 Obvinitel'noe zaključenie po delu № 1948 o kontrrevoljucionnoj, religiozno-monarchičeskoj organizacii, filiala kontr-revoljucionnogo centra „Istinno-pravoslavnoj cerkvi“ v Tatarskoj ASSP: http://www.histor-ipt-kt.org›DOK/Tatariya/D_1948–30.doc.

ziationen geprägt war. Die Anhänger des Metropoliten Sergi konnten nicht einmal daran denken, ihre Position zur kommunistischen Lehre zu formulieren. Ihnen blieb nur die Formulierung von Gratulationen anlässlich sowjetischer Feiertage und der Geburtstage ihrer Führer.

Die Stellung der Russischen Orthodoxen Kirche im Ausland

Eine ganz andere Ausgangsposition als die orthodoxe Kirche in der Sowjetunion erlebte die „Russische Orthodoxe Kirche im Ausland". Sie entstand als Folge des Bürgerkriegs und der Emigration von vielen Tausenden Russen, als sich eine Gruppe von Bischöfen, die als Emigranten im Ausland lebten, als eigener Synod konstituierte. Zwischen den beiden Weltkriegen war das Zentrum der Auslandskirche in der serbischen Stadt Sremski Karlovci, weswegen sie auch zuweilen als „Karlowitzer Synod" bezeichnet wird. Eine ungestörte Kommunikation zwischen dem Patriarchat und der Auslandskirche war in den Jahren seit dem Bürgerkrieg ohnehin nicht möglich. Die Loyalitätserklärung von Metropolit Sergi war für sie der entscheidende Anlass, die kanonische Bindung zur Kirchenleitung in Moskau abzubrechen und diese nicht mehr anzuerkennen, da sie nicht frei war. Sie gehörte zu denjenigen, die für eine absolute Ablehnung der kommunistischen Ideen und der bolschewistischen Ideologie waren und die davon überzeugt waren, dass man gegen die bolschewistische Regierung einen bewaffneten Kampf führen müsse. So wandte sich zum Beispiel das Oberhaupt der Russischen Orthodoxen Kirche im Ausland, Metropolit Antoni (Chrapowizki, 1863–1936), im Dezember 1929 mit einem bewegenden Schreiben an die Öffentlichkeit:

> „Schon seit zwölf Jahren zerreißen die Schänder in Moskau russische Seelen, zerstören die tausendjährige Kultur, verführen das Volk, reißen Gotteshäuser nieder, entweihen und zerstören die ältesten Heiligtümer, verfolgen Gläubige und Geistliche, lassen unschuldige Menschen in Gefängnissen verhungern und verrotten, kultivieren Feinheiten der Folter, vor denen alles erblasst, was man von diesem Bereich der Geschichte weiß. Künstlich werden Hunger und Epidemien vorangetrieben, es werden Aufstände und Unruhen inszeniert. All das dient der Steigerung des Terrors. Es vollzieht sich die völlige Ausrottung des russischen Volkes. [...] An euch, Völker der ganzen Welt, an euch, Staatsoberhäupter, [...] an euch richte ich mein Wort als geistlicher Führer, zu euch rufe ich. Erhebt eure Stimme zum Schutz des der Vernichtung anheimgegebenen russischen Volkes! Setzt dieser Grausamkeit der roten Bestien ein Ende!"[32]

32 Archiepiskop Nikon (Rklickij), Žizneopisanie Blažennejšego Antonija, mitropolita Kievskogo i Galickogo v 17 t. Bd. 6. New York, 1960, 247.

16 Nikolai Berdjajew

Es ist jedoch wichtig darauf hinzuweisen, dass Metropolit Antoni bei seinem Aufruf zum heiligen Kampf gegen die Bolschewiki nicht auf einen Bruch mit Patriarch Tichon und dem Patriarchatsverweser Pjotr abzielte, die, wie bekannt ist, solche Aufrufe nicht unterstützten. Allerdings galt Metropolit Sergi wegen seiner Loyalitätserklärung den Auslandsbischöfen geradezu als die Personifizierung der vom sowjetischen Staat abhängigen Kirche.

Im Jahre 1922 wiesen die Bolschewiki auf dem berühmten „Philosophenschiff" zahlreiche ihnen missliebige Persönlichkeiten aus dem gesellschaftlichen Leben und dem Bereich der Kultur aus Russland aus. Unter ihnen war der Philosoph Nikolai Berdjajew, der auch im Exil weiter über das Wesen des russischen Kommunismus nachdachte. Er lebte zunächst in Berlin, wo er den russischen Zweig der Christlichen Studentenbewegung (RSCM) mitgründete, dann in einem Vorort von Paris. Dort war er Redakteur der in Paris erscheinenden russischen religionsphilosophischen Zeitschrift „Put" (Weg). 1937 wurde Berdjajews Buch „The Origin of Russian Communism" (deutsch erschienen als „Wahrheit und Lüge des russischen Kommunismus") auf Englisch veröffentlicht. Darin betrachtete er den Kommunismus als ein Phänomen, für das gerade die russische Kultur zutiefst determiniert gewesen sei, und wies auf die Unterschiede zwischen dem russischen Kommunismus und dem europäischen Kommunismus hin. Zudem unterstrich er den ausschließlich religiösen Charakter des russischen Denkens sogar dort, wo es gegen die Religion kämpfe. Das Religiöse und das Nationale seien im russischen Bewusstsein nicht nur unzertrennlich miteinander verbunden, sondern sie hätten sogar einen der jüdischen Tradition nahestehenden messianischen Charakter. Die Volkstümlerbewegung und der Anarchismus waren, wie Berdjajew bemerkte, ebenfalls tief religiös geprägt. Dabei richtete er sein Augenmerk vor allem auf die Figur von Pjotr Tkatschow, den er für den Vorgänger Lenins hielt. Er betrachtete die Durchdringung Russlands durch den Marxismus detailliert und bemerkte, dass der „‚wissenschaftliche Sozialismus' zum Glaubensgegenstand wurde", dass er

> „in erster Linie nicht die deterministische, evolutionäre, wissenschaftliche Seite des Marxismus annahm, sondern seine messianische, Mythen schaffende, religiöse Seite, die die Begeisterung des revolutionären Willens freisetzte und den Kampf des Proletariats in den Vordergrund stellte; dieser wurde von einer organisierten Minderheit geführt, die von einer bewussten proletarischen Idee inspiriert war."[33]

Berdjajew untersuchte Lenins Verhältnis zur Religion im Detail und bemerkte, dass es nicht wissenschaftlich, sondern propagandistisch war. Laut Berdjajew

> „erweist sich die revolutionäre kommunistische Moral zwangsläufig als grausam gegenüber dem konkreten lebenden Menschen, dem Nächsten. Der individuelle Mensch wird wie ein Ziegelstein gesehen, der für den Bau einer kommunistischen Gesellschaft gebraucht wird. Er ist lediglich Mittel zum Zweck."

Damit zerfalle die für den Kommunismus charakteristische

> „gesunde, richtige und die völlig im Einklang mit dem Christentum stehende Vorstellung vom Leben eines jeden Menschen als Dienst an einem über das Persönliche hinausgehenden Zweck, als Dienst nicht an sich, sondern an einem großen Ganzen. Allerdings wird diese an sich wahre Idee verzerrt durch die Ablehnung eines eigenen Werts und der Würde jeder menschlichen Person und geistigen Freiheit. Im Kommunismus ist es auch eine wahre Idee, dass der Mensch dazu berufen ist, in Verbindung mit anderen Menschen das soziale und kosmische Leben zu regulieren und zu gestalten."

Die totalitäre Natur der kommunistischen Lehre vor allem in ihrer russischen Version mache sie antireligiös und antichristlich: „Für den Kommunismus wird das Reich des Kaisers zum Reich Gottes, genauso wie im deutschen Nationalsozialismus, allerdings konsequenter und gründlicher". Berdjajew interpretierte das kommunistische System als „extremen Etatismus. In ihm ist der Staat totalitär, absolut; es verlangt eine erzwungene Einheit des Denkens". Berdjajew betonte, dass der Kommunismus selber den Anspruch einer Religion erhebe. Zudem machte er einen spezifischen Typos des Kommunisten aus. Für ihn war klar, dass der „bessere Typ eines Kommunisten, d.h. eines Menschen, der ganz vom Dienst an der Idee ergriffen ist, der zu großen Opfern und uneigennützigem Enthusiasmus fähig ist, nur infolge der christlichen Erziehung der menschlichen Seele möglich und eine Folge der Überformung des natürlichen Menschen mit dem christlichen Geist ist", aber

33 N. Berdjaev, Istoki i smysl russkogo kommunizma, Paris 1955/Moskau 1990. Ebenso die weiteren Berdjajew-Zitate in diesem Abschnitt.

„wenn man einmal annimmt, dass die antireligiöse Propaganda die christlichen Spuren in den Seelen der russischen Menschen endgültig zerstören wird, wenn sie jegliches religiöse Gefühl auslöschen wird, dann wird die Verwirklichung des Kommunismus unmöglich, weil niemand ein Opfer bringen will, weil niemand das Leben als Dienst an einem über das Persönliche hinausgehenden Ziel begreifen wird, und letztlich siegt dann der Typ des Eigennützigen, der nur an seine eigenen Interessen denkt. Dieser letztere Typ spielt auch jetzt keine geringe Rolle und von ihm kommt der Prozess der Verbürgerlichung."

Für Berdjajew löste der Kommunismus die Probleme, von denen sich das historische Christentum losgesagt hat, und unterstützte das Erwachen des christlichen Gewissens und das Aufkommen eines kreativen sozialen Christentums. Schließlich bettete er die Geschichte der russischen Intelligenzija in die Entstehung und Etablierung des Kommunismus ein:

„Der Kommunismus erhielt vertraute Züge: Der Durst nach sozialer Gerechtigkeit und Gleichheit, die Anerkennung der Arbeiterklasse als höchster Typ des Menschen, Abscheu vor Kapitalismus und Bourgeoisie, das Streben nach einem ganzheitlichen Weltbild und einem ganzheitlichen Bezug zum Leben, sektiererische Intoleranz, ein von Misstrauen geprägtes und feindseliges Verhältnis zur kulturellen Elite, eine ausschließliche Diesseitigkeit, Ablehnung des Geistes und der spirituellen Werte, und die Tatsache, dass dem Materialismus ein fast theologischer Charakter verliehen wird. Alle diese Züge waren auch immer typisch nicht nur für die russische revolutionäre, sondern auch für die nur radikale Intelligenzija. Wenn die Reste der alten Intelligenzija, die nicht mit dem Bolschewismus liebäugelte, ihre eigenen Züge nicht in denen erkannte, gegen die sie sich auflehnten, dann ist das historischer Irrtum, der Verlust des Gedächtnisses aufgrund einer emotionalen Reaktion. Die alte revolutionäre Intelligenzija dachte schlicht nicht daran, wie sie sein würde, wenn sie Macht erhielte; sie hatte sich daran gewöhnt, sich selbst als machtlos und unterdrückt wahrzunehmen; Herrschaft und Unterdrückung erschienen ihr wie das Erzeugnis eines völlig anderen, ihr fremden Typs, während das auch ihr Erzeugnis war. Darin besteht das Paradoxon des Auszugs der russischen Intelligenzija, ihrer Transformation nach der siegreichen Revolution".

5. Die übrigen christlichen Kirchen in der Sowjetunion

Neben der Russischen Orthodoxen Kirche waren in Russland sowie später dann auf dem Gebiet der Sowjetunion aber auch andere orthodoxe Kirchen sowie Katholiken und Protestanten von den bolschewistischen

Umwälzungen und der marxistischen Christenverfolgung betroffen. Für sie alle brachte die Machtpolitik der Kommunisten eine komplette Veränderung ihrer geschichtlich gewachsenen kirchlichen Ausdrucksformen und Strukturen sowie ihrer praktizierten sozial-gesellschaftlichen Wirkmächtigkeit und ihres inneren Glaubensverständnisses.

Die Orthodoxie in der Ukraine

Im frühen 20. Jahrhundert ließ sich im Russischen Reich ein Anwachsen von Nationalbewegungen beobachten. In diesem Prozess spielte die orthodoxe Geistlichkeit keine unbedeutende Rolle, da sie in vielen Fällen nicht als Bewahrerin, sondern geradezu als Erweckerin des nationalen Bewusstseins auftrat. In einigen Regionen wurde der Gottesdienst in den Sprachen der sogenannten „kleinen" Völker abgehalten; so war die orthodoxe Geistliche Akademie in Kasan auf das Erlernen der ethnographischen Besonderheiten und der Sprache der Völker an der Wolga und in Sibirien ausgerichtet, und die orthodoxen Bischöfe der baltischen Bistümer trugen in der Mitte des 19. Jahrhunderts zur Übersetzung der gottesdienstlichen Texte in die lettische und estnische Sprache bei. Der führende Ideologe und Schöpfer der ukrainischen Bewegung für Autokephalie, also für kirchliche Selbstständigkeit und Unabhängigkeit von Moskau, Alexander Lotozki (1870–1939), war Sohn eines orthodoxen Priesters und selber Absolvent der Kiewer Geistlichen Akademie. Ein anderer bekannter ukrainischer Aktivist, Michajlo Hruschewski (1866–1934), war Sohn eines Dozenten an der Kiewer Geistlichen Akademie und hatte selber die Kiewer Wladimir-Universität absolviert. Die Russifizierungsmaßnahmen, die der orthodoxe Klerus in der Zeit des Oberprokurors Konstantin Pobedonoszew (1827–1907) durchführen musste, lösten das Problem nicht, die Einheitlichkeit des Reiches zu festigen. Doch gaben sie Anlass für Beschuldigungen gegen die Russische Orthodoxe Kirche, die nationalen Identitäten der Völker unterdrückt zu haben, die zum Russischen Imperium gehörten. Die Revolution von 1905 in Russland war auch eine Revolution von Nationalbewegungen, die dann schließlich 1917 explodierte.

Auf dem Gebiet der heutigen Ostukraine verlief im Laufe des Jahres 1917, vom Zerfall der Monarchie bis zur Oktoberrevolution, die kirchliche Reform parallel zu den dynamischen Prozessen der Bildung der politischen Nationen Russland und Ukraine. Unter den Parteien, die es in der neu entstandenen Ukrainischen Volksrepublik 1917/18 gab, überwogen die linken Sozialisten, Anhänger der Trennung der Kirche vom Staat. Zugleich sprachen die Parteien, die sich an der nationalen Intelligenzija und den Bauern orientierten, von der Notwendigkeit, die Autokephalie der ukrainischen Kirche zu erlangen, die ukrainische Sprache als Gottesdienstsprache einzuführen usw. Die Reihung von chaotischen Machtwechseln zwischen 1917 und 1921, die Zerstörung und der Bürgerkrieg wurden auch von einer Änderung der Orientierung im kirchlichen Leben begleitet.

Die im gesamten Reich im Frühjahr und Sommer 1917 veranstalteten Versammlungen von Klerikern und Laien zeigten auf dem Gebiet der Ostukraine die ganze Heterogenität und Widersprüchlichkeit der Situation im Bereich der Kirche, auch hinsichtlich der Standpunkte zu den politischen Prozessen. Viele ukrainische Diözesanversammlungen (auf dem Gebiet der Ukraine gab es neun orthodoxe Bistümer) deklarierten 1917 das Recht der Ukraine auf „ihre Muttersprache, ihre Lebensform und ihre eigene Kultur im schulischen, kirchlichen und gesellschaftlichen Leben". Man diskutierte und akzeptierte auch die These von der Notwendigkeit, den Gottesdienst auf Ukrainisch zu halten. Am umstrittensten war auf diesen Versammlungen die Frage nach der Ukrainisierung der Kirche. Die kirchliche Bewegung wurde langsam radikaler: Angefangen von der Frage der organisatorischen Autonomie der ukrainischen Bistümer und der Einführung des Ukrainischen als Gottesdienstsprache ging es bis hin zum Verlangen nach voller Autokephalie. Am radikalsten waren in dieser Hinsicht die Diözesanversammlungen in Podolien, Poltawa, Wolhynien und Kiew. Etwas später wurden gerade diese Gouvernements die Zentren der Aktivität der Ukrainischen Autokephalen Orthodoxen Kirche. Im Juni 1917 trat Feofil Buldowski (1865–1944), Priester aus dem Bistum Poltawa, als aktiver Ideologe der Ukrainisierung der orthodoxen Kirche hervor; er wurde später Bischof der Ukrainischen Autokephalen Kirche und starb 1944 im NKWD-Gefängnis.

Die Nationalbewegung im Klerus der Ostukraine führte zu scharfen Konflikten zwischen der russophilen und der ukrainophilen Geistlichkeit, die noch verschärft wurden durch die lange währenden Gegensätze zwischen Diözesangeistlichkeit und Bischöfen/Mönchen sowie zwischen Stadt- und Landpriestern. Die Anhänger der ukrainischen Kirche zelebrierten und predigten auf Ukrainisch, übersetzten gottesdienstliche Texte und reinigten die ukrainische Tradition von „fremden" Einflüssen.

Im Juni 1920 wurde von einer Gruppe von exkommunizierten Kiewer Priestern, die sich unter der Bezeichnung „Oberster Kirchenrat" zusammengeschlossen hatten, die Autokephalie der ukrainischen Kirche verkündet. Die „Ukrainische Autokephale Kirche" entstand als hierarchische Struktur beim „Allukrainischen Konzil" vom 14. bis 30. Okto-

Karte 1: West-Sowjetunion, Ost(mittel)europa 1925

ber 1921, als der Priester Vasili (Lipkowski, 1864–1937) zum Bischof geweiht wurde, was zum Schisma in der ukrainischen Orthodoxie führte. Da es keinen Bischof gab, der die Autokephalisten unterstützt und die

Weihe vorgenommen hätte, erklärten die Teilnehmer des Konzils eine Ausnahmesituation, beriefen sich auf das Neue Testament und nahmen die Weihe durch kollektive Handauflegung vor. Aus Sicht des orthodoxen Kirchenrechts war sie damit ungültig und Vasili war nach wie vor Priester, jedoch kein Bischof. Zu den Ukrainophilen gehörten ohnehin vor allem Pfarrpriester und die ihnen nahestehende Intelligenz, während die Klöster und die Bischöfe sich sehr zurückhaltend zu ihnen verhielten; das Fehlen von legitimen, kanonischen Bischöfen und eigenen Klöstern war im 20. Jahrhundert der Schwachpunkt der ukrainischen Autokephalisten.

Das größte Bistum in der Ukraine war die Metropolie von Kiew, die vom russischen Landeskonzil 1917/18 den Autonomiestatus erhielt. An ihrer Spitze stand ein Exarch, dessen Sitz zunächst von Kiew nach Charkiw verlegt wurde, in die zeitweilige sowjetische Hauptstadt der Ukraine. In der Ukraine hatte auch die Erneuererbewegung große Verbreitung, die Anhänger der sogenannten „Lebendigen Kirche". Nach ungefähren Angaben gehörte in der Ukraine 1925 die Mehrzahl der Gemeinden zur „Tichonkirche" (also zum Moskauer Patriarchat), etwa 6.000; zu den Erneuerergemeinden gehörten zwischen 1.000 und 2.900, zu den „Autokephalisten", den Anhängern von Lipkowski, 800 bis 1.500 Gemeinden, und zu den „Synodalen" (einer Abspaltung von den Autokephalisten) nur eine kleinere Anzahl von Gemeinden. In Belarus war 1929 das Verhältnis zwischen Patriarchatsgemeinden und Erneuererpfarreien etwa 45% zugunsten des Patriarchats, 35–40% bei den Erneuerern und 10% unbestimmt.

Wie neuere Forschungen zeigen, waren die Abgrenzungen im orthodoxen Bereich nicht endgültig, oft gab es Verhandlungen und es wurden Übereinkünfte für eine Vereinigung diskutiert. Manche Gemeinden änderten mehrfach ihre jurisdiktionelle Zugehörigkeit oder erklärten sich zu einem konkreten Bischof zugehörig, ungeachtet dessen jurisdiktioneller Zugehörigkeit. Der Exarch der Ukraine Michail (Jermakow, 1862–1929) hatte in der kurzen Zeit seines Aufenthalts in der Ukraine (von August 1921 bis Februar 1923) mit Vertretern der verschiedensten kirchlichen Richtungen Verbindung; seine Autorität erkannten auch Mitglieder des Obersten Kirchenrats der Autonomen Kirche an (die ihn zu ihren Veranstaltungen einluden) und die künftigen Vertreter des sogenannten „Synodalen" (der „Ukrainischen Orthodoxen Autokephalen Kirche mit Hierarchie in kanonischer Sukzession"). Der Exarch plante für 1922 die Zusammenkunft eines Allukrainischen Kirchenkonzils, um über die Gottesdienstsprache, die Übersetzung der Heiligen Schrift und der gottesdienstlichen Bücher in die ukrainische Sprache und die Normalisierung des Gemeindelebens zu diskutieren, und mit diesem Ziel wandte er sich an die zivilen Behörden. Doch die Politik der Sowjetmacht war auf die Aufrechterhaltung der Konflikte im orthodoxen Milieu und auf die Vergrößerung der Konfliktfelder innerhalb religiöser Gemeinschaften gerichtet, um sie zu diskreditieren und ihren Einfluss auf die Bevölkerung zu verringern; daher gab sie keine Zustimmung für den geplanten Dialog. Die Verhaftung des Exarchen am 5. Februar 1923 wurde vom Bevollmächtigten des NKWD in der ukrainischen Sowjetrepublik so erklärt:

> „Es war notwendig, ihn um jeden Preis zu entfernen, weil er seine Autorität und ‚kanonische' Macht nutzte, heimlich Vorbereitungen traf für eine Allukrainische Versammlung der Erneuerergruppen in Kiew am 12. Februar 1923, und außerdem bremste er die Arbeit der GPU hinsichtlich des Schismas der Geistlichkeit des Bezirks Kiew und der Gebiete westlich der Stadt."[34]

Nichtsdestoweniger wurden in den 1920er-Jahren praktisch auf allen kirchlichen Versammlungen und Konzilien, auch auf denen der Erneuerer, Grundlagen für die Vereinigung der gespaltenen Teile der ukrainischen Orthodoxie diskutiert.

Die Errichtung der Sowjetmacht in der Ostukraine machte die Organisation eines normalen Kirchenaufbaus und eine konziliare Lösung der angesammelten Gegensätze im kirchlichen Leben unmöglich. Um die Orthodoxie zu schwächen, unterstützten die Behörden parallel zu den Terrormaßnahmen auch die kirchlichen Gegensätze. Wenn 1919 bis 1921 der Autokephaliebewegung Vorzug gegenüber der „Tichonkirche", also der offiziellen Patriarchatskirche, gegeben wurde, so wurde später die „synodale" Bewegung unterstützt, und noch später die Erneuerer. Die massenhafte Repression, die sich seit dem Ende der 1920er-Jahre entfaltete, und die Schließung der Kirchen führte letzten Endes dazu, dass 1936 in der Sowjetukraine nur noch 9% der funktionierenden Kirchengebäude übrig geblieben waren. Ein großer Teil des Episkopates, der Geistlichen und der Laien aller orthodoxen Jurisdiktionen war den Repressionen unterworfen; sie saßen im Gefängnis, im Lager oder wurden getötet.

34 S. I. Bilokin', Rozgrom Kyivs'koho eparhial'noho upravlinnja, in: Kyivs'ka starovyna, Kyiv 1999, Nr. 1, 96.

Die orthodoxe Kirche in Georgien

Eine mächtige Bewegung zur Wiederherstellung der alten Autokephalie der Georgischen Orthodoxen Kirche entstand nach der ersten russischen Revolution von 1905. Im Jahre 1910 wurde eine „Berichtsnotiz der georgischen Autokephalisten" publiziert und an die Oberhäupter der orthodoxen Ortskirchen versandt. Sie führte an, dass die georgische Kirche ihre volle Autokephalie im 11. Jahrhundert von Patriarch Petros III. von Antiochien erhalten habe und dass die Unterordnung der georgischen Kirche unter den Heiligen Synod der russischen Kirche am Anfang des 19. Jahrhunderts eine grobe Verletzung des Kirchenrechts darstelle. „Nach der Vernichtung der Autokephalie", so schreiben die Vertreter der georgischen Geistlichkeit,

> „vollbrachten die russische Regierung und die russischen Exarchen derart schreckliche Handlungen, wie sie in der georgischen Kirchengeschichte auch in der Zeit der Araber, Mongolen, Türken und Perser ihresgleichen suchen. In der Zeit der Unterwerfung und der Vereinigung von Westgeorgien wurden die Metropoliten von Gellat und Kutaj von russischen Generälen verhaftet, der Folter unterworfen und in einem Konvoj mit georgischen Soldaten nach Russland in die Verbannung geschickt. Unterwegs starb der Metropolit von Gellat an den Wunden, und seine Leiche wurde in einen Sack gesteckt, einige Tage mitgeführt und erst als man Imeretien verlassen hatte, in der Nähe von Gori wie der Leichnam eines verachteten Verbrechers begraben."[35]

Danach wurde der Immobilienbesitz der georgischen Kirche „im Wert von 150 Millionen Rubel von der russischen Staatskasse und dem Synod" beschlagnahmt, wonach die Plünderung alter Schätze der georgischen Kirche durch russische Beamte begann. Die russische Bürokratie sorgte dafür, dass die Kirche

> „ein politisches Instrument der Russifizierung wurde, und nicht das einer Stärkung der christlichen Moral im Volk, und deswegen wirkt ihre Tätigkeit genau gegenteilig auf die georgische Jugend [...]. Glaubensabfall hat schon begonnen, weil die russischen Exarchen dem Volk erfolgreich Verachtung der Religion beigebracht haben; der Glaube an die Moral wankt. Viele Menschen sind zu Sekten übergetreten, ein ganzes Dorf in Kachetien ist baptistisch geworden, zum Islam ist ein ganzes Dorf von Berggeorgiern übergetreten, die im Laufe der Jahrhunderte mehr als alle anderen Blut im Kampf gegen die Feindes des Christentums vergossen haben!"

35 Dokladnaja zapiska gruzinskih avtokefalistov, poslannaja pervostojateljam avtokefal'nyh cerkvej, Moskva 1910, 10. Auch die beiden folgenden Zitate.

Die georgische Geistlichkeit teilte der Öffentlichkeit mit, dass

> „gegenwärtig die russische Regierung diejenigen Georgier verfolgt, die es gewagt haben, gegen eine solche Ungerechtigkeit auch nur ein Wort zu sagen, und die für die Wiederherstellung der Rechte ihrer Kirche kämpfen. Sie verschont nicht einmal die Bischöfe. Ein gelehrter Bischof, Kirion, Georgier seiner Herkunft nach, der in Georgien die Bistümer Suchumi und Gori leitet, ein eifriger Verfechter der Autokephalie seiner Kirche, wurde nach einer Verleumdung nach Russland verbannt."

Bei aller Schärfe der Frage – und die Emotionen in Georgien kochten – gab es in der kirchlichen Presse eine öffentliche Diskussion über den Status der georgischen Kirche: Sowohl die Befürworter als auch die Gegner argumentierten mit Hinweisen auf historische Präzedenzfälle, publizierten neue Dokumente und veröffentlichten ganze Monographien, die der Geschichte der georgischen Autokephalie gewidmet waren.

Nach dem Fall der russischen Monarchie am 12. März 1917 wurde von Vertretern der georgischen Kirche die kirchliche Autokephalie verkündet, und als Verweser des Throns des Katholikos wurde Leonid (Okropiridse, 1860–1921), der Bischof von Guri und Mingrel, gewählt. Auch wurde eine zeitweilige Kirchenleitung aus Geistlichen und Laien bis zur Konstituierung eines Landeskonzils gewählt. Als Gründe für eine Verkündigung der Autokephalie wurden genannt: Erstens sei in Georgien ungesetzlich durch einen einseitigen Akt der russischen Regierung das Kirchenstatut geändert worden, zweitens ändere sich gerade die Staatsform Russlands, womit „das rechtlose Existieren der georgischen Kirche nicht harmoniert." Als erster Katholikos wurde nach Wiederherstellung der Unabhängigkeit Kirion (Sadsaglischwili, 1855–1918, heiliggesprochen) gewählt. Er war ein aktiver Kämpfer für die Unabhängigkeit der georgischen Kirche. Der Synod in Moskau hatte ihm deswegen in den 1910er-Jahren seinen Aufenthalt in Klöstern zugewiesen und ihn in verschiedene russische Bistümer versetzt. Er wurde unter rätselhaften Umständen im Juni 1918 ermordet. Seine Nachfolger wurden Katholikos-Patriarch Leonid (Okropidse, 1860–1921) und Ambrosi (Khelaia, 1861–1927).

Doch rief die Verkündigung der Autokephalie der georgischen Kirche eine Explosion von nationaler Spannung hervor: Alle nichtgeorgischen (d.h. russischsprachigen) Bistümer und Gemeinden, die bislang zum Georgischen Exarchat der Russischen Kirche gehört hatten, weigerten sich, zum Bestand der soeben verkündeten unabhängigen georgischen Kirche zu gehören. Am 10. Juli 1917 versammelte sich ein Kirchenkonzil des Kaukasus von Klerikern und Laien des Exarchats, und der Hl. Synod bestimmte für sie besondere Richtlinien. Die Provisorische Regierung in Petersburg erkannte der georgischen Kirche nur einen nationalen, aber keinen territorialen Charakter zu, was zu scharfen Protesten bei den Georgiern führte.

Schließlich existierten auf dem Territorium Georgiens zwei parallele orthodoxe Strukturen: Das georgische Katholikosat und das russische Exarchat. Bis 1943 gab es keine eucharistische Gemeinschaft zwischen der Russischen Orthodoxen Kirche und dem georgischen Katholikosat. Das Verlangen der Georgier nach ihrer Kirche wurde und wird von manchen Forschern als Phyletismus betrachtet, doch die georgischen Autokephalisten sprachen nicht von der Gründung einer ethnisch georgischen Kirche, sondern von der Wiederherstellung des Katholikosats auf dem Territorium von Georgien, während die russische Seite eine Aufteilung der Gemeinden im Kaukasus nach ethnischem Prinzip vorschlug. Die Wiederaufnahme der kanonischen Beziehung zwischen der russischen und der georgischen Kirche geschah 1943, und damals übergab Patriarch Sergi dem georgischen Katholikosat die russischen Gemeinden in Georgien und Armenien zur Verwaltung.

Die Georgische Orthodoxe Kirche wurde ebenfalls mit der gewaltsamen Säkularisierung seitens der sowjetischen Machthaber konfrontiert. So wurde in den frühen 1920er-Jahren, nach der Herstellung der Sowjetmacht in Georgien, eine vollständige Konfiszierung des Kirchenbesitzes durchgeführt, viele Kirchen und Klöster wurden geschlossen und Religionsunterricht verboten. Die Kirchenleitung entschloss sich, die Akte der Behörden offen zu verurteilen und wandte sich 1922 sogar an die Konferenz von Genua (in der erstmals nach der Revolution und dem Weltkrieg die Sowjetunion auf internationaler Ebene agierte und akzeptiert wurde) mit Beschwerden über die Aktivitäten der Bolschewiki.

Im März 1924 wurde wegen dieses Briefes ein Schauprozess gegen den bereits im Vorjahr verhafteten Katholikos Ambrosi und die Mitglieder des Patriarchatsrates organisiert. Die Anklagepunkte lauteten auf Verschwörung mit dem Westen, Verstecken historischer Kirchenschätze, Unregelmäßigkeiten in der Führung der Kirchenbücher und Widerstand gegen die Regierung. Laut der sowjetischen Presse verlangten die „Volksmassen“ die Todesstrafe für alle Angeklagten sowie für deren Anwälte. Sie wurden letztendlich zu verschiedenen Haftstrafen verurteilt, der Katholikos zu knapp acht Jahren Freiheitsentzug. Jedoch wurde er 1925 wegen seines schwachen Gesundheitszustandes wieder entlassen; er erholte sich kurzzeitig, verstarb aber 1927. Im selben Jahr fand ein Konzil in Georgien statt, das einen neuen Katholikos wählte, die Sowjetmacht als gesetzlich und vom Volk gewünscht anerkannte, eine neue Kirchenverfassung erließ und das Gebet für die Regierung im

Gottesdienst anordnete, was jedoch alles nicht zu einem Ende der Angriffe gegen die Kirche führte. Bis zum Zweiten Weltkrieg blieb die Lage der Kirche in Georgien fatal.

Die Kirche in Sowjet-Armenien

Anders verhielt es sich in Armenien. Die dortige „Apostolische Kirche“ gehörte zwar zur östlichen Tradition, war aber nicht orthodox wie die Kirche in Russland, der Ukraine und Georgien, sondern „altorientalisch“; es bestand also keine kanonische Gemeinschaft zwischen diesen Kirchen. Nach dem Ende des Ersten Weltkriegs waren die Grenzen Armeniens zunächst noch umstritten; eine 1918 gegründete „Demokratische Republik Armenien“ konnte sich nicht stabilisieren. 1920 übernahmen die Bolschewiki in Armenien die Macht. Der Grenzverlauf mit dem Osmanischen Reich wurde 1921 vertraglich in der Weise geregelt, dass das historische Armenien zwischen der Türkei und der Sowjetunion aufgeteilt wurde. Das bedeutete, dass ein großer Teil der Armenier außerhalb Armeniens lebte; trotz des Völkermordes von 1915 gab es noch Armenier in der Türkei, aber auch in anderen Gebieten des Nahen und Mittleren Ostens, in europäischen Staaten und auch in Übersee. Die starke Verbindung der armenischen Diaspora mit dem Mutterland blieb ein wichtiger Faktor in der Sowjetgeschichte wie auch für die Geschichte der armenischen Kirche.

Sehr bald nach der kommunistischen Machtübernahme, die 1921 durch den Einmarsch der Roten Armee konsolidiert wurde, begannen die Armenischen Bolschewiki mit ihren antikirchlichen und ideologischen Angriffen auf die organisierte Religion. Zwar hatte der geistige Leiter der Armenischen Apostolischen Kirche, Patriarch-Katholikos Gevorg V. (1847–1930), noch bei der Gründung der neuen armenischen Sowjetrepublik sein Volk dazu aufgerufen, mit den neuen Machthabern zu kooperieren und den neuen Staat als den ihren zu betrachten. Doch schon bald wurden wie in den anderen Regionen und Republiken Kirchen und Klöster geschlossen, Priester verhaftet oder zum Exil gezwungen, kirchlicher Besitz beschlagnahmt, die Schule aus dem Verantwortungsbereich der Kirche gelöst und der Religionsunterricht verboten. Das geistliche Zentrum der Armenischen Orthodoxen Kirche, die Kathedrale von Etschmiadsin in der Nähe von Jerewan, wurde 1920 konfisziert, ebenso die historisch wichtigen, weil identitätsstiftenden Klöster St. Hripsime, St. Gayane und St. Zwartnots. Gleiches galt für den gesamten armenischen Kirchenschatz. Dabei setzten die Bolschewiki alles daran, den großen moralischen Einfluss, den die Kirche auf das armenische Volk hatte, zu brechen. Ein besonderer Dorn im Auge waren ihnen dabei die Gedenkgottesdienste, die die Kirche jedes Jahr am 24. April zur Erinnerung an die Opfer des armenischen Völkermordes von 1915 abhielt. Trotz heftigster Versuche gelang es den Machthabern jedoch nicht, sie abzuschaffen. Den Höhepunkt der staatlichen Repressionen brachten die 1930er-Jahre. Wurden 1886 noch 1.261 armenische Kirchen und 34 Klöster gezählt, so waren diese auf eine Handvoll Kirchen und Klöster in den 1930er-Jahren zusammengeschrumpft.

Insbesondere wurde die Kirche schwer von dem Verbot getroffen, die traditionellen Spenden an Priester zu geben, die daraus ihren Lebensunterhalt bestritten. Auf dem Land waren das oft Naturalien (Kalaptuġ), in den Städten Geld. Bei den Kirchenschließungen ging man mit großer Brutalität vor, sodass bald ganze Regionen des Landes ohne Kirchen waren, die für den Gottesdienst zur Verfügung gestanden hätten. Die Priester wurden verbannt, verhaftet oder gezwungen, ihr Amt aufzugeben. Für diejenigen, die Priester blieben, war die materielle Lage äußerst schlecht. Auch Loyalitätserklärungen, die die Kirche ablegen musste, änderten nichts an ihrer schwierigen Lage.

Nach dem Tod von Patriarch-Katholikos Gevorg V. im Jahre 1930 durfte zunächst kein Nachfolger gewählt werden. Die Wahl erfolgte (und erfolgt) bei den Armeniern traditionell durch ein Wahlgremium aus Klerikern und Laien, an dem auch die Auslandsarmenier beteiligt waren (und sind). Erst nach zweieinhalb Jahren konnte Khoren I. (Muradbekian, 1873–1938) als Nachfolger bestimmt werden; die Machthaber waren daran interessiert, die Beziehungen zur armenischen Diaspora zu verbessern. Die Bedingungen für die Kirche verschlechterten sich bald darauf jedoch immer weiter; die Zuweisungen der Armenier aus dem Ausland, die die Lebensgrundlage für die Kirche in der UdSSR dargestellt hatten, wurden nun beschlagnahmt, Kirchengebäude wurden abgerissen oder gesprengt, und die meisten der verbliebenen Kleriker verhaftet. 1938 wurde der Katholikos tot in Etschmiadsin aufgefunden; vermutlich wurde er im Auftrag des Volkskommissariats des Inneren ermordet. Das traditionsreiche Kloster von Etschmiadsin, das der Sitz des Kirchenoberhaupts war, wurde zu einem Museum umfunktioniert, das bebaubare Land nationalisiert, und das Priesterseminar zu einer staatlichen Schule. Innerhalb von nur zehn Jahren verlor die armenische Kirche ihr starkes Band mit der armenischen Bevölkerung, wurde unterdrückt und überlebte nur isoliert in einigen kleineren Gemeinden. Etschmiadsin wurde geschlossen, und die armenische Kirche blieb sieben Jahre lang ohne Kirchenoberhaupt; das änderte sich erst mit der neuen kirchenpolitischen Linie nach dem Zweiten Weltkrieg.

Katholiken und Protestanten in der Sowjetunion

Neben den genannten Kirchen der östlichen Traditionen gab es in der UdSSR aber auch katholische und evangelische Christen, Kirchen und Gemeinschaften. Sie entstammten in der Regel einer nichtrussischen Tradition: Zumeist waren ihre Angehörigen die Nachfahren von Siedlern, die unter den Zaren als Kolonisten oder spezialisierte Handwerker nach Russland gekommen waren, oder sie stammten aus Gebieten, die zum Russischen Reich gelangt waren. Damit gehörten sie anderen als der russischen Nation an, waren also Deutsche, Polen, Letten, Esten, Litauer oder von anderer Nationalität – doch lebten sie oft schon seit vielen Generationen in Russland. Aus historischen Gründen konzentrierten sich die Gemeinden vor allem auf die Kolonien im Schwarzmeergebiet und an der Wolga sowie auf die Städte.

Von den 2,1 Millionen Deutschen, die an verschiedenen Orten des Russischen Reichs vor dem Ersten Weltkrieg lebten, gehörten mehr als 75% der evangelisch-lutherischen Kirche und knapp 14% der katholischen Kirche an. Daneben zählten jeweils etwa 4% der Deutschen zu den Mennoniten und zu den Reformierten.

Sowohl bei der russischstämmigen als auch bei der deutschen Bevölkerung des Reichs hatten seit dem Ende des 19. Jahrhunderts die evangelischen Freikirchen stabilen Zuwachs, die im Rahmen der europäischen Erweckungsbewegung und durch ausländische Missionare auch in Russland aufgetaucht waren. Das waren neben Baptisten und „Evangeliumschristen" auch Mennoniten und Methodisten sowie Adventisten und Pfingstkirchen, die nach dem Vorbild der deutschen Baptisten ihre eigenen Gemeindestrukturen schaffen konnten. Ihre Lage war im zaristischen Russland sehr schwierig, weil ein großer Teil ihrer Gemeindemitglieder als „von der Orthodoxie abgefallen" betrachtet wurde, was illegal und daher strafbar war. Nur weil durch die revolutionären Ereignisse in Russland seit Beginn des 20. Jahrhunderts die Gewissensfreiheit gestärkt wurde, wurden sie nicht ständig verfolgt. Die katholische Kirche hatte in den letzten Jahren vor der Oktoberrevolution in Russland einigen Zulauf erhalten, vor allem von Intellektuellen. Dazu sind auch die Bemühungen zu zählen, eine katholische Kirche des byzantinischen Ritus zu schaffen, die jedoch keinen nachhaltigen Effekt hatten und auf eine kleine Gruppe von Menschen beschränkt blieben.

Die junge Sowjetunion hatte im Vergleich zum Zarenreich erhebliche Gebietsverluste im Ersten Weltkrieg erlitten; Polen erstand wieder als Staat, nachdem es mehr als 120 Jahre auf der politischen Landkarte nicht zu finden gewesen war, und die baltischen Staaten wurden selbstständige Republiken. Zudem hatte die UdSSR den Anspruch, nicht nur die Arbeiterklasse zu befreien, sondern auch den im Zarenreich (dem „Völkerkerker“) unterdrückten Nationen zu ihrem Selbstbestimmungsrecht zu verhelfen. Das führte dazu, dass zunächst in den neugeschaffenen Sowjetrepubliken lokale Kader bevorzugt wurden und dass etwa auch auf die nationalen Sprachen besonderer Wert gelegt wurde; das Russische sollte nicht mehr die vorher selbstverständliche Dominanz besitzen.

Das sowjetische Dekret von der Trennung der Kirche vom Staat wurde von den Vertretern einiger religiöser Minderheiten unterstützt, da das Dekret die nichtorthodoxen Kirchen hoffen ließ, frei existieren zu können. Auf der anderen Seite sahen Lenin und Trotzki die Russische Orthodoxe Kirche als ihre Hauptfeindin an und verfolgten die Protestanten anfangs nicht mit der ganzen Härte, da sie hofften, dass dadurch einige Orthodoxe den Übertritt erwägen würden. Insofern verwundert es nicht, dass viele Vertreter der Freikirchen die neue Macht begeistert begrüßten, die ihnen die Freiheit der Verkündigung und das Ende der Verfolgung durch die orthodoxe Kirche gewährt hatte. Doch während die Evangeliumschristen und die Baptisten sich positiv zum Dekret verhielten, es öffentlich unterstützten und der neuen Regierung Dankbarkeit für das Ende der Diskriminierung zum Ausdruck brachten, spürten Katholiken und die Mitglieder der von Zar Nikolaus I. (1796–1855) 1832 per Dekret gegründeten Evangelisch-Lutherischen Kirche in Russland, in die auch die reformierten Gemeinden eingegliedert worden waren, rasch das schwere Gewicht der Religionspolitik der neuen Macht. Bereits im Frühjahr 1918 wurden von allen Kirchen Listen mit dem Kirchenbesitz eingefordert, die kirchlichen Schulen geschlossen und ein Verbot eingeführt, die Kirchendokumente in der Muttersprache zu führen. Für die Zeit der Oktoberrevolution nennt der Osteuropaspezialist Gerd Stricker 18 evangelische Pfarrer, die nachweislich erschossen wurden, und weist daraufhin, dass von weiteren 37 bekannt sei, dass sie in Lagern bzw. in der sibirischen Verbannung verhungert seien. Knapp 50 gelten als verschollen. Der erste Märtyrer auf evangelischer Seite war dabei der 1918 von den Bolschewiki in Dorpat (heute Tartu, Estland) erschossene Theologieprofessor Traugott Hahn (1875–1919). Aber auch der Suizid des aus Dorpat stammenden Moskauer Generalsuperintendenten Paul Willigerode (*1859) im September 1919 erschütterte die Gläubigen.

Als erste protestierten öffentlich gegen die Aktionen der Bolschewiki die Vertreter der russischen Katholiken, Erzbischof Eduard von

Ropp (1851–1939) und Erzpriester Leonid Fjodorow (1879–1935), Exarch der russischen Katholiken des byzantinischen Ritus, die sich gegen die 1922 befohlene Übergabe des Kirchenbesitzes an die lokalen Sowjets, die Schließung der Gemeindeschulen und andere Einschränkungen äußerten. Prälat Konstantyn Budkiewicz (1867–1923) schlug einen Maßnahmenkatalog vor, mit dem die Konfiszierung des Kirchenbesitzes verhindert werden sollte. Er wurde 1923 in einem Massenprozess gegen katholische Kleriker der Stadt Petrograd mit dem (später begnadigten) Erzbischof Jan Ciepljak (1857–1926) an der Spitze verurteilt und erschossen. Auch in den darauffolgenden Jahren gab es mehrere Gruppenprozesse gegen katholische Priester, die fast immer mit den härtesten Strafen endeten. Nur diejenigen Priester, die außer der sowjetischen noch eine andere Staatsbürgerschaft besaßen, konnten zuweilen das Land verlassen und somit die Verfolgungen überleben.

Die Sowjetmacht ging nach dem Prozess von 1923 besonders hart gegen die katholische Kirche vor. Dafür gab es politische Gründe, weil die katholische Kirche polnisch geprägt war, die junge Sowjetunion sich aber bis 1921 im Krieg mit Polen befand. Doch wurde die katholische Kirche auch aus ideologischen Gründen verfolgt, da die Regierung in ihr eine Vertreterin des Kapitalismus sah: Nicht nur wegen der Verdikte, die im 19. Jahrhundert von den Päpsten gegen sozialistische und kommunistische Ideen ergangen waren, sondern vor allem wegen ihres Schwerpunktes im kapitalistischen Westeuropa war die katholische Kirche für die Sowjetbehörden eine Feindin, die es zu bekämpfen galt. Die vor der Revolution bestehende Hierarchie wurde aufgelöst, Bischöfe und Priester wurden verhaftet, ausgewiesen oder fanden den Tod. In ähnlicher Weise symbolisierte auch die Evangelisch-Lutherische Kirche in Russland die Welt der alten Monarchie, da nach evangelischem Verständnis der Zar als Summus Episcopus das höchste Oberhaupt der Protestanten in Russland war.

Im Hinblick auf die katholische Kirche kam eine erste Änderung dieser Beziehung zustande, als die katholische Kirche im Rahmen der großen Hungersnot (1921–1924) im Gefolge des russischen Bürgerkriegs ihre Hilfe anbot. Tatsächlich konnte eine päpstliche humanitäre Mission, die sich vor allem auf die Not leidenden Kinder konzentrierte, im Land aktiv sein. Doch ihre Tätigkeit rief bei den Behörden tiefes Misstrauen hervor und wurde Mitte 1924 unterbunden. Auf katholischer Seite waren diese Aktivitäten häufig mit der Vorstellung verbunden, Russland für die katholische Kirche gewinnen zu können. In völliger Fehleinschätzung der Sachlage glaubten wichtige Vertreter der Kirche, vor allem im Vatikan, dass die Orthodoxie seit langem ihren

Rückhalt in der Bevölkerung verloren habe, dass diese aber offen für die Hinwendung zur „wahren" Kirche sei. Eine der wichtigsten und schillerndsten Figuren bei diesen Bemühungen war der Jesuit Michel d'Herbigny (1880–1957), der bei Papst Pius XI. Gehör fand. Der Papst ließ ihn schließlich 1926 im Geheimen zum Bischof weihen und entsandte ihn im selben Jahr, nach außen als Priester, zu einer Mission nach Moskau. D'Herbigny identifizierte dort vier katholische Priester, die er ebenfalls im Geheimen zu Bischöfen weihte und als Apostolische Administratoren einsetzte. So versuchte er, eine katholische Hierarchie in Russland aufzubauen. Die Behörden hatten jedoch Informationen über diese Vorgehensweise erlangt und verhafteten in kurzer Zeit alle neu geweihten Bischöfe, sodass diese Bemühungen schon hier scheiterten, abgesehen vom mangelnden Rückhalt, den sie in der Bevölkerung gehabt hätten.

In den folgenden Jahren bis 1945 erstreckte sich die allgemeine Verfolgung der Religion auch auf die katholische Kirche. In ganz Russland blieben nur zwei katholische Kirchen geöffnet, in Moskau und in Leningrad, die formell zur französischen Botschaft gehörten. Sonst gab es nur unregelmäßige und nicht organisierte Seelsorge an Katholiken. In zahlreichen Dörfern konnte der Glaube nur in den Familien oder in kleinen Gruppen weitergegeben werden; Laien tauften und leiteten etwa den Rosenkranz, während die Eucharistie oft für viele Jahre nicht gefeiert werden konnte. Das galt besonders für die Gemeinden von Russlanddeutschen. Als diese zu Kriegsbeginn von ihren bisherigen Siedlungsgebieten an der Wolga und in der Ukraine nach Sibirien und Zentralasien deportiert wurden, verbreitete sich dort der katholische Glaube, allerdings nicht in organisierter und kirchlich strukturierter Form, sondern durch katholische Familien, die oft viele Jahre ohne Kontakt zu einem Priester leben mussten.

Als die deutschen Truppen im Zweiten Weltkrieg den Westen der UdSSR besetzten, ermöglichten sie vor allem die Wiedereröffnung von orthodoxen Kirchen – das hing damit zusammen, dass der Katholizismus dort traditionell mit dem Polentum verbunden war, das die deutschen Besatzer nicht fördern wollten. Die – aus taktischen Gründen – an sich liberale Religionspolitik der Deutschen hatte also für die Katholiken kaum Auswirkungen. Die Situation änderte sich erst nach Kriegsende, als sich durch die Gebietsgewinne größere Mengen von Katholiken in der Sowjetunion befanden, in der westlichen Ukraine und Weißrussland wie in Litauen und Lettland.

Der Zweite Weltkrieg brachte nämlich nicht nur sowjetische Gebiete zeitweise unter deutsche Kontrolle, sondern auch umgekehrt vor allem baltisches und polnisches Territorium unter die Kontrolle der sowjetischen Truppen. Das hier blühende Leben von Orthodoxen, Katholiken und Protestanten wurde rasch und nachhaltig unterdrückt. Insbesondere wurden Kirchen, die mit dem Gegner identifiziert wurden, in ihrer Tätigkeit erheblich behindert. So wurde der katholische Erzbischof von Tallinn / Estland, Eduard Profittlich (1890–1942), ein aus Deutschland stammender Jesuit, bald nach dem sowjetischen Einmarsch verhaftet; er verstarb kurz darauf in sowjetischer Haft.

Das Schicksal der protestantischen Kirchen und Gemeinden gestaltete sich sehr ähnlich. Gegenüber den Freikirchen zeigten die neuen Machthaber zunächst eine gewisse Toleranz, weil sie sie auch als von der orthodoxen Mehrheitskirche unterdrückt wahrnahmen. Zugleich waren die Protestanten insgesamt nicht in gleicher Weise das exponierte Ziel der stalinistischen Kirchenverfolgung wie die Russische Orthodoxe Kirche. In den 1920er-Jahren lag das unter anderem auch daran, dass die Bolschewiki es sich politisch nicht zu sehr mit dem Deutschen Reich verscherzen wollten.

Doch trotz erheblicher Zugeständnisse – etwa dem Verzicht auf den Pazifismus, den ein Baptistenkongress 1926 erklärte, oder dem Ausdruck von Loyalität gegenüber der Sowjetunion – gerieten auch diese Gemeinden bald unter die allgemeine Verfolgung von Religion. Zentrale Einrichtungen konnten nicht mehr funktionieren, und Gemeinden wurden aufgelöst; das kirchliche Leben konzentrierte sich auf kleine Gruppen, was allerdings ja freikirchlicher Tradition entsprach.

Die evangelisch-lutherische Kirche in Russland, deren kirchlich-organisatorischer Formierungsprozess noch nicht abgeschlossen war, erhielt durch den Zerfall des Zarenreiches und die Entstehung unabhängiger baltischer Staaten einen empfindlichen Schlag. Ihr Geltungsbereich hatte sich von Anfang an auch auf die lutherischen Ostseeprovinzen erstreckt; über 80 Jahre lang war sie von lutherischen Deutschbalten geleitet worden. Jetzt jedoch verließen die Deutschbalten Russland und machten damit die Lutheraner in der frühen Sowjetunion zu einer kleinen, deutschgeprägten Minderheit. Innerhalb weniger Jahre verminderte sich die Anzahl von lutherischen Pfarrern von 210 (1915, ohne Baltikum) auf 84 (1922), man sprach von „Pfarrerflucht“. Im Gegensatz jedoch zur orthodoxen und zur katholischen Kirche konnte die evangelisch-lutherische Kirche in Russland dabei nur auf wenig historisch gewachsene Infrastruktur zurückgreifen. Die zuständige theologische Ausbildung fand traditionellerweise an der Universität Dorpat statt. Jetzt hieß die Stadt Tartu und lag in Estland, also im Ausland. Die Ausbildung des evangelischen Pfarrernachwuchses war damit unterbrochen und nicht mehr möglich. Allerdings konnte mit Tolerierung der neuen Machthaber dann 1926 ein neues Institut, das evangelisch-lutherische Predigerseminar in Leningrad, eröffnet werden.

Doch kurz darauf wendete sich das Blatt, und die Lutheraner wurden komplett von Stalins Terror und seiner Kirchenverfolgung ergriffen. Traditionsreiche Schulen und diakonische Einrichtungen kamen an ihr Ende; die Kirchen wurden überfallen, geschändet, gesprengt oder geschlossen und sämtliche Pfarrer der Kirche bis 1937 verhaftet. Als schließlich 1938 die letzte lutherische Kirche in Moskau geschlossen wurde, war die lutherische Kirche in Russland liquidiert. Nur drei Pfarrer überlebten die Kirchenangriffe und Deportationen und wirkten später im Untergrund. Organisiertes Luthertum gab es dann erst wieder nach dem gewaltsamen Anschluss des Baltikums an die UdSSR. In Russland selbst wurde erst 1988, in der Perestroika, mit lettischer, deutscher und finnischer Unterstützung eine lutherische Kirche erneut aufgebaut.

Die sowjetischen Behörden versuchten im Zweiten Weltkrieg auch die Freikirchen unter ihre Kontrolle zu bringen. Für die Freikirchen wurde ein „Allunionsverband der Baptisten und Evangeliumschristen" gegründet, dem auch die Pfingstler zugeordnet wurden. Aufgrund der gemeindeorientierten Struktur der Freikirchen gelang es jedoch nicht, sie alle zu beeinflussen. Zahlreiche baptistische Gemeinden lehnten das erzwungene Zusammengehen mit den Pfingstlern ebenso ab wie die ökumenischen Bemühungen des Verbandes. Als in den 1960er-Jahren staatliche Maßnahmen erlassen wurden, die das Gemeindeleben erschweren sollten (etwa das Verbot der Taufe Minderjähriger), kam es zu Protesten und zahlreichen Verhaftungen. Es bildete sich ein alternativer, staatlich nicht genehmigter „Rat der Gemeinden der Evangeliumschristen-Baptisten". Manche Gemeinden existierten unabhängig, ohne staatliche Genehmigung (und damit illegal); andere bemühten sich um eine Registrierung unabhängig von einem Verband. Erst als die Maßnahmen zurückgenommen wurden, beruhigte sich die Situation. Allerdings blieb es bei der Teilung der freikirchlichen Gemeinden. Nach dem Ende der Repressionen zogen sich die Pfingstler aus dem Verband zurück, und es kam zu heftigen Diskussionen um seine Haltung in der Vergangenheit. Schließlich löste der Verband sich auf.

6. Der Zweite Weltkrieg und die Wende in der Kirchenpolitik

Mit Beginn des Zweiten Weltkriegs änderte sich die Beziehung des Sowjetstaats zur Kirche. Der sowjetischen Führung wurde bewusst, dass die Autorität der Kirche dazu beitragen konnte, der UdSSR Sympathien bei den restlichen Völkern Osteuropas sowie in England und Amerika einzubringen, den Verbündeten der UdSSR in der Anti-Hitler-Koalition. Daher beendeten die Behörden ihren Kurs der Vernichtung der orthodoxen Kirche und beschlossen, kirchliches Leben in der UdSSR in begrenztem Maße zu ermöglichen.

Die neue Kirchenpolitik

Der Ausbruch des Zweiten Weltkriegs führte zu Veränderungen der Religionspolitik der UdSSR, die in der russischen Geschichtsschreibung als „neuer Kurs" bezeichnet werden. Dieser Prozess vollzog sich allmählich und nicht immer widerspruchslos.

Als die UdSSR 1939 und 1940 neue Territorien (die baltischen Staaten, West-Weißrussland, die westliche Ukraine sowie Moldawien) zugeschlagen bekam, gab es dort entwickelte und lebendige kirchliche Strukturen: in den genannten Gebieten etwa 3.000 orthodoxe Gemeinden und 46 Klöster. Diese Diözesen, Pfarreien und Klöster, die den autonomen bzw. autokephalen orthodoxen Kirchen in Lettland, Estland, Polen und Rumänien unterstanden, wurden in die Jurisdiktion der orthodoxen Kirche des Moskauer Patriarchats eingegliedert. Die kirchliche Führung nutzte diese Gelegenheit und entsandte drei von den fünf Bischöfen, die sich in Freiheit befanden, in den Westen des Landes, um dort die russischen Diözesanstrukturen wieder zu errichten.

In den ersten Jahren des Zweiten Weltkriegs wurde die Politik der Zulassung kirchlichen Lebens ohne öffentliche Erklärungen durchgeführt. Gleichwohl wurden in den 1990er-Jahren mehrere Quellen angeführt, die belegen sollten, dass Stalin bereits 1939 offiziell die bisherige Kirchenpolitik in der UdSSR revidiert und entschieden habe, die repressiven Maßnahmen gegen die Geistlichen ebenso wie die Richtlinien von Lenin aus dem Jahr 1919 aufzuheben. Heute werden diese beiden Dokumente jedoch zumeist als Fälschungen betrachtet; die Forschung geht davon aus, dass 1939 kein Dokument verabschiedet wurde, das im Hinblick auf die Kirche in der UdSSR einen „neuen Kurs" festgeschrieben hätte. Vielmehr waren Repressalien gegenüber dem Klerus und den kirchlich Aktiven auch in den eingegliederten Gebieten in vollem Gange. Nach den Angaben zur Kirchenverfolgung von N. Jemeljanow, früher Dozent an der St. Tichon-Universität, wurden in den Jahren 1939–1940 etwa 1.100 Menschen pro Jahr wegen kirchlicher Delikte zum Tode verurteilt. 1941 und 1942 folgten abermals tausende Hinrichtungen. Dem Klerus und den Gläubigen schien es, dass die Kirche in der UdSSR ihrem Ende entgegengehe. Die kirchliche Tradition schreibt Metropolit Sergi diese Worte zu, die er kurz vor dem Angriff Nazi-Deutschlands auf die Sowjetunion gesprochen haben soll: „Die Kirche erlebt ihre letzten Tage. Früher haben sie uns gewürgt, aber, meine Seele, sie haben ihre Versprechen uns gegenüber gehalten. Nun würgen sie uns weiterhin, doch ihre Versprechen erfüllen sie nicht mehr."[36] Im Sommer und Herbst 1941 wurden während der Offensive der Wehrmacht in der UdSSR erneut Verhaftungen und Erschießungen orthodoxer Geistlicher durchgeführt, die als potenzielle Verbündete der Besatzer gesehen wurden.

Seit Beginn des deutsch-sowjetischen Krieges nahm die Führung der Russischen Orthodoxen Kirche konsequent eine patriotische Position ein. Sie erklärte damit ihre eindeutige Unterstützung gegenüber der sowjetischen Regierung und verurteilte den Angriff Nazi-Deutschlands, der am 22. Juni, dem kirchlichen Gedenktag „Aller Heiligen des Russischen Landes", begonnen hatte. Ein Appell an die Gläubigen erging bereits in den ersten Tagen des Krieges in Form von Briefen des Metropoliten Sergi und anderer orthodoxer Bischöfe, aber auch seitens der Führung der evangelischen Christen und Baptisten. Bei einem Gottesdienst am 26. Juni, als sich die oberste Führung des Landes noch in größter Verwirrung befand, verglich Metropolit Sergi den Krieg mit einem Gewitter und verwies darauf, dass

> „ein Gewitter nicht nur eine Katastrophe in sich birgt, sondern auch einen Nutzen: Es erfrischt die Luft und vertreibt jegliche schlechte Atmosphäre. […] Bei uns gibt es bereits erste Anzeichen einer solchen Gesundung. Ist es beispielsweise nicht erfreulich zu sehen, dass wir uns schon bei den ersten Donnerschlägen hier in unserer Kirche so zahlreich versammelt haben und den Anfang unserer gemeinsamen Heldentat, nämlich der Verteidigung der Heimat, mit dem Licht des kirchlichen Gottesdienstes erstrahlen lassen?"[37]

36 D.V. Pospelovskij, Mitropolit Sergij i raskoly sprava, in: Vestnik RChD 1990 № 158, 75.
37 Mitropolit Sergij (Stragorodskij), Propoved' na molebne o pobede russkogo voinstva (26. Juni 1941), in: M. Škarovskij, Russkaja Pravoslavnaja Cerkov' v XX veke, Moskva 2010, 145.

Die Kirchenleitung initiierte Spendenaktionen für die Soldaten der Roten Armee und einen Fonds für die Verteidigung des Landes, in den das Gros der orthodoxen Gläubigen einzahlte. Die Sammlung von Mitteln der orthodoxen Gläubigen zur Finanzierung einer Panzerkolonne mit dem Namen „Dimitri Donskoi" wurde möglich, nachdem Stalin verfügt hatte, bei der Staatsbank ein Sonderkonto für die Kirche zu eröffnen. Eine solche Erweiterung der kirchlichen Aktivitäten verletzte die geltende sowjetische Gesetzgebung, wurde von den Behörden jedoch toleriert und sogar gefördert.

Gleichzeitig lebte auf den von der Wehrmacht besetzten sowjetischen Territorien das kirchliche Leben im großen Maße wieder auf: Der Gottesdienst wurde in den in den 1930er-Jahren geschlossenen Kirchen wieder aufgenommen, oft spontan und noch vor der Ankunft der deutschen Truppen. Klöster, die in den 20er-Jahren geschlossen worden waren, wurden wieder geöffnet. Nach groben Schätzungen wurden in den ersten Kriegsjahren auf den besetzten Gebieten der Ukraine, Weißrusslands und Russlands um die 10.000 orthodoxe Kirchen wieder eröffnet, von denen viele auch nach der Befreiung dieser Gebiete durch die Rote Armee geöffnet blieben. Ebenso wurde die evangelische Bewegung aktiv, angefangen mit Gebetstreffen, Taufen und Mission; das betraf besonders die evangelikalen Christen, Baptisten und Pfingstler. Zeitgenossen erinnerten sich daran, dass man an Flüssen massenweise Kinder taufte, weil dies in den letzten zehn Jahren nicht möglich gewesen war. Die Nazi-Führung bemühte sich anfangs, diese massive kirchliche Wiederbelebung für ihre eigenen propagandistischen Interessen zu nutzen. Aber zwischen den einzelnen Staatsbehörden Nazi-Deutschlands bestand kein Konsens hinsichtlich des religiösen Lebens der Ostslawen; beispielsweise wurde zu Beginn des Krieges die Tätigkeit der Pskower orthodoxen Mission behindert, obwohl sie dorthin entsandt worden war, wo die sowjetischen Behörden bereits alle Kirchen geschlossen hatten. Die Besatzungsbehörden behinderten gottesdienstliche Versammlungen nicht; eingeschränkt wurde jedoch die Durchführung von Kirchenkongressen und Konzilien. Loyale Beziehungen zur Nazi-Administration wurden zum Vorwand für die Auflösung der Organisationsstrukturen einiger Konfessionen nach Kriegsende in der UdSSR, zum Beispiel der griechisch-katholischen Kirche oder der Pfingstgemeinde. Gleichzeitig existierten bei einigen Vertretern der zuständigen nationalsozialistischen Behörden Konzepte zur Unterstützung von in kleinste Gruppen aufgeteilten und zersplitterten Sekten. In jedem Fall versuchten die Besatzungsbehörden (in der Regel erfolglos) zu verhindern, dass die Kirchen zu einer Quelle der Wiedergeburt des nationalen

Selbstbewusstseins würden und zur Konsolidierung der besetzten Völker führten. Nichtsdestoweniger zwang die rasche Wiederbelebung des religiösen Lebens in den besetzten Gebieten die sowjetische Führung dazu, ihre Vorgehensweise bezüglich der Religion zu korrigieren, und zwar während des Krieges ebenso wie nach dem Krieg.

Das Treffen Stalins mit den Metropoliten

Öffentlich gemacht wurde die neue Position der sowjetischen Führung in Bezug auf die Russische Orthodoxe Kirche im Herbst 1943, nach dem berühmten Treffen Stalins mit drei Metropoliten der Russischen Orthodoxen Kirche – dem Verweser des Patriarchenamtes Sergi, Metropolit von Moskau und Kolomna, dem Leningrader Metropoliten Alexi (Simanski, 1877–1970) und dem Kiewer Metropoliten Nikolai (Jaruschewitz, 1892–1961) – am 4. September. Der Moment dazu war äußerst günstig gewählt. Im September 1943 war bereits die entscheidende Wende des Kriegsverlaufs absehbar, und es war klar, dass die Rote Armee in den kommenden Monaten in Osteuropa einmarschieren würde; daher war es der sowjetischen Führung wichtig, die Sympathien der orthodoxen Bevölkerung auf ihrer Seite zu haben. Außerdem rückte die Konferenz der Alliierten in Teheran (28. November – 1. Dezember 1943) näher, auf der Stalin die russische Kirche in ihrer ganzen früheren Pracht zur Schau stellen wollte. Die Protokollaufzeichnung des Treffens mit den Bischöfen ist erhalten geblieben; sie zeigt das Interesse Stalins an einer Verbesserung der Beziehungen zur Führung der Russischen Orthodoxen Kirche. Diskutiert wurden folgende Themen: die Legitimierung der obersten Kirchenleitung, die Einrichtung von Kursen für den Klerus, die Wiederaufnahme der Publikation der „Zeitschrift des Moskauer Patriarchats", des offiziellen kirchlichen Organs (das 1935 eingestellt werden musste), die Eröffnung von Kirchen und von Fabriken zur Herstellung von Kerzen und von Gegenständen des kirchlichen Bedarfs; zudem wurde abgesprochen, dass eine Liste mit Bischöfen, die in Gefangenschaft waren, mit dem Ziel ihrer Freilassung übergeben werden sollte.

Nach dem Treffen mit den Metropoliten wurde am 8. September in Moskau „mit bolschewistischem Tempo" ein Konzil der Russischen Orthodoxen Kirche einberufen, auf dem nach 18-jähriger Pause die Wahl eines Patriarchen von Moskau und der ganzen Rus stattfand, wie er nun (statt des historischen Titels „von Moskau und von ganz Russland") offiziell genannt wurde. Die Kirche erhielt zudem die Möglichkeit, geistliche Bildungseinrichtungen zu eröffnen und ihre Verlagstätigkeit wieder aufzunehmen; es wurde mit der offiziellen Registrierung von Kirchen begonnen, die während des Krieges spontan, also ohne behördliche Genehmigung, geöffnet worden waren. Anfang 1949 gab es in der UdSSR bereits mehr als 14.000 orthodoxe Kirchen und Gebetsstätten, die meisten davon im Westen des Landes – das waren zumeist unter deutscher Besatzung wiedereröffnete Kirchen, und vor allem die Kirchen der liquidierten griechisch-katholischen Kirche, die der russischen Orthodoxie übergeben worden waren. Das war die größte Zahl für die gesamte Periode zwischen den 1930er- und den 1980er-Jahren.

Die Führung unter Stalin erkannte die Existenz der Kirchen durch die Schaffung von besonderen vermittelnden Organen an – zum einen eines „Rates für die Angelegenheiten der Russischen Orthodoxen Kirche" und zum anderen eines „Rates für Angelegenheiten der religiösen Kulte" beim Ministerrat der UdSSR (1965 wurden beide zum „Rat für religiöse Angelegenheiten" zusammengelegt). Diese Organe waren die Grundpfeiler eines Systems zur völligen Kontrolle und Vereinheitlichung des kirchlichen Lebens, mit dessen Hilfe es vollständig legalisiert und damit untergraben werden sollte. Diese Linie geriet in Konflikt mit den gewaltsamen Methoden des Kampfes gegen die Religion, die von Teilen der Parteiführung und vor allem von den Staatssicherheitsbehörden unterstützt wurden; dieses Ungleichgewicht der Positionen in den verschiedenen sowjetischen Behörden hinsichtlich von Religion und Kirche blieb bis zum Ende der Sowjetzeit erhalten. Die willkürlichen brutalen Gewaltmaßnahmen gegen Kirchen und Gläubige, also massenhafte Verhaftungen und Hinrichtungen, endeten jedoch mit dem Zweiten Weltkrieg.

Teil 3

Marginalisierung des Christentums: Die Machtkonsolidierung des Kommunismus nach 1945

Karte 2: West-Sowjetunion, Ost(mittel)europa 1950

1. Die Folgen des neuen Kurses in der Sowjetunion

Als Ergebnis des Zweiten Weltkrieges gelangten die Westukraine, das westliche Belarus, die nördliche Bukowina, Bessarabien, das Karpatengebiet und die baltischen Republiken an die Sowjetunion, in denen sich orthodoxe Bistümer (oder autonome orthodoxe Kirchen) befanden, die zur Rechts- und Verwaltungshoheit, der sogenannten Jurisdiktion, verschiedener orthodoxer Kirchen gehörten (Konstantinopel, Polen, Rumänien) und die ihre unterschiedlichen lokalen, historisch entstandenen Traditionen hatten. Zur gewaltigen Vergrößerung des Moskauer Patriarchats trug auch die gewaltsame Vereinigung der griechisch-katholischen Bistümer von Galizien auf der Synode von Lemberg 1946 und der „Unierten" des Karpatengebietes 1949 mit der Russischen Orthodoxen Kirche bei. Diese Vereinigungen machten das Moskauer Patriarchat zur größten orthodoxen Kirche der Welt. Nach ihrer Eingliederung in das Moskauer Patriarchat und ihrer Umwandlung in gewöhnliche Bistümer ließ sich das Bemühen der Moskauer Führung erkennen, langsam die kirchliche Verwaltung zu vereinheitlichen. Die Bischöfe wurden ausgewechselt und die Pfarrgeistlichkeit „gesäubert", die Kirchen und Gottesdienste wurden an die üblichen russischen Normen angeglichen. Doch gerade diese Maßnahmen riefen heftigsten Widerstand unter den Gläubigen hervor, und die Westukraine wurde (zusammen mit Litauen) zur Region mit dem höchsten religiösen Widerstand in der Nachkriegs-UdSSR. Dieser Protest nahm verschiedene Formen an. So überlebte in der Westukraine die griechisch-katholische Kirche im Untergrund, wobei ein Teil der Priester nur formell zur Orthodoxie konvertierte, aber weiterhin nach den griechisch-katholischen Traditionen zelebrierte. Die Dorfbevölkerung, die einen hohen Grad von traditioneller Religiosität bewahrt hatte, kämpfte aktiv gegen Kirchenschließungen. In dieser Region blieben viele Formen von Volksreligiosität erhalten, die als solche eine Herausforderung an den neuen sowjetischen Lebensstil darstellten.

Die Lage der armenischen Kirche verbesserte sich hingegen mit der Änderung der sowjetischen Kirchenpolitik seit den 1940er-Jahren ein wenig. Unter starker Kontrolle des sowjetischen Sicherheitsdienstes wurde 1945 der einzige Kandidat, Gevorg VI. (1868–1954), zum neuen Patriarchen-Katholikos gewählt. Er erreichte eine neue Sichtbarkeit der armenischen Kirche, weihte zehn neue Bischöfe, öffnete einige

Gemeinden wieder und ernannte neue Priester – ließ sich dafür aber vom Staat für dessen Propaganda instrumentalisieren. Dazu gehörte freilich wohl auch eine überzeugt pro-stalinistische Haltung; nicht zuletzt wegen der Gebietsansprüche, die Stalin gegenüber der Türkei auf die ehemaligen armenischen Siedlungsgebiete in Ostanatolien geltend machte. Gevorg VI. rief die Diaspora-Armenier auf, nach Armenien zu immigrieren, und tat selber viel, um die Kirche am Leben zu erhalten – und rief zugleich immer wieder zu staatlichen Loyalitätsbekundungen auf. Unter ihm wurde dann auch die Priesterausbildung in Etschmiadsin wieder möglich, und die armenische Kirche konnte erneut Auslandskontakte pflegen – einerseits im Ökumenischen Rat der Kirchen, in dem sie seit 1962 Mitglied war, andererseits gegenüber der armenischen Diaspora. Die Auslandsarmenier waren größtenteils nicht – wie die meisten russischen Emigranten – als Antikommunisten ins Ausland gegangen, sondern lebten traditionell seit Jahrhunderten in vielen anderen Staaten. Die nationale Komponente war für sie viel wichtiger als die Frage nach der politischen Ausrichtung. Die Moskauer Führung nutzte das aus und konnte so an Devisen gelangen, von denen ein großer Teil als Spenden der Kirche zugedacht war. Außerdem vertraten die Armenier in der Emigration auch die armenischen Interessen, etwa im Verhältnis zur Türkei und in der Frage nach der Anerkennung des Völkermords von 1915.

Nach dem Tod Gevorgs VI. wurde, erneut unter starker Einflussnahme des Staatssicherheitsdienstes, der aus Rumänien stammende armenische Bischof Vasgen Paaljan (1908–1994) als Vasgen I. 1955 zum neuen Katholikos gewählt. Er leitete die Kirche fast vierzig Jahre lang und trug erheblich zur Revitalisierung und Stabilisierung der Situation der armenischen Kirche bei. Es gelang ihm dabei, sich bei seinen Reisen in den Mittleren Osten wie nach Europa als Vertreter einer unabhängigen Kirche zu positionieren. Neu waren die starke Konzentration der Kirche auf seine Person und sein geschicktes und anpassungsfähiges Machtspiel mit dem Staat. Er gehörte zu den wenigen religiösen Führern, die wichtige Kirchenleiter und Politiker aus zahlreichen Ländern treffen konnten. Dabei hielt er sich beispielsweise auch an das staatliche Gebot, über die massiven Christenverfolgungen in den 1920er- und 1930er-Jahren zu schweigen, wie er sich auch später in den 1970er-Jahren mit jeglicher Unterstützung von christlichen Dissidenten oder Sympathisanten des Helsinki-Prozesses zurückhielt. Ebenso wenig ließ er im Ausland etwas über den tatsächlichen Zustand des armenischen Christentums verlauten. Gleichwohl erweiterte er mit seiner staatsnahen Haltung und Kirchenpolitik das kirchliche Leben, wenn auch um den Preis, dass seine Kirche stark von Mitarbeitern des KGB kontrolliert wurde.

In ähnlicher Weise zeigte die Führung der Georgischen Orthodoxen Kirche in den Jahren des Zweiten Weltkrieges eine demonstrative Unterstützung der Sowjetmacht, und die Veränderung der öffentlich-rechtlichen Stellung der Russischen Orthodoxen Kirche führte auch zu einer Verbesserung der Lage der georgischen Kirche. Die Führung der georgischen Kirche bemühte sich in der sowjetischen Zeit zu demonstrieren, dass sie besonders sei, und das oft in sehr unerwarteten Situationen. So verlangte man 1946, das neu gegründete staatliche Organ „Rat für Angelegenheiten der Russischen Orthodoxen Kirche" umzubenennen in „Rat für Angelegenheiten der orthodoxen Kirchen" oder in „Rat für Angelegenheiten der Russischen und der Georgischen Orthodoxen Kirche". Nach dem Krieg erweiterte die Führung der Georgischen Orthodoxen Kirche die Grenzen der Legalität für die Kirche, indem sie die Möglichkeit erhielt, eine Ausbildungseinrichtung zu eröffnen und eine Zeitschrift zu publizieren. Die Kirchenleitung fand mit der Führung der Republik eine gemeinsame Sprache in Bezug auf die Bewahrung der georgischen Kultur, des nationalen Erbes, des Gesangs und der Architektur. Das Verständnis der Kirchen, der alten Klöster, der Fresken, der Handschriften, der Gesangstraditionen als nationale, einmalige und selbstständige Kultur ohne Betonung ihres religiösen Inhalts – durch die Akzentuierung dieser Themen überlebte die georgische Kirche in einer atheistischen, aber auf ihre Tradition stolzen Republik.

Es gab auch eine andere Ebene des Widerstands. Zum Helden der georgischen Orthodoxie wurde Archimandrit Gawriil (Urgebadse, 1929–1995), der von der georgischen Kirche 2012 heiliggesprochen wurde. Er war in einer Familie georgischer Kommunisten aufgewachsen, wurde 1955 Mönch und verbrannte 1965 bei einer Demonstration zum ersten Mai ein Bild von Lenin. Als er wegen antisowjetischer Tätigkeit inhaftiert wurde, erklärte er seine Handlung der Überlieferung nach so: „Ich habe das getan, weil man einen Menschen nicht vergöttlichen darf. Dort, an der Stelle des Leninbildes, sollte eine Kreuzigung Christi hängen!" Er wurde für unzurechnungsfähig erklärt und nicht verurteilt; später galt er als Starze, also als verehrungswürdiger Mönch und Seelenbegleiter, mit der Gabe eines Hellsehers.

Eine wichtige Figur für die georgische Kirche wurde ihr langjähriges Oberhaupt, Katholikos-Patriarch Ilija II. (*1933), der seit 1977 an der Spitze der Georgischen Orthodoxen Kirche stand und bis heute noch im Amt ist. 1962 schloss er die Moskauer Geistliche Akademie ab, und 1963 wurde er zum Vikarbischof des Katholikos-Patriarchen Jefrem II.

(1896–1972) geweiht. 1963 bis 1977 bekleidete er die Funktion eines Rektors des Geistlichen Seminars von Mzcheta, der damals einzigen geistlichen Schule in Georgien. Nach dem Beitritt der Georgischen Orthodoxen Kirche zum Ökumenischen Rat der Kirchen 1962 war Katholikos Ilija II. zwischen 1978 und 1983 einer der sechs Präsidenten des Weltkirchenrats. Unter seiner Leitung wurden in Georgien Kirchen wiedererrichtet, die in den 1920er- und 1930er-Jahren zerstört worden waren. Doch das Wichtigste war, dass Feiertage zum Gedächtnis an georgische Heilige eingeführt wurden, die auch als Nationalhelden wahrgenommen wurden: Kaiser David der Erbauer, Kaiserin Tamara, die georgische Erleuchterin Nino und Kaiser Wachtang Gorgasali. Auch wurden alte georgische Handschriften nachgedruckt, Arbeiten zur georgischen Kirchengeschichte herausgegeben und Chöre gegründet. Das Kloster Betanija nahm seine Tätigkeit wieder auf. Das bedeutete nicht, dass die Atheisierung der Bevölkerung in der Republik nachließ, doch konnte die Kirche eine Nische wenigstens als Bewahrerin der nationalen Tradition einnehmen.

Das Erbe Stalins in der Russischen Orthodoxen Kirche

Die pragmatische Korrektur der Politik gegenüber der Kirche durch Stalin, die Aktivierung der russisch-patriotischen Thematik zur Zeit des Krieges und die darauf folgende Eingliederung der höheren kirchlichen Hierarchen in die sowjetische Nomenklatur gingen einher mit der Teilnahme von kirchlichen Würdenträgern auch an den quasi-religiösen sowjetischen Ritualen, zivilen Feiertagen, Zeremonien und mit Gratulationen an die oberste Führung des Landes zu Gedenktagen. Diese Maßnahmen sollten einerseits ein Zeichen sein, sozusagen ein Marker für die Loyalität gegenüber der Regierung; auf der anderen Seite zeigten sie aber auch den aufrichtigen Wunsch des kirchlichen Milieus, vollends mit der sozialistischen Gesellschaft zu verschmelzen. Neben dieser Übertragung ideologischer Prinzipien des sowjetischen Staates auf die Kirche brachten sich die kirchlichen Vertreter aktiv in den Persönlichkeitskult um die Staatsführer (zunächst vor allem um Stalin) mit ein. In der ersten Ausgabe der „Zeitschrift des Moskauer Patriarchats" des Jahrgangs 1950 wurde ein Artikel des bekannten Moskauer Priesters Alexander Wedernikow (1901–1992) mit dem Titel „Die gebetshafte Teilnahme der Kirche an den Feierlichkeiten des 70. Geburtstages von J. W. Stalin" veröffentlicht, in dem es hieß, dass „die russischen gläubigen Menschen in allen orthodoxen Kirchen am 21. Dezember 1949“[1] für seine Gesundheit gebetet haben. Der Autor schrieb:

> „Indem wir Gott für seine Wohltaten uns gegenüber danken, schenken die Gläubigen ihre dankbare Aufmerksamkeit dem selbstlosen Dienst unseres Führers am Volk. Im Bewusstsein der Kirche verwandelt die Bereitschaft, sich selbst für das Allgemeinwohl zu opfern, diese Heldentat in ein Beispiel, dem es nachzueifern gilt. Und das ganze Volk ahmt den Führer nach, indem es Heldentaten auf dem Gebiet der Arbeit vollbringt, wobei es die Errungenschaften und die Ergebnisse dieser Arbeit für gut und für fruchtbar hält. Da wir diese Heldentaten aus Überzeugung teilen, bekommen wir alle darüber hinaus moralische Befriedigung, die im Bewusstsein besteht, unsere Pflicht erfüllt und der Öffentlichkeit gedient zu haben. Im Gemeinsamen dieses unseres Dienstes am Volk ist jeder von uns und sind wir alle gleichermaßen Stalin nahe, wie auch er uns allen nahe ist.“

Im weiteren Verlauf dieses Artikels wurde auch die Unterstützung und Billigung des staatlichen Kurses ausgedrückt, der auf eine Konfrontation mit dem bourgeoisen Westen und die Eröffnung der Hetze auf die eigene Intelligenzija aus war:

> „Die orthodoxen Gläubigen sind erfüllt von einem tiefen Gefühl der Dankbarkeit gegenüber dem Führer dafür, dass er die eifrigen Bewunderer des bourgeoisen Westens und die Kosmopoliten verschiedenen Typs auf den ihnen zukommenden Platz verwiesen hat; sie haben versucht, die großartige russische Kultur zu erniedrigen, die glorreiche Geschichte des russischen Volkes zu verzerren, seinen Vorrang an Ruhm und Ehre zu nehmen sowie ihm den Verdienst und die Erfolge in der moralischen, politischen, wissenschaftlichen und kulturellen Entwicklung abzusprechen. Kriecherei vor dem Westen war dem russischen kirchlichen Bewusstsein schon immer fremd, und der Kosmopolitismus, der im vergangenen Jahrhundert und früher stets versucht hatte, in die Kirche in Form von Freimaurerei und anderen heterodoxen Bemühungen Eingang zu finden, wurde von der Kirche schon immer als eine Gefahr gesehen, und sie hat sich stets von ihm abgewandt. Darüber hinaus verurteilt die Kirche diese gefährliche Ideologie jetzt, wo die Imperialisten unter ihrer Flagge ihre aggressive und volksfeindliche Politik betreiben, die ganz offensichtlich gegen unser großes Land gerichtet ist.“

Auf Metropolit Grigori (Tschukow, 1870–1955) ging der Vorschlag für die Gebetsformel zum Gedenken an Stalin nach seinem Tod im März 1953 zurück: „Für die Seelenruhe des obersten Führers der Sowjetunion, des jüngst verstorbenen Josef“; die übliche Formel, in der vom „jüngst verstorbenen Knecht Gottes Josef“ die Rede gewesen wäre, konnte für Stalin nicht verwendet werden, da man ihn ja nicht als „Knecht“, und

1 A. Vedernikov, Molitvennoe učastie cerkvi v prazdnovanii 70-letija I. V. Stalina, in: Žurnal Moskovskoj Patriarchii, Heft 1 (1950), 11–13. Auch die beiden folgenden Zitate.

schon gar nicht als „Knecht Gottes“ bezeichnen konnte. Nach einer Kranzniederlegung an Stalins Grab standen gemäß einer Meldung der „Zeitschrift des Moskauer Patriarchats“ Metropolit Nikolai, Bischof Palladi (Scherstennikow, 1896–1976), Erzbischof Nikon (Petin, 1902–1956) sowie Erzpriester Nikolai Fjodorowitsch Koltschizki (1890–1961) Ehrenwache an seinem Sarg.

Der Personenkult um Stalin erwies sich im russischen orthodoxen Bewusstsein als äußerst zählebig. Im heutigen russischen Internet entstehen und zirkulieren Mythen, die Metropolit Ioann (Snytschow, 1927–1995) und der Priester Dmitri Dudko (1922–2004) während der Perestroika verbreiteten, wonach Stalin angeblich zum orthodoxen Glauben zurückgekehrt sei und er die Kirche deshalb im Zweiten Weltkrieg unterstützt habe. Viele dieser Legenden schreiben Stalin die künftige Wiedergeburt der „Heiligen Großen Rus“ zu. Das Phänomen der Verehrung Stalins, eines totalitären Führers, der die Kirche und ihre Gläubigen fast vollständig zerstört hat, lässt sich im heutigen modernen russischsprachigen Milieu nur durch die Sehnsucht nach einer „Symphonie“, durch den Prozess der Sowjetisierung und durch ein geändertes innerkirchliches Bewusstsein erklären.

Die internationalen Aktivitäten der Kirchen

Mit dem Zweiten Weltkrieg begann auch insofern eine neue Etappe im Leben der Kirchen in der UdSSR, als der Staat ihnen internationale Aktivitäten abverlangte. Schon 1942 hatten sich Vertreter der Russischen Orthodoxen Kirche mit Repräsentanten der anglikanischen Kirche vor dem Hintergrund der schwierigen Beziehungen zwischen der UdSSR und England getroffen. Ab Ende 1942 schloss sich das Moskauer Patriarchat der internationalen antifaschistischen Bewegung an und veröffentlichte Rundschreiben an die Christen in den Ländern Europas, die sich im Krieg befanden, und an die Bevölkerung in den besetzten Gebieten. Im Laufe der Entwicklung der Beziehungen mit den Verbündeten wurden auch die Kontakte auf religiöser Ebene aktiviert. 1942 wurde das Buch „Die Wahrheit über die Religion in Russland“ in gigantischer Auflage in mehreren Sprachen veröffentlicht; es war für den Export bestimmt und sollte der westlichen Gemeinschaft die Religionsfreiheit in der UdSSR vor Augen führen. Vom 19. bis 28. September 1943 besuchte eine Delegation der anglikanischen Kirche unter der Leitung des Erzbischofs von York, Cyril Forster Garbett (1875–1955), die UdSSR. Unmittelbar vorher hatte in aller Eile ein Konzil stattgefunden, das nach langer Sedisvakanz – seit dem Tod von Patriarch Tichon 1925 – Metropolit Sergi zum neuen Patriarchen gewählt hat. Der zwischenkirchliche Dialog sollte nach Meinung der sowjetischen Führung zur Verbesserung des Klimas in den Beziehungen zwischen den Alliierten beitragen, und die kirchliche Führung verstand, dass sie eine Chance zum eigenen Überleben bekommen hatte und dass sie nun ihre Loyalität und Vaterlandsliebe praktisch unter Beweis stellen konnte. 1946 entstand in der Russischen Orthodoxen Kirche eine besondere Abteilung, die sich mit den Außenbeziehungen der Kirche beschäftigte – das kirchliche Außenamt, dessen sehr kleiner Stab mit einer Reihe von Aufgaben betraut war.

Seit dem Zweiten Weltkrieg entwickelten sich einige Felder hinsichtlich der Zusammenarbeit des Staates mit der orthodoxen Kirche in den internationalen Beziehungen. Dazu gehörte die politische Opposition zum Vatikan; in diesem Kontext muss auch die Auflösung der griechisch-katholischen Kirchen in der Ukraine und in den anderen Ländern Osteuropas betrachtet werden. Die Versuche, die katholischen Diözesen vom Vatikan zu lösen und unabhängige nationale katholische Kirchen zu schaffen, scheiterten jedoch. Als Gegengewicht zur Struktur der katholischen Kirche sollte sich die Orthodoxie um das Patriarchat von Moskau herum konsolidieren (also sozusagen der Aufbau eines orthodoxen, östlichen Vatikans); die in diesem Zusammenhang sofort entstehende Frage nach den Beziehungen zwischen der Russischen Orthodoxen Kirche und dem Patriarchat von Konstantinopel, das besondere Bedeutung in den Jahren des Kalten Krieges erlangte, brach in dieser Zeit immer wieder auf. Zugleich wurde versucht, die kirchlichen Strukturen der Emigration in den Einflussbereich des Moskauer Patriarchats hineinzuziehen oder sie wenigstens ideologisch zu neutralisieren. Die groben Richtungen dieser Tätigkeiten blieben im Großen und Ganzen, wenn auch in verschiedenen Perioden mit unterschiedlichen Nuancen, bis einschließlich der 80er-Jahre aktuell.

Eine neue Etappe der Entwicklung der internationalen Aktivität der Kirchen in der UdSSR fiel in die frühen 1960er-Jahre. Die russische Historikerin Olga Wassiljewa meint, dass in dieser Periode die Regierung den pragmatischen Kurs in der Religionspolitik aufgab, womit ideologische Motive wieder zu dominieren begannen. Gleichzeitig – auch wenn das auf den ersten Blick paradox erscheint – kann gerade in dieser Zeit eine Ausweitung der internationalen zwischenkirchlichen Kontakte festgestellt werden. So trat die Russische Orthodoxe Kirche zusammen mit anderen orthodoxen Kirchen Osteuropas 1961 dem Weltkirchenrat bei, sodann der „Konferenz Europäischer Kirchen", und sie entsandte sogar Beobachter zum Zweiten Vatikanischen Konzil.

17 Patriarch Alexi I. und der Generalsekretär des Weltkirchenrats, Willem A. Visser 't Hooft, 1959

Diese verstärkte Aktivierung geschah allerdings auf dem Hintergrund der Zerstörung der kirchlichen Strukturen, der Schließung von Kirchen (durch die Vergrößerung des Staatsgebietes nach dem Krieg waren jetzt ja viel mehr Kirchen für den Gottesdienst geöffnet, die nach und nach geschlossen wurden) und der Verstärkung des Drucks auf die Gläubigen innerhalb des Landes. Sie verlief zeitgleich mit einem Wechsel des wichtigen Personals innerhalb der Kirche: In dieser Periode bekamen Menschen eine Schlüsselrolle in der internationalen Tätigkeit der Kirche, die schon in der Sowjetunion aufgewachsen waren. Zu dieser Zeit tauchte in der Geschichte der Russischen Orthodoxen Kirche die Figur des Metropoliten von Leningrad Nikodim (Rotow, 1929–1978) auf, der, wie es schien, die Akzente in den Beziehungen zwischen dem sowjetischen Staat und der Kirche auf dem internationalen Parkett in vielen Punkten verschob.

Die Persönlichkeit dieses Metropoliten gilt schon lange als Stein des Anstoßes im russischsprachigen kirchlichen Umfeld. Während er die Vertreter der kirchlichen Emigrantenstrukturen im Ausland durch sein „Sowjetischsein" abschreckte, prägte er zugleich eine ganze Reihe von heutigen Persönlichkeiten in der russischen Kirche; er war für sie ein Vorbild des lebendigen Gebets, und er gab ihnen Modelle für die Beziehungen mit den Behörden und für eine originelle, nichttraditionelle Orientierung mit. Aus dem anderen Flügel der Russischen Orthodoxen Kirche gibt es bis heute gegen Nikodim Vorwürfe wegen der „Ketzerei" des Ökumenismus, wegen seiner angeblich nichtorthodoxen Theologie, seines ihm zugeschriebenen Philokatholizismus usw. Die Position von Metropolit Nikodim hinsichtlich der Kirche-Staat-Beziehungen lässt sich wohl wie folgt zusammenfassen: Erinnerungen von Zeitgenossen nach hegte Metropolit Nikodim eine gewisse Hoffnung auf eine Weiterentwicklung des sowjetischen Regimes und darauf, dass es sich früher oder später der Sinn- und Perspektivlosigkeit seiner Verfolgung der Kirche bewusst und sich möglicherweise sogar von seinen atheistischen Grundlagen lossagen würde. Er war der Auffassung, dass die Kirche *innerhalb* des sowjetischen Systems überleben und bereit sein sollte, eine aktive Rolle zu spielen, wenn sich der Staat bewusst würde, dass er die Kirche benötigt. Die Kirche sollte ihrerseits authentisch patriotisch sein, die sowjetische Ordnung unterstützen, einen ständigen Dialog mit den Behörden führen und das Vorherrschen gemeinsamer Interessen demonstrieren. Die Kirche sollte dafür sorgen, dass der Staat sich ihrer Bedeutung bewusst würde und sie ernst nahm (etwa hinsichtlich der These, dass man eine ideale Gesellschaft nicht ohne christliche Werte aufbauen könne); das schloss auch ein, die Kirche als einen vollwertigen Akteur auf dem politischen Parkett zu integrieren. Während

18 Metropolit Nikodim

des Kalten Krieges passte zu diesem Zweck ausgezeichnet der Trumpf der Gegenüberstellung zweier fundamental unterschiedlicher Systeme und die Notwendigkeit, die sozialistischen Werte in einem feindseligen bourgeoisen Umfeld zu verteidigen. Metropolit Nikodim und seine Umgebung sahen allerdings die internationale Tätigkeit der Kirche nicht so sehr als Preis für ihr Überleben, sondern auch als eine einzigartige und willkommene Gelegenheit.

In dieser für die Russische Orthodoxe Kirche neuen Periode internationaler Tätigkeit entwickelten sich auch die innerorthodoxen Kontakte. So nahm die Kirche beispielsweise seit 1961 an den systematischen Maßnahmen zur Vorbereitung eines Panorthodoxen Konzils teil. Die erste davon war eine panorthodoxe Beratung im September 1961 auf Rhodos. Dazu kamen innerorthodoxe Treffen und Konferenzen, die regelmäßig stattfanden. Ein neues Phänomen waren auch systematische theologische Beratungen sowie die Organisation theologischer Dialoge mit Vertretern anderer christlicher Konfessionen. Es ist offensichtlich, dass die Idee einer systematischen Teilnahme an diesen theologischen Dialogen auf Metropolit Nikodim zurückging, der sie auch durch seinen Vorsitz in der „Kommission für christliche Einheit" betreute, den er bis zu seinem Tod 1978 innehatte.

Ein Diskussionsthema war die Frage, wie die Aufgaben, vor die der sowjetische Staat die kirchlichen Institutionen im internationalen Bereich stellte, vom Kirchenpersonal selbst verstanden wurden, ob es also um eine blinde Ausführung von Anweisungen ging oder um eine Umdeutung und Umformulierung der vom Staat gestellten Aufgaben im kirchlichen Geiste. Inwiefern konnte die Kirche die Aufgaben, die ihr von atheistischen Instanzen gestellt worden waren, „verkirchlichen" und umformulieren? Aus diesem Problem ergab sich auch die Frage, wie sich die Eingliederung in das sowjetische System, einschließlich seines ideologischen Bereichs, auf die Vertreter der Kirche und die Funktionsweise der kirchlichen Institutionen auswirkte, und ob man die „politische" und die „kirchliche" Tätigkeit der offiziellen kirchlichen Vertreter auf dem internationalen Parkett voneinander trennen kann.

Die Mitarbeit und Präsenz von kirchlichen Vertretern der Sowjetunion in internationalen Organisationen sollte in der spätsowjetischen Zeit demonstrieren, dass es um das religiöse Leben in der UdSSR gut bestellt war. Die sowjetischen Vertreter sollten im Namen der Kirchen die „verleumderischen Hirngespinste" hinsichtlich der Verfolgung der Religion und der Gläubigen in der UdSSR widerlegen. Sie sollten der internationalen Gemeinschaft die Überlegenheit des sowjetischen Systems beweisen und zur Entwicklung von sympathiegetragenen Beziehungen zum Sozialismus bei einflussreichen kirchlichen Persönlichkeiten des Westens beitragen. Der „Friedenskampf" der kirchlichen Akteure, der von der sowjetischen Führung unterstützt wurde, sollte eine wohlwollende Reaktion auf die pazifistischen christlichen Kreise der westlichen Welt sein, von denen erhofft wurde, dass sie die politische Tätigkeit ihrer eigenen staatlichen Führungen kritisch bewerteten. Die Friedenstätigkeit der russischen Kirche hatte für den Staat den höchsten Stellenwert. So stand beispielsweise die Reise von Patriarch Pimen (Iswekow, 1910–1990) nach New York 1982 im Zusammenhang mit der Aufnahme der Russischen Orthodoxen Kirche in die Liste der Nichtregierungsorganisationen; sie hatte somit das Rederecht vor den Teilnehmern der Zweiten Sondersitzung der Generalversammlung der UNO über Abrüstung erhalten.

Die kirchlichen Hierarchen aus der UdSSR sollten auch Initiativen zur Unterstützung der außenpolitischen Konzeptionen der Sowjetunion entwickeln und sich für Entschließungen internationaler Organisationen und Konferenzen einsetzen, die in diesem Sinne waren. Das war zum Beispiel bei der weltweiten interreligiösen Friedenskonferenz, die 1977 in Moskau stattfand, der Fall; dort wurden Erklärungen über das Recht des palästinensischen Volkes auf einen eigenen Staat und den Abzug israelischer Truppen aus den besetzten Gebieten verabschiedet. Verurteilt wurden auch der Rassismus, die Apartheid und kolonialistische Unterdrückung, ebenso wie die Schande der Diktatur in einigen Ländern Südamerikas (vor allem die Junta Pinochets) u.ä.

Die Kirchenvertreter in der UdSSR sollten die Verabschiedung von konkreten Beschlüssen beeinflussen, die den Ländern des sozialistischen Blocks keinen Schaden zufügen würden. Zudem mussten die Kirchenvertreter für die UdSSR persönliche Kontakte mit Vertretern der europäischen und amerikanischen Kirchen mit dem Ziel aufnehmen, inoffizielle Informationen über die Entwicklung und Lösung spezieller politischer Probleme zu beschaffen; ebenso sollten sie durch inoffizielle Kanäle die Politik in den nichtsozialistischen Staaten beeinflussen. Indem sie aktiv am „Friedenskampf" während des Kalten Krieges teilnahmen, wurden die Kirchenvertreter in der UdSSR zu einer einflussreichen politischen Kraft auf internationaler Ebene. Man kann davon ausgehen, dass die Regierung der UdSSR danach strebte, durch die kirchlichen Persönlichkeiten eine Blockade in den Beziehungen zu den westlichen Gesellschaften zu überwinden sowie Großzügigkeit, Offenheit und Wohlwollen zu demonstrieren. Um seine internationalen Tätigkeiten zu realisieren, konnte das Moskauer Patriarchat sein Geld beim Staat zu einem begünstigten Kurs in ausländische Devisen wechseln; das hatte zur Folge, dass die von der Kirche durchgeführten Tätigkeiten letztlich vom Staat finanziell unterstützt wurden.

Bis Mitte der 1980er-Jahre war die staatliche Unterstützung der „Friedenstätigkeit“ der religiösen Organisationen so offensichtlich geworden, dass sie bereits in der allgemeinbildenden sowjetischen juristischen Literatur reflektiert wurde. Dabei hatten zuvor in den 1970er- bis 1980er-Jahren die Aufgaben, vor die die Kirchenführung gestellt wurde, ihre strategische Schärfe verloren, und ihre Ziele verwässerten („die Unterstützung der friedliebenden Politik des Sowjetstaates“). Doch konnte der sowjetische Staat nicht auf die internationalen „Dienstleistungen“ der Kirche verzichten, was den Kirchenvertretern wiederum einigen Spielraum gab. Die sich abzeichnende Abhängigkeit der sowjetischen Außenpolitik von kirchlichen Initiativen in einigen Bereichen erlaubte es der Kirche und ihren Vertretern, die Position der sowjetischen Führung zu beeinflussen, und das umso mehr, als ihre Mitteilungen in einigen Fällen die wichtigste Informationsquelle über die Stimmung in internationalen religiösen Kreisen waren. Das erlaubte den Kirchenvertretern, für die Kirche günstige Positionen als Meinung der internationalen Öffentlichkeit darzustellen. So gaben ab Mitte der 1970er-Jahre einige hochrangige kirchliche Vertreter der sowjetischen Führung deutliche Signale, dass die Verfolgung der Gläubigen innerhalb des Landes unvertretbar war.

Allmählich etablierte sich in den gegenseitigen Beziehungen der Kirchenführung mit der Regierung ein gewisser Handel, in dem die internationale Tätigkeit ein wichtiges Element war. Man darf nicht vergessen, dass im Laufe der internationalen Tätigkeit der Russischen Orthodoxen Kirche ein enger Kreis von Leuten entstanden war, der nicht nur im Vergleich zur Masse der Gläubigen und des Klerus, sondern auch zum durchschnittlichen sowjetischen Menschen äußerst privilegiert war. „Reisekader“ aus religiösen Gründen – das war eine ganz besonders privilegierte und sehr geschlossene Gruppe von Menschen. Die besondere Situation im religiösen Bereich wurde auch dadurch geprägt, dass nur ein einziger Fehler, ein kleiner Fehltritt im Verhalten zu einem Ausreiseverbot und zur Versetzung in die entlegene Provinz führen konnte; hier gewann die Denunziation durch Kollegen besondere Bedeutung. Es entstand auch ein gewisses verbales Ritual, eine eigene Sprache, die für diese Art von Tätigkeit übernommen wurde. Eine kirchliche Person inner- und außerhalb des Landes waren zwei völlig verschiedene Persönlichkeiten. Zum einen wurde eine Erweiterung des Horizonts sowie der Vertrautheit mit verschiedenen theologischen Systemen und dem Funktionieren der Kirche in den freien Gesellschaften beobachtet. Auf der anderen Seite haben kirchliche Persönlichkeiten mit großer Kunstfertigkeit diese propagandistische Sprache erlernt und eine gewisse Doppelzüngigkeit entwickelt: „Das eine sage (schreibe) ich, das andere denke ich." An den westlichen Zuhörer waren die einen Schreiben gerichtet, an die Gläubigen in der Sowjetunion wiederum andere, und an die Beamten eine dritte Art von Schreiben; in offiziellen Ansprachen wurde das eine gesagt, hinter den Kulissen jedoch etwas völlig anderes. In jedem Fall waren diese Eigenschaften nicht nur kirchlichen Persönlichkeiten eigentümlich, sondern sie waren eher ein spezifisches Charakteristikum des „Sowjetmenschen"; an der Analyse dieses Phänomens arbeiten jedoch schon einige Generationen von Forschern.

Vom „militanten Atheismus" zum „wissenschaftlichen Atheismus"

Nach dem Krieg endete auch der militante Atheismus, wie er in den 30er-Jahren als Mittel eingesetzt worden war, um gegen die Kirche und gegen jede Form von Religion vorzugehen. Er wurde mit der Zeit durch eine Vorgehensweise auf der Ebene der Ideologie ersetzt: Wurde vor dem Krieg die negative und schädliche Rolle der Religion und ihrer Vertreter auf der Seite des Kapitals im Kampf gegen die Interessen der Werktätigen betont, so gelangte jetzt die Akzentuierung der wissenschaftlichen

19 Antireligiöses Plakat „Religion ist Gift – Schützt die Kinder!" Das Mädchen will zur Schule, die für Kultur, Fortschritt und Technik steht, die Großmutter versucht sie zur Kirche zu ziehen.

Unsinnigkeit von Religion in den Vordergrund. Religionsgemeinschaften wurden als Phänomene studiert, oft gründlich und in ihrer historischen Entwicklung, um nachzuweisen, dass die Theorie des Marxismus über die Rolle von Religion richtig war.

So entwickelte sich als Ersatz für den militanten und oft gewalttätigen Atheismus der „wissenschaftliche Atheismus", aus dem im Laufe der Entwicklung eine eigene wissenschaftliche Disziplin wurde. Es entstanden Ausbildungseinrichtungen für wissenschaftlichen Atheismus, an der Akademie der Gesellschaftsissenschaften wurde ein Institut für wissenschaftlichen Atheismus eingerichtet, und als Folge dessen, dass die Sowjetunion ihren Machtbereich über weite Teile Europas ausgedehnt hatte, wurde auch Religion in den osteuropäischen Staaten erforscht.

Seit den frühen 1960er-Jahren wurde der wissenschaftliche Atheismus also stärker als ein Gegenpol zur irrationalen Religion und dem Christentum aufgebaut. Die guten Gründe einer säkularen und areligiösen Vernunft, so hoffte man in der kommunistischen Partei, würden nun auch noch die letzten kirchlichen Sympathisanten aus der Kirche vertreiben. Um diese Strategie möglichst effektiv durchsetzen zu können, brauchte man empirische Daten zur Religiosität der eigenen Bevölkerung. So wurden mit den Methoden empirischer Sozialforschung verschiedene Studien durchgeführt, die die hohe Religiosität der Bevölkerung erklären sollten. Dadurch entstand ein breites Reservoir an kommunistischen Feldstudien zum Christentum, unter anderem mit ausführlichen Interviews mit Christen und Christinnen. Diese Unterlagen befinden sich heute in den Archiven des Instituts für Wissenschaftlichen Kommunismus an der Akademie für Sozialwissenschaften in Moskau und in einer Reihe von Instituten der Akademie der Wissenschaften.

Die Realität, mit der die sowjetischen Wissenschaftler durch diese Fallstudien konfrontiert wurden, offenbarte einen tiefen Bruch zwischen den religiösen Vorstellungen aufgeklärter Atheisten und der religiösen Alltagserfahrung einfacher Christen. Diese Tatsache zwang jene, ihr bisher gebrauchtes propagandistisches Reservoir an Konzepten und Begriffen grundsätzlich zu überdenken. Ein anschauliches Beispiel, wie „wissenschaftliche Atheisten" christliche Realität und Weltdeutung rezipierten, ist die Ansprache des bekannten Atheisten Jewgraf Duluman (1928–2013). Er war ein ehemaliger Priester und war zu einem aktiven Propagandisten des Atheismus und einem „Analytiker" der Volksreligiosität geworden:

„Lassen Sie mich Ihnen ein Beispiel geben: Im Gebiet Tscherkassy fuhr eine Gruppe ins Dorf Belooserje. Ich hatte mich bei einem jungen gläubigen Mann einquartiert (mir wurde gesagt, dass er ein Gläubiger war); ich sagte ihm aber nicht, dass ich Atheist bin. Ich wurde nicht atheistisch aktiv, aber ich sah, dass hier keine Religiosität spürbar war. Abends setzt man sich hin und spielt Karten unter den Ikonen. Ich habe drei solcher Abende ausgehalten, obwohl ich die Verbindung zwischen den Karten und Gott nicht sah, und dann fragte ich: ‚Warum spielt ihr Karten unter den Ikonen?' Und sie antworten: ‚Wir sitzen dort sehr bequem!' Und ich sage, dass darauf doch Gott und Heilige abgebildet seien, und mein Gastgeber antwortet mir: ‚Sie sind daran gewöhnt!'
(Lachen im Saal)
Sie sagen, dass sie nicht an Gott glauben. Ich frage: ‚Aber in die Kirche geht ihr?' Sie antworten: ‚Alle gehen, also gehen wir auch!' – ‚Euer Kind habt ihr taufen lassen?' – ‚Alle lassen ihre Kinder taufen, also haben wir unseres auch taufen lassen!' Ich fange an, sie zu belehren, dass das Barbarei ist, dass nur Barbaren ein solches Ritual durchführen usw. Der Gastgeber hört aufmerksam zu und sagt, dass es interessant sei, aber er erklärt: ‚Alle sind Barbaren, also bin ich auch einer.'
(Lachen im Saal)
Ich wusste, dass er den Pfaffen nicht mag, und frage: ‚Wie viel hast du dem Pfaffen bezahlt?' Er sagt, dass der Pfaffe ein Schmarotzer sei, dass alles in seine Tasche geht, und als er sein Kind hat taufen lassen, hat er drei Rubel in die Kasse gegeben, und dazu noch zwei Rubel an den Pfaffen. Ich sage: ‚Fünf Rubel habt ihr dem Schmarotzer gegeben!', und er antwortet: ‚Soll er doch dran ersticken!' Und ich begann, an die elterlichen Gefühle zu appellieren, dass sie ihr Kind in kaltes Wasser tauchen. Der Gastgeber antwortete: ‚Wir haben mit dem Pfarrer vereinbart, dass er das Wasser anwärmt!' Ich sage, es sei unhygienisch, weil es Bakterien im Wasser gibt, denen man das Kind aussetzt, sodass es Gefahr läuft, krank zu werden – aber er fragt: ‚Sind Sie getauft?' Ich sage: ‚Ja, ich bin getauft.' Und er sagt: ‚Ich bin auch getauft. Das ganze Mütterchen Russland ist getauft, und schau, wie groß es geworden ist!'
(amüsierte Belebung im Saal, Lachen)
Und damit gehen die Leute in die Kirche, geben Geld, unterstützen sie. Daher ist es schwer zu sagen, ob sie Gläubige oder Ungläubige sind."

Einsichten wie diese führten bei den Forschern dazu, dass sie auf eine Bewertung der Religion vom Klassenstandpunkt her verzichteten. Stattdessen betonten sie die emotional-sinnliche Religionswahrnehmung von Christen im Gegensatz zur rationalen Weltwahrnehmung von Nichtgläubigen und die kompensatorische Funktion der Religion.

Die gesammelten Interviews zeigten, wie sehr der individuelle Glaube an Gott und die lebensgeschichtlichen Brüche und persönlichen Dramen direkt in die Zäsuren der russischen Zeitgeschichte, nämlich die Kollektivierung, den Terror und den Großen Vaterländischen Krieg, eingebunden und von ihr beeinflusst waren. Die sowjetischen Forscher fanden auch empirische Belege dafür, dass der massive Rückgang von

Religiosität in der Bevölkerung mit dem Generationenwechsel und der Urbanisierung sowie mit dem Phänomen einer breiten gesellschaftlichen weltanschaulichen „Apathie" zusammenhing. Die sowjetischen Ideologen versuchten nun, dieses entstandene Vakuum mit der kommunistischen Weltanschauung zu füllen, um so die sich abzeichnende Säkularisierung durch weitere Rituale und Riten zu unterstützen. Deshalb wurden zu Beginn der 1960er-Jahre neue bürgerliche Rituale eingeführt, die die alten religiösen nun endgültig verdrängen sollten.

Der „Wissenschaftliche Atheismus" wurde in der UdSSR nicht nur als politisches Strategieinstrument benutzt und ausgearbeitet, sondern in den 1960er-Jahren auch zu einer akademischen Disziplin erklärt, die nun an allen Universitäten mit Lehrstühlen vertreten war. Zeitschriften wurden gegründet, die über naturwissenschaftliche Entdeckungen und Erfolge und über Missstände bei Kirchen im Westen berichteten und damit die Überlegenheit der materialistischen Weltanschauung und die Wahrheit der atheistischen Weltsicht verdeutlichen sollten. Parallel dazu wurden Bücher zu religiösen Themen publiziert, oft mit guten und wichtigen religionswissenschaftlichen und historischen Informationen, aber stets aus der Perspektive der atheistisch-wissenschaftlichen Sicht auf Religion.

2. Der Kommunismus in Mittel- und Osteuropa

Mit dem Ende des Zweiten Weltkriegs konnte die Sowjetunion nicht nur ihr eigenes Territorium erheblich vergrößern und nach Westen erweitern, sie dehnte ihren Einflussbereich auch auf andere Staaten aus. Das „Mutterland des Kommunismus" brachte nach und nach Polen, die Tschechoslowakei, Ungarn, Rumänien und Bulgarien unter seine Kontrolle. Es hielt den Ostteil Deutschlands besetzt, aus dem die Deutsche Demokratische Republik (DDR) werden sollte. Jugoslawien und Albanien konnten sich nach kurzer Zeit der strengen Kontrolle Moskaus entziehen und hatten die Möglichkeit, eigene Wege – immer innerhalb des Rahmens „Kommunismus" – zu beschreiten: in Jugoslawien das in mancher Hinsicht liberalere Modell des legendären Partisanenführers Tito, in Albanien ein überaus repressives System, das sich an den Stalinismus auch dann noch anlehnte, als die übrigen Staaten davon abgerückt waren.

Die Übernahme der Macht geschah in der Regel durch Druck auf die politischen Akteure, die nach dem Ende des Krieges an der Regie-

Karte 3: Europa 1945–1989

rung waren. Die Interessensphären in Europa waren zwischen Stalin und den Westmächten bei der Konferenz von Jalta im Februar 1945, als das Kriegsende in Europa absehbar war, im Großen und Ganzen festgelegt worden. Nun wurden in den Staaten, die Stalin für das sowjetische Einflussgebiet beanspruchte, sozialistische oder kommunistische Politiker an die Macht gebracht, sei es durch manipulierte Wahlen, sei es durch den Einsatz von Gewalt; zuweilen waren sie aber auch einfach die Sieger des Krieges. Innerhalb weniger Jahre wurden jedenfalls überall Regierungen eingesetzt, die von den kommunistischen Parteien getragen waren und rasch Einparteiensysteme, Kollektivierung und die durchgehende gesellschaftliche Umgestaltung nach sowjetischem Vorbild in ihren Ländern durchsetzten. Die Militärinterventionen nach den Aufständen in der DDR 1953, in Ungarn 1956 und in der Tschechoslowakei 1968 zeigten, dass die Sowjetunion ihren Einfluss auch mit Gewalt zu sichern bereit war.

Mit diesen Entwicklungen befanden sich zum ersten Mal auch katholische und evangelische Kirchen unter kommunistischen Regimes. Bisher waren es immer nur kleinere Gruppen oder Gemeinschaften von Gläubigen dieser Kirchen gewesen; nun wurden auch traditionell römisch-katholisch (Polen, die Tschechoslowakei und Ungarn sowie Litauen) sowie evangelisch (Estland, Lettland, DDR) geprägte Länder kommunistisch regiert. Auch kamen weitere orthodoxe Länder (Bulgarien, Rumänien) in den kommunistischen Machtbereich. Eine gewisse Sonderstellung hatte Jugoslawien inne, das sowohl von Orthodoxen (Serben, Makedonen, Montenegriner) als auch von Katholiken (Kroaten, Slowenen) und von Muslimen (bosnische Muslime, Albaner) bewohnt war. Neben den Katholiken des römischen Ritus gab es noch die sogenannten „Unierten", griechisch-katholische Kirchen, die in früheren Jahrhunderten Unionen mit Rom geschlossen und sich – gegen Zusicherung der Wahrung eigener Riten und Gewohnheiten – dem Papst unterstellt hatten. Sie lebten vor allem in der westlichen Ukraine, die bis zum Krieg zu Polen gehörte, und in Rumänien. Kleinere griechisch-katholische Kirchen gab es noch in der östlichen Tschechoslowakei, in Ungarn und in Jugoslawien.

Gemeinsam war den Staaten, die nach dem Krieg unter kommunistische Herrschaft gekommen waren, dass es in den ersten Jahren nach der kommunistischen Machtübernahme überall Versuche einer gewaltsamen Unterbindung von Religion gab. Im Zentrum dieser Repressionen stand dabei zunächst fast immer – neben der orthodoxen – die katholische Kirche. Sie wurde, z. B. in Ungarn und in der Tschechoslowakei, von den neuen kommunistischen Machthabern als feudale Nachfolgerin der österreichisch-ungarischen Monarchie in Mittel- und Südosteuropa betrachtet. Zudem war die sozialistische Religionspolitik darauf ausgerichtet, ihre internationale Verbindung mit dem Vatikan und der Weltkirche zu kappen, um sie damit zu isolieren und kontrollieren zu können. Protestanten und Freikirchen hatten daher zunächst, vor allem in den Ländern, wo sie einen Minderheitsstatus innehatten, den „Vorteil" ihrer antikatholischen Ausrichtung. Dies machten sich die Kommunisten zunutze und werteten die Protestanten und Freikirchen zunächst rechtlich und gesellschaftlich auf. Das half diesen aber nur kurze Zeit. Führende Kirchenvertreter, Pfarrer und Priester sowie profilierte antikommunistische Gläubige aller drei christlichen Konfessionen wurden Opfer der grausamen stalinistischen Schauprozesse der späten 1940er- und frühen 1950er-Jahre, die oft mit drastischen Strafen endeten. Den Kirchen wurden Privilegien wie der Religionsunterricht, die staatliche Besoldung der Amtsträger und sonstige Unterstützung, Möglichkeiten zum Druck von Büchern und Zeitschriften und zur Ausbildung von Klerikern entzogen. Pastorale, theologische, religionspädagogische und diakonische Einrichtungen und Institutionen mussten geschlossen werden. Kontakte ins Ausland wurden unterbunden. Praktizierende Gläubige wurden benachteiligt und konnten vor allem in „empfindlichen" Berufen nicht mehr arbeiten; hierzu gehörte besonders der Bereich von Schule, Bildung und Jugend. Auch wenn diese Maßnahmen nicht mehr zurückgenommen wurden, nahm doch die direkte Verfolgung, also etwa willkürliche Inhaftierungen oder Schauprozesse, seit den späten 1950er-Jahren ab. Die Regimes setzten stattdessen auf „weichere" Methoden wie administrative Maßnahmen, um ihre nach wie vor antireligiöse und atheistische Religionspolitik durchzusetzen. Dazu gehörte einerseits eine auch durch den in der Sowjetunion etablierten wissenschaftlichen Atheismus gestützte ideologische Offensive, die marxistische Sichtweisen bestärken und das Christentum diskreditieren wollte. Andererseits wurden zur gleichen Zeit die von der kommunistischen Partei kontrollierten Sicherheitsdienste ausgebaut und die Kirchen und christlichen Gruppen sowie ihre diversen Aktivitäten stärker infiltriert, wobei es einen Höhepunkt in den 1970er- und 1980er-Jahren gab. Daneben gab es zahlreiche weitere und sehr unterschiedliche Maßnahmen, um das Christentum zu schwächen; von nadelstichartigen Beschränkungen bis zu massiven Beeinträchtigungen des kirchlichen Lebens oder der persönlichen Lebenswege von Christen. Lediglich in Albanien wurde jede Art von Religion verfolgt. Seit 1967 bezeichnete sich das Balkanland in seiner Verfassung als „atheistischer Staat", während alle anderen Länder in ihren Verfassungen Religionsfreiheit gestatteten, auch wenn dieses Recht zumeist nur auf dem Papier bestand.

Die Trennung von Kirche und Staat als sozialistisches Konzept

Die marxistische Ideologie unterstützte das von und seit der Französischen Revolution 1789 proklamierte Prinzip eines „säkularen Staates", das die Trennung der Kirche vom Staat sowie der Schule von der Kirche vorsah. Die rigoroseste Form dieser „Trennung" war in der UdSSR vorgenommen worden. Im Zuge der revolutionären Ereignisse in Russland Anfang 1917 wurden Gewissensfreiheit sowie die Trennung der Kirche vom Staat ausgerufen; dies weckte Erwartungen bei den Vertretern aller Konfessionen, dass sie ihr kirchliches Leben an die kirchlichen Notwendigkeiten anpassen könnten. Allerdings wurde nach der Machtübernahme durch die Bolschewiki das Dekret über die Gewissensfreiheit sowie die kirchlichen und religiösen Vereinigungen vom 2. Februar 1918 erlassen, welches seinem Wortlaut nach zwar die liberalen Prinzipien der „Gewissensfreiheit" und das Recht eines jeden einzelnen, frei „eine beliebige Religion [zu] bekennen oder gar keine"[2], proklamierte; tatsächlich aber war es das erste und mächtigste Instrument zur brutalen Unterdrückung der Religion.

Eine grundlegende Änderung des rechtlichen Status der Konfessionen in der Sowjetunion fand Mitte der 1940er-Jahre statt, als die Etablierung von Kirchenleitungen, die eingeschränkte Rechte einer juristischen Person erhielten, erlaubt wurde. Die nächste Runde der Einführung von normativen Beschränkungen der Tätigkeiten religiöser Vereinigungen fand zu Beginn der 1960er-Jahre statt, als unter dem Vorwand der „Demokratisierung" der kirchlichen Gemeinschaften und der Verringerung des Einflusses des Klerus die staatlichen Institutionen zusätzliche Einflussmöglichkeiten auf das Alltagsleben der Religionsgemeinschaften erhielten.

Eine Besonderheit der normativ-rechtlichen Vorgaben, die die Lage der Religionsgemeinschaften in der UdSSR reglementierten, bestand in ihrer Geheimhaltung und Unzugänglichkeit für die Gläubigen und die Mitglieder des Klerus; diese Dokumente unterlagen, wie alle Materialien, die einen Bezug zu Daten über Religion aufwiesen, höchster Geheimhaltung. Viele Akte unterhalb der Ebene von Gesetzen regelten das religiöse Leben bis zum Zerfall der UdSSR, doch eine Veröffentlichung dieser Bestimmungen wurde als Verletzung von Staatsgeheimnissen und Verleumdung der sowjetischen Realität gesehen (einen großen

2 R. Rössler, Die Russische Orthodoxe Kirche im Sowjetstaat (seit 1917), in: P. Hauptmann/G. Stricker (Hg.), Die orthodoxe Kirche in Rußland. Dokumente ihrer Geschichte (860–1980), Göttingen 1988, 617–917, hier 648.

Skandal verursachte die Veröffentlichung des Sammelbandes „Gesetzgebung über die religiösen Kulte“ mit der Bezeichnung „Für den Dienstgebrauch“ 1971 im Westen). Darüber hinaus wurde bis in die zweite Hälfte der 1970er-Jahre das religiöse Leben in allen Republiken der Sowjetunion mithilfe von normativen Akten reguliert, die auf der Ebene der russischen Teilrepublik beschlossen worden waren. Erst nachdem 1975 das Helsinki-Abkommen durch den sowjetischen Parteichef Leonid Breschnew unterschrieben worden war, erließen die Obersten Sowjets der Unionsrepubliken offene Gesetzesakte.

Die Rolle der unterschiedlichen Rechtstraditionen

Es ist offensichtlich, dass das sowjetische Rechtssystem (ähnlich wie früher das Rechtssystem des Russischen Reichs) den Begriff „Autonomie der Kirche“ nicht als „Separierung“, also Trennung kannte – das heißt als ein Minimum von Beziehungen zwischen beiden Institutionen. Man kann wohl der Beobachtung Otto Luchterhandts zustimmen, dass die Beziehung des sowjetischen Staates zur Russischen Orthodoxen Kirche auf der Grundlage der Herrschaft des Staates über die Kirche aufgebaut war. Er ist der Auffassung, dass das Rechtssystem des sowjetischen Staates mit dem Prinzip der Trennung der Kirche vom Staat nicht vertraut war, und dass in der Praxis in der UdSSR ein System der feindlichen Herrschaft des Staates über die Kirche herrschte. Seiner Meinung nach ähnelte dieses System dem der staatskirchlichen Beziehungen, das sich in Deutschland in der zweiten Hälfte des 19. Jahrhunderts bis zur Gründung der Weimarer Republik (Kirchenhoheit des Staates) ausgebildet hatte. In der Sowjetunion kam es jedoch durch offene Feindseligkeit des Staates gegenüber der Religion dazu, dass seine repressiv-restriktiven Funktionen gesteigert und seine schützenden gegenüber der Kirche vermindert wurden. Allerdings unterschied sich die Lage in der UdSSR von der im Deutschen Reich vor der Weimarer Republik nicht nur hinsichtlich der feindlichen Einstellung des Staates gegenüber der Religion, sondern auch in seiner grundsätzlich anderen Auffassung von Recht und Rechtsnormen, die nie zur Grundlage der Beziehungen wurden.

Im Grunde beschränkten sich alle legalen Möglichkeiten der Gläubigen, von ihrem Recht auf „Gewissensfreiheit“ Gebrauch zu machen, das in der Verfassung der UdSSR deklariert wurde, auf „Ausübung des Kultes“ an „speziell dafür ausgewiesenen Orten“. Allerdings beschnitten die massenhafte Schließung von Kirchen, die Verweigerung der Registrierung von Religionsgemeinschaften sowie die von der lokalen Verwaltung ausgeübte Diskriminierung von Gläubigen, die an Gottesdiensten teilnahmen, auch diese Möglichkeit. Parallel dazu wurde eine strenge Staatsstruktur von Kontrolle, Regulierung und Einschränkung der Tätigkeit kirchlicher Institutionen geschaffen, sodass man nicht von „Säkularismus" des Staates oder der Unabhängigkeit kirchlicher Strukturen vom Staat sprechen kann.

Die Erfahrungen anderer osteuropäischer Länder zeigten, dass sich die sozialistischen Staaten bei der Schaffung eines Systems der Staat-Kirche-Beziehungen trotz ihrer im Äußeren ideologisch feindseligen Haltung zu Religion und Kirche nicht mit besonderer Konsequenz auf die theoretischen Postulate des Marxismus-Leninismus hinsichtlich der Trennung der Kirche vom Staat stützten. In der Praxis begannen, ungeachtet der offen feindseligen Haltung gegenüber der früheren politischen Ordnung, sowohl vom Staat als auch von den Kirchen her wieder die üblichen, eingefahrenen Mechanismen der Beziehungen zwischen Kirche und Staat zu wirken.

Im Zuge der Gründung sozialistischer Systeme in den osteuropäischen Ländern war die Verkündung des Prinzips der Gewissensfreiheit üblich. In den Verfassungen der Sozialistischen Föderativen Republik Jugoslawien von 1946 und der Volksrepublik Bulgarien von 1947 wurde die Trennung der Kirche vom Staat und der Schule von der Kirche erklärt. Die Verfassung der Volksrepublik Rumänien schrieb 1948 die Gewissensfreiheit und den autonomen Charakter des inneren Lebens der Religionsgemeinschaften fest. Die Kirche behielt das Recht auf Grundbesitz und auf den Besitz von Kultgegenständen; weiterhin hatte sie das Recht auf Subventionen vom Staat, und sie hatte die Möglichkeit, sich am Bereich von Erziehung und Familie zu beteiligen. Allerdings konnte entgegen den formalen Vorgaben in allen Fällen eine direkte Einmischung der Behörden in das Leben der Kirche beobachtet werden, die Verhängung einer totalen Kontrolle über sie, zugleich aber auch die Aufrechterhaltung der Praxis der Subventionierung kirchlicher Institutionen aus dem Staatshaushalt und die Erhaltung einer Hierarchie unter den Konfessionen.

Doch im Gegensatz zur Sowjetunion wurden Kirchen, die nationale Bedeutung hatten, nicht zu Feinden des neuen politischen Systems erklärt. Beispielsweise nahmen sich die Behörden Bulgariens, Rumäniens und Jugoslawiens in der zweiten Hälfte der 1940er-Jahre vor, die Kirche in „nationale" Institutionen umzuwandeln. In allen Ländern des sozialistischen Blocks wurde die Kirche allmählich aus den Schulen verdrängt, die Zivilehe eingeführt, karitative Tätigkeiten eingeschränkt und dergleichen, obwohl in einigen Ländern „nationale" Kirchen weiterhin aus dem Staatshaushalt subventioniert wurden. In jedem Fall war eine aktive Beteiligung der kommunistisch-staatlichen Organe am inneren Leben der Kirche für alle Länder charakteristisch, und Infiltration durch inoffizielle Mitarbeiter und Informanten oder Rekrutierung von Agenten der Staatssicherheit im Umfeld der Kirche waren übliche Praxis.

Denkt man sich die Modelle der Kirche-Staat-Beziehungen in Osteuropa als Spektrum, dann wäre (abgesehen vom Sonderfall Albanien) das eine Extrem die Sowjetunion und das andere die DDR, in der auf normativ-rechtlicher Ebene die Besonderheit darin lag, dass es eine gewisse innere Autonomie der Kirchen gab; diese drückte sich im Fehlen einer staatlichen Gesetzgebung aus, die die Art der Aktivitäten und des organisatorischen Aufbaus der kirchlichen Institutionen geregelt hätte, und betraf beispielsweise auch die Bezahlung und Ausbildung der Pfarrer und Pfarrerinnen, die allein durch die Kirchen in der DDR geregelt wurden.

Die erste Verfassung der DDR von 1949 gewährte den Bürgern nicht einfach nur das abstrakte Recht auf Gewissensfreiheit, sondern bekräftigte die Normen der Weimarer Republik, die Glaubens- und Gewissensfreiheit garantierten, das Recht auf Erfüllung der religiösen Pflichten, das Recht religiöser Gemeinschaften auf Selbstverwaltung im Rahmen der allgemein geltenden Gesetze und den öffentlich-rechtlichen Status der Kirchen, wozu Privilegien bei der Besteuerung gehörten, das Recht auf Religionsunterricht in der Schule sowie die pastorale Betreuung in staatlichen Institutionen, die Garantie auf Eigentum und auf finanzielle Unterstützung durch den Staat. Die Verfassung der DDR von 1968 schrieb für jeden Bürger seine Rechte und Pflichten unabhängig von seinen weltanschaulichen oder religiösen Überzeugungen fest und bestätigte das Recht auf Gewissens- und Glaubensfreiheit. Darüber hinaus lautete Artikel 39 der Verfassung:

> „Jeder Bürger der Deutschen Demokratischen Republik hat das Recht, sich zu einem religiösen Glauben zu bekennen und religiöse Handlungen auszuüben. Die Kirchen und anderen Religionsgemeinschaften ordnen ihre Angelegenheiten und üben ihre Tätigkeit aus in Übereinstimmung mit der Verfassung und den gesetzlichen Bestimmungen der Deutschen Demokratischen Republik."[3]

Natürlich wurden die Rechte der Kirchen im Verlauf der 1950er- bis 1970er-Jahre faktisch beschnitten, doch geschah dies nicht durch institutionelle Intervention, sondern durch Druck auf die Kirchenführung,

3 H. Roggemann, Die Verfassung der DDR. Entstehung – Analysen – Vergleich – Text, Opladen 1970, 225.

und bis zum Ende der DDR behielten die Kirchen ihren Status als Körperschaften des öffentlichen Rechts. Das schlug sich in ihrer Selbstständigkeit in einigen Bereichen nieder, zunächst in den Methoden der Selbstorganisation der Gläubigen: Die Kirchen behielten das Recht, verschiedene kirchliche Institutionen zu gründen; das zeigte sich in der Erlaubnis, Unterverbände, Arbeits- und Interessengruppen oder spezifische Gemeinschaften zu gründen. Dazu gehörten nicht nur Orden, Jugendgruppen und diakonische Strukturen, sondern auch eine große Zahl an Gruppen, die sich seit den 1970er-Jahren unter dem Schutz der evangelischen Kirche versammelten. Gerade die Bereitstellung eines rechtlichen Dachs für kirchliche, kirchennahe und außerkirchliche Gruppen wurde zu einem ausgeprägten Phänomen der 1970er- und 1980er-Jahre.

Der Staat mischte sich – abgesehen von den geheimdienstlichen Infiltrationen – auch nicht in die beruflichen Beziehungen innerhalb der Kirche ein; Klerus, Katecheten, Musiker und Bedienstete der verschiedenen religiösen Institutionen waren ausdrücklich von den Arbeitsgesetzen des Staates ausgeschlossen. Der Staat kontrollierte die finanziellen Aktivitäten religiöser Institutionen weiterhin nicht; das Eigentum der Kirchen war nicht beschränkt, der gesamte Immobilienbesitz blieb erhalten, den Kirchen blieb das Recht auf eigene Friedhöfe. Die Kirche hatte zudem das Recht, ihren Gläubigen und ihren künftigen Klerikern Ausbildung in der von ihr bevorzugten Form zu ermöglichen (dies beinhaltete das Recht auf Bibelunterricht in den Gemeinden; zudem gab es einige Seminare und Hochschulen; darüber hinaus blieben sechs theologische Fakultäten an den ältesten Universitäten erhalten). Des Weiteren konnten diakonische und karitative Einrichtungen weiterbestehen – so gab es etwa in der DDR durchaus auch kirchliche Kindergärten und Einrichtungen für Menschen mit Behinderungen, und ebenso existierten kirchliche Verlage und kirchliche Rundfunkverkündigung, allerdings unter den Bedingungen der Zensur.

Schwieriger war es jedoch beim Recht der Gläubigen auf die Verwirklichung ihrer religiösen Überzeugungen. Hier brachte erst das durch den Heiligen Stuhl eingebrachte Prinzip VII und verschiedene Einzelbestimmungen des dritten Teiles der Schlussakte von Helsinki von 1975 eine langsame Veränderung; diese Dokumente sprachen sich nachdrücklich für die Achtung der Menschenrechte und Grundfreiheiten und in besonderer Weise für die Religionsfreiheit aus, und sie waren von der Sowjetunion und ihren sozialistischen Bruderstaaten mit unterzeichnet worden.

Das mit dem Helsinki-Abkommen international zum Ausdruck gebrachte Recht auf Religionsfreiheit betraf nun in der Folgezeit unterschiedliche Bereiche, in denen sich die kirchliche Führung und die christliche Basis in den 1970er- und 1980er-Jahren bemühten, die Rechte der Gläubigen gegenüber dem Staat zu behaupten. Das war vor allem zunächst die Abschaffung der Wehrpflicht. Die Kirche hatte die Möglichkeit erlangt, dass junge Männer einen Dienst ohne Waffen („Bausoldaten") leisten konnten, und kämpfte für die Einführung eines Zivildienstes und gegen den verpflichtenden Wehrkundeunterricht in der Schule. Die Erhaltung der wichtigsten christlichen Feiertage als offizielle Feiertage, der Zutritt von Geistlichen zu Patienten und Häftlingen (1977/78 wurde das erlaubt) und das Recht der Eltern, ihre Kinder religiös zu erziehen, das vom Staat offiziell anerkannt war, gehörten ebenfalls zu den problematischeren Bereichen. Die Kirche kämpfte vergeblich um die Abschaffung der obligatorischen kommunistischen atheistischen Erziehung in der Schule; an deren Stelle wurde von den Kirchen die Einführung eines Faches für religiös-weltanschauliche Toleranz vorgeschlagen.

Eine normativ-rechtlich fixierte Grundlage für viele Handlungsfelder der Kirche bedeutete in der Praxis jedoch nicht Freiheit im religiösen Bereich; darüber hinaus vollzog sich der Säkularisierungsprozess der ehemals mehrheitlich evangelischen Bevölkerung der DDR in einem enormen Tempo. Die Erforschung der Dokumente der staatlichen Archive der ehemaligen DDR hat gezeigt, dass es je nach Region unterschiedliche Grade von Infiltration durch inoffizielle Mitarbeiter und staatliche Agenten in den Kirchen gab und dass sämtliche Aktivitäten der Kirchenleitung, aber auch alternativer kirchlicher Gruppen und christlicher Einzelpersönlichkeiten sorgfältig überwacht wurden. Trotzdem gab es immer wieder persönliche und nicht staatlich kontrollierte Handlungsspielräume.

Bei der wissenschaftlichen Untersuchung der Art staatlicher Intervention – zum Beispiel die Infiltration von kirchlichen Mitarbeitern und die Gewinnung externer Agenten, die dann in die Kirche und verschiedene kirchliche Kreise „eingeschleust" wurden, die Schaffung eines Systems zur Überwachung der kirchlichen Strukturen durch die staatlichen Sicherheitsorgane, die Förderung der Verstärkung von Konflikten im religiösen Bereich, der Versuch, ein theologisches System zu schaffen, das mit dem Sozialismus kompatibel wäre – lässt sich feststellen, dass diese Verhaltensweisen nichtsdestotrotz keine systematische rechtliche Grundlage hatten, sondern Produkte eines konkreten historischen Staatssystems waren. Obwohl es eine theoretische Parteiregelung darüber gab, unter Religionsfreiheit ausschließlich das Recht auf „Ausübung des Kultes" (und damit die Verdrängung des Religiösen in den privaten Bereich) zu verstehen, waren Beamte jedoch zum Ende der DDR hin tatsächlich immer mehr dazu geneigt, die kirchlich-protestantische Vorstellung hinsichtlich der Rechte und Grenzen kirchlicher Aktivitäten zu akzeptieren. Zugleich pflegte die Verwaltung in anderen osteuropäischen Ländern ebenfalls die mehr oder weniger traditionellen Muster in den Beziehungen zwischen Kirche und Staat. Im Grunde war die Religionspolitik in diesen Satellitenstaaten Osteuropas oft sogar ein wichtiges Konfliktfeld mit der UdSSR.

Die Besonderheiten der Staat-Kirche-Beziehungen in der UdSSR hatten weniger mit den Besonderheiten und Prinzipien des Aufbaus eines sozialistischen Staates zu tun, in dessen theoretischen Grundlagen die Trennung der Kirche vom Staat und die Religion als Privatangelegenheit deklariert wurden, sondern vielmehr mit der russischen Rechtstradition, in der die Mechanismen für die Beteiligung des Staates am kirchlichen Leben bereits inhärent waren. Der Mangel an Tradition, Erfahrung und Konzepten des autonomen Bestehens zweier unterschiedlicher Systeme – Kirche und Staat – führte sowohl in der weltlichen Rechtsprechung als auch im Kirchenrecht in der Praxis dazu, dass der Sowjetstaat die bereits im Russischen Reich eingefahrenen Mechanismen der Staat-Kirche-Beziehungen verwandte. Die Rechtstradition, die sich in der vorsowjetischen Periode herausgebildet hatte, wurde nun zum Zwecke der Ausübung von Kontrolle und Leitung, aber auch für repressive Maßnahmen gegenüber den kirchlichen Strukturen, dem Klerus und den Gläubigen transformiert.

Die orthodoxe Kirche in Ost- und Mitteleuropa nach 1945

In der UdSSR wich die massive Kirchenverfolgung der Vorkriegszeit dem Versuch der Machthaber, die Kirche eng zu kontrollieren, ihr innerhalb dieses engen Rahmens aber eine gewisse Existenz- und Wirkungsmöglichkeit zu belassen. Nach den Treffen Stalins mit Kirchenführern während des Krieges und dem Zugeständnis an die Kirche, wieder einen Patriarchen wählen zu können, war die russische Orthodoxie in ihrem Handeln und in ihren Aussagen von den staatlichen Behörden abhängig. 1948 fand in Moskau eine Konferenz von Vertretern orthodoxer Kirchen, mehrheitlich solcher aus Osteuropa, statt, bei der vor allem die ökumenische Bewegung, die sich kurz darauf in Amsterdam zum Ökumenischen Rat der Kirchen (Weltkirchenrat) zusammenschließen sollte, und die römische Kirche verurteilt wurden. Im beginnenden Kalten Krieg wurden der Kapitalismus und der Imperialismus mit starken Worten gegeißelt. Nur einige Jahre später, 1961, trat die Russische Orthodoxe Kirche gemeinsam mit den meisten anderen orthodoxen Kirchen im Ostblock jedoch dem Weltkirchenrat bei: Es schien den staatlichen Behörden jetzt opportun, dass Vertreter aus der UdSSR und den sozialistischen Bruderländern in diesem Gremium vertreten waren, daher genehmigten und unterstützten sie den Beitritt. Die russische Orthodoxie war zu einer gesellschaftlich unbedeutenden und dem Staat völlig ausgelieferten Institution geworden. Keine kirchliche Aktivität war ohne ausdrückliche Genehmigung des Staates erlaubt. Auch die Aufnahme in ein Priesterseminar war nur mit staatlicher Erlaubnis möglich, die wenigen Publikationen wurden streng zensiert, Religionsunterricht war verboten (auch in kirchlichen Gebäuden!), ebenso jede Art von karitativer Tätigkeit. Die Zahl der Gemeinden sank durch administrative Maßnahmen, d.h. vor allem durch angeordnete Schließungen von Kirchen wegen angeblich mangelnden Interesses der Gläubigen, kontinuierlich. Zahlreiche Klöster wurden geschlossen; die russische Orthodoxie hatte am Ende der Sowjetzeit weniger als zehn Klöster. Die politischen Dissidenten in der UdSSR hatten kaum Berührungspunkte mit der Kirche; in den seltenen Fällen, in denen Priester sich offen gegen den Staat auflehnten, ging die Kirchenleitung auf Distanz zu ihnen. Im Ausland behaupteten die Kirchenvertreter jedoch, es herrsche Religionsfreiheit, und sie hatten dort die Außenpolitik der UdSSR zu verteidigen.

In Rumänien war die Rolle der orthodoxen Kirche stark mit der rumänischen nationalen Identität verbunden. Die meisten Katholiken des römischen Ritus waren ethnische Ungarn in Siebenbürgen, die Protestanten waren zumeist deutsche Lutheraner (Siebenbürger Sachsen) oder Mitglieder der Reformierten Kirche Rumäniens bzw., in wesentlich kleinerer Anzahl, der Evangelisch-Lutherischen Kirche Rumäniens, beide ungarischen Ursprungs. Daneben gab es einige kleinere protestantische Gemeinschaften, vor allem Baptisten. Die griechisch-katholische Kirche, die ebenso wie die Orthodoxie aus ethnischen Rumänen bestand, wurde der orthodoxen Kirche zwangsweise eingegliedert. Der orthodoxe Patriarch Nicodim (Munteanu, *1864) starb 1948; zu seinem Nachfolger wurde der Priester Ioan Marina (1901–1977) bestimmt, der den Namen Justinian annahm. Er hatte während des Krieges den späteren Staats- und Parteichef Gheorghe Gheorghiu-Dej (1901–1965) versteckt; dieser zeigte sich nun erkenntlich. Die Kirche wurde zu einer der wichtigsten propagandistischen Stützen des Staates. Unter dem letzten Parteichef Ceauşescu (1918–1989) war sie den staatlichen Organen völlig untergeordnet; sie wurde als nationale Institution und als Relikt geduldet, durfte aber gegen die antikirchlichen Maßnahmen nicht protestieren, sondern hatte sogar den Staat noch zu verteidigen. Auch die wahnwitzigen Pläne zur Auflösung der Dörfer und Gründung von Agrarstädten, die das kirchliche Leben zum Erliegen gebracht hätten, wurden von der Kirche selber nicht kritisiert. Doch die Religiosität blieb in Rumänien erstaunlich hoch, wie sich nach dem Ende des Kommunismus zeigen sollte. Bemerkenswert sind auch das Engagement der rumänischen Orthodoxie in der ökumenischen Bewegung und die Bedeutung rumänischer Theologen für die orthodoxe Theologie insgesamt. Zu den profilierten Theologen der kommunistischen Zeit gehörte Dumitru Stăniloae (1903–1993), der selber mehrere Jahre inhaftiert war.

Auch in Bulgarien war die Orthodoxie eng mit der bulgarischen Nationsbildung des 19. Jahrhunderts verbunden. Seit der Loslösung aus dem Osmanischen Reich war die Bulgarische Orthodoxe Kirche, der ca. 85% der Bevölkerung angehörten, ein wichtiger Pfeiler des neuen, unabhängigen bulgarischen Staates und besaß eine wichtige gesellschaftspolitische Rolle, die beispielsweise in der zeichenhaften Rettung von 1.500 bulgarischen Juden 1943 unter der Leitung des Metropoliten und späteren Patriarchen Kiril (Konstantinov, 1901–1971) zum Ausdruck kam. Orthodoxe Bulgaren waren ein wichtiger Partner in der entstehenden ökumenischen Bewegung zu Beginn des 20. Jahrhunderts. Viele Priester und Geistliche studierten an den theologischen Fakultäten der Universitäten Westeuropas. Einer der profiliertesten bulgarischen orthodoxen Theologen seit den 1920er-Jahren war Stefan Zankow (1881–1965). Er war nicht nur Mitglied der ökumenischen Bewegung „Glaube und Kirchenverfassung", die sich für die Lehreinheit aller christlichen Konfessionen einsetzte, sondern in den 1940er-Jahren auch ein gern gehörter Gast an den Theologischen Fakultäten in Zürich, Bern und Basel. Für ihn und alle anderen international orientierten Geistlichen und Mitglieder der bulgarischen Kirche bedeutete freilich die Machtübernahme der Kommunisten im September 1944 einen Schock und brachte das Ende fast aller dieser ökumenischen Beziehungen. Wie in den anderen sozialistischen Ländern setzten die neuen kommunistischen Machthaber auch in Bulgarien die rigorose Trennung von Kirche und Staat durch. In der Phase der harten stalinistischen Verfolgung wurden Priester, Mönche und viele Gemeindemitglieder verfolgt, drangsaliert, inhaftiert, in Arbeitslager gesteckt und ermordet. Ein besonders grausames Signal setzte der Mord an dem profilierten antikommunistischen Metropoliten von Newrokop, Boris (Razumow, *1888), der 1948 nach dem Ende des Gottesdienstes erschossen wurde. Parallel wurden Klöster verstaatlicht und theologische Ausbildungsstätten geschlossen. Die theologische Fakultät in Sofia wurde aus der Universität herausgelöst und existierte nur noch als eine unter dem Heiligen Synod stehende Geistliche Akademie. Besonders hohe Symbolkraft besaß die zu Beginn der 1960er-Jahre erfolgte Verstaatlichung des Klosters Rila, das in besonderer Weise die nationale Identität des unabhängigen orthodoxen Bulgariens verkörpert hatte. Die orthodoxe Kirche wurde weiter marginalisiert und systematisch aus dem öffentlichen Raum verbannt. Kommunistische Ersatzrituale wurden eingeführt, persönliche Glaubensüberzeugungen und -bezeugungen führten zu negativen staatlichen Konsequenzen. Zwar traf es im Ganzen die orthodoxe Kirche weniger als die katholischen und protestantischen Christen im Land, die aber nur eine sehr kleine Minderheit – neben den ca. 12% Muslimen – ausmachten.

Kirchenpolitisch geriet die bulgarische Orthodoxie immer stärker in Abhängigkeit von der Russischen Orthodoxen Kirche. Zudem nahm in den 1950er-Jahren die Kontrolle und Infiltration durch die kommunistische Staatssicherheit gezielt zu, was sich auch in den ökumenischen Beziehungen auswirkte. Der 1971 gewählte und bis 2012 amtierende Patriarch Maxim (1914–2012) konnte diesem Kurs nur wenig entgegensetzen.

Schließlich gab es in Jugoslawien noch Orthodoxe in größerer Zahl. Auch hier war die nationale Frage von großer Bedeutung. Die Serben, die traditionell orthodox waren, bildeten die größte Bevölkerungsgruppe mit etwa 40% der Einwohner. Im Zweiten Weltkrieg waren vor allem in Kroatien und in Bosnien und Herzegowina viele Serben durch das Regime des „Unabhängigen Staates Kroatien“ ermordet worden. Entsprechend der Doktrin von „Brüderlichkeit und Einheit“, die den sozialistischen Staat bestimmen sollte, durften diese Ereignisse jedoch nicht thematisiert werden. In der serbischen Orthodoxie herrschte daher immer ein implizites Gefühl der Benachteiligung vor. Das wurde dadurch noch verstärkt, dass der Staat aus politischen Gründen die Abspaltung einer nicht kanonischen „Makedonischen Orthodoxen Kirche“ unterstützte; Makedonien wurde ebenso wie Montenegro und große Teile Bosniens und der Herzegowina von den Serben als „eigentlich“ serbische Gebiete betrachtet. Die jugoslawische Kirchenpolitik war zunächst durch blutige Verfolgung gekennzeichnet, die sich aber abmilderte, als der Staat sich aus der Kontrolle Moskaus löste und sich vorsichtig dem Westen zuwandte. Doch gingen die Behörden besonders gegen alle Phänomene äußerst streng vor, die sie als „nationalistisch“ betrachteten. Aufgrund der engen Verbindung zwischen Nation und Religion im früheren Jugoslawien betraf das die Kirchen in besonderem Maße.

Daneben gab es noch einige kleinere orthodoxe Kirchen in Mittel-

und Osteuropa, die nicht die Mehrheitskonfession ihres Landes bildeten und daher zunächst auch nicht den ersten, frontalen Angriffen der stalinistischen Kirchenverfolgung ausgesetzt waren. Dazu gehörte etwa die Tschechoslowakische Orthodoxe Kirche, die vor allem aus nun im Gebiet der Tschechoslowakei lebenden Slowaken und Ukrainern bestand, und die seit 1921 dem Serbischen Patriarchat von Belgrad unterstellt war. Sie wurde 1946 dem Moskauer Patriarchat zugeschlagen, welches ihr 1951 die Autokephalie gewährte. Dieser Kirche gehörten seit 1945 ungefähr 40.000 Mitglieder an; allerdings war sie wegen ihrer einerseits konservativen, andererseits pro-russischen Orientierung insbesondere in der Zeit des Prager Frühlings gesellschaftlich stark isoliert. Mit den Auswirkungen der Grenzveränderungen und Zwangsumsiedlungen während und nach dem Zweiten Weltkrieg hatte auch die Polnische Orthodoxe Kirche, die zweitgrößte christliche Konfession im Land, zu kämpfen gehabt. Sie zählte vor allem orthodoxe Polen, Ukrainer, Weißrussen und Russen zu ihren Mitgliedern. Mit der kommunistischen Machtübernahme 1948 wurde ihr Metropolit Dionizy von Warschau (Waledyński, 1876–1960) verhaftet und abgesetzt. Ihr Klerus und die Gemeinden der Polnischen Orthodoxen Kirche standen unter starker staatlicher Kontrolle; 1953 mussten alle Priester eine staatliche Loyalitätsbekundung abgeben.

Die römisch-katholische Kirche

Für das Verhältnis der katholischen Kirche zu den kommunistischen Staaten war es von großer Wichtigkeit, dass diese Kirche sich als „Weltkirche“ verstand und versteht: eine große, weltweite Organisation, die streng organisiert ist und deren Führung sich in Rom, also außerhalb des kommunistischen Machtbereichs befand. Damit betraf jede Maßnahme mit Bezug auf die katholische Kirche nicht nur die Gläubigen und Bischöfe vor Ort, sondern die katholische Kirche in der ganzen Welt und konnte enorme Folgen haben: Konnte man einen Protest des Papstes noch ignorieren, so war das nicht so einfach, wenn etwa die amerikanischen Präsidenten, die zunehmend auf katholische Wähler Rücksicht nehmen mussten, antikatholische Maßnahmen anprangerten.

Die kommunistischen Staaten wandten auch in Bezug auf die katholische Kirche ganz unterschiedliche Verfahren an. Hierbei war Polen ein besonderer Fall, der separat behandelt werden soll. In der Tschechoslowakei war die Situation in beiden Landesteilen unterschiedlich: Die Slowakei war traditionell katholisch, während es im tschechischen Landesteil neben der katholischen Kirche auch verschiedene protestantische Kirchen und eine althergebrachte Reserve gegenüber der katholischen Kirche gab. Im Februar 1948 rissen die Kommunisten die Macht an sich. Sogleich begannen intensive Maßnahmen gegen die Kirche. Erzbischof Josef Beran von Prag (1888–1969) wurde 1949 verhaftet und blieb bis 1963 interniert, viele andere Bischöfe wurden ihres Amtes enthoben. Der Versuch des Regimes, die Kirche als katholische Nationalkirche von Rom unabhängig zu machen, scheiterte. Hingegen gelang es den Behörden, zahlreiche wichtige Posten in der Kirche mit sogenannten „Friedenspriestern" zu besetzen; Mitglieder dieser Vereinigung, und nach 1969 der Priestervereinigung „Pacem in Terris", waren Priester, die davon überzeugt waren, dass die katholische Kirche mit dem Staat zusammenarbeiten solle. Ein beträchtlicher Teil des Klerus gehörte trotz des Widerstands der Bischöfe diesen staatsnahen Verbänden an. Erst nach einem römischen Verbot 1982 traten viele Priester aus „Pacem in Terris" aus; der danach immer noch dort verbliebene Rest wird auf 10 bis 20% der katholischen Kleriker geschätzt.

Wegen der lange währenden Weigerung Roms, dem Staat genehme Priester zu Bischöfen zu ernennen, und des Beharrens der Regierung auf Kontrolle der kirchlichen Personalentscheidungen blieben viele Bischofssitze lange Jahre unbesetzt. 1973 wurde erstmals ein „Pacem in Terris"-Priester vom Papst zum Administrator einer Diözese ernannt. Doch insgesamt blieb die Situation äußerst unbefriedigend. Ein Mittel der Kirche war es, heimlich Bischöfe zu weihen. Manche von ihnen wurden enttarnt, andere konnten erst nach langen Jahren oder sogar erst nach der Wende ihr Amt antreten. Auch viele Priester wurden heimlich geweiht. Es bildete sich eine Untergrundkirche, die die kanonischen Vorschriften der katholischen Kirche aufgrund der besonderen Verfolgungssituation nicht mehr beachtete. Verheiratete Männer wurden zu Priestern geweiht, in einigen Fällen auch Frauen. Während die verheirateten Männer nach der Wende den Ritus wechseln und zur griechisch-katholischen Kirche überwechseln mussten, erklärte Rom die Weihen der Frauen für ungültig.

Insgesamt war die Kirchenpolitik der Tschechoslowakei also äußerst rigide. Die katholische Kirche war bei weitem nicht so stark wie in Polen in der Bevölkerung verankert. Der große Reichtum der Kirche (vor allem an Landbesitz) hatte mit dazu beigetragen, dass sie als Instrument der Herrschenden, zur Habsburger Zeit also der Österreicher und (in der Slowakei) der Ungarn, empfunden wurde. Die Verfolgung ließ im Vorfeld und in der Zeit des Prager Frühlings 1968 nach, und im kirchlichen Leben wurden einige Dinge möglich, die vorher verboten waren. Hierzu ist insbesondere die Wiederzulassung der griechisch-katholischen Kirche in der Slowakei zu rechnen. Doch nach der Beendigung dieser liberaleren Phase blieb das Verhältnis zwischen Staat und Kirche schlecht.

In Ungarn war die Regierungspolitik zunächst ähnlich wie in den anderen Staaten: Beschlagnahme kirchlichen Eigentums, Verhaftung vieler Geistlicher, darunter einiger Bischöfe, Zensur, Maßnahmen zur Beschränkung oder Beendigung der Aktivitäten von Ordensgemeinschaften, Einstellung karitativer Tätigkeiten der Kirche. Nach der Niederschlagung des Aufstands von 1956, der ihm nach siebenjähriger Haft die Freiheit gebracht hatte, flüchtete sich der Primas von Ungarn, József Kardinal Mindszenty (1892–1975), in die US-amerikanische Botschaft. Doch wurde er zunehmend zu einer Belastung für die vatikanischen Versuche, sich der Staatsführung anzunähern. 1971 wurde vereinbart, dass er ins Exil ausreisen konnte. Dort wurde er, zumal er die Zustände in seinem Heimatland offen kritisierte, vom Papst abgesetzt. Die Jahre seit dem Aufstand waren also von dieser irregulären Situation – der Primas faktisch interniert in der Botschaft – geprägt. Den staatlichen Behörden gelang es, viele einflussreiche Positionen in der Kirche, sogar im Episkopat, mit kooperationsbereiten Priestern zu besetzen. Die katholische Kirche konnte zwar in engen Grenzen existieren und – im Gegensatz zur Tschechoslowakei – ihre Bistümer besetzen, aber der Preis dafür war eine enge Anlehnung an den Staat, dessen Politik die Kirchenvertreter immer priesen, während sie jede Einschränkung der Religionsfreiheit im Lande leugneten.

Schließlich sei noch Jugoslawien genannt. Hier waren wie in keinem anderen Vielvölkerstaat religiöse und nationale Zugehörigkeit miteinander verbunden und die zwischennationalen Beziehungen durch den Zweiten Weltkrieg belastet. Die katholische Kirche, zu der neben den Slowenen vor allem die Kroaten gehörten, hatte den Unabhängigen Staat Kroatien als Lösung der kroatischen „nationalen Frage“ unterstützt und sah sich jetzt den kommunistischen Partisanen als den neuen Machthabern gegenüber, die nicht nur antikirchlich, sondern auch projugoslawisch waren. Die als nationalistisch angesehene katholische Kirche unter den Kroaten war daher im doppelten Sinne Ziel der Angriffe. Während sich die Katholiken slowenischer Nationalität, die zunächst ebensolchen Angriffen ausgesetzt waren, mit den Jahren mehr oder weniger mit dem Staat arrangierten, blieb die kroatische Kirche fast geschlossen in Opposition zu Staat und Regime; man sah Jugoslawien nicht als den eigenen Staat an und fühlte sich – ähnlich wie die orthodoxen Serben – benachteiligt. Der Schauprozess gegen den Zagreber Erzbischof Alojzije Stepinac (1898–1960) im Jahre 1946 brachte die gegenseitigen Beziehungen zwischen Staat und Kirche auf den Tiefpunkt. Als der inhaftierte Stepinac 1953 zum Kardinal erhoben wurde, brach Jugoslawien die diplomatischen Beziehungen zum Heiligen Stuhl ab. Erst in den 1960er-Jahren liberalisierte sich die Religionspolitik ein wenig; 1971 besuchte Staatschef Josip Broz Tito (1892–1980) anlässlich einer Italienreise Papst Paul VI. (1897–1978).

Im Vergleich zu den übrigen sozialistischen Staaten hatte die katholische Kirche in Jugoslawien seit den 1960er-Jahren viel mehr Möglichkeiten: Sie konnte relativ einfach Kontakte zur Weltkirche unterhalten und der Staat intervenierte nicht bei Bischofsernennungen. Fast alle jugoslawischen Staatsbürger hatten einen Pass und konnten zumeist ungehindert ins Ausland verreisen; so konnten Theologen zum Studium nach Rom, Deutschland oder Österreich entsandt werden. Es gab einen eigenen theologischen Verlag, der viele Werke westlicher Autoren in kroatischer Übersetzung publizierte, und die Seelsorge an im Ausland lebenden Katholiken (vor allem kroatischen „Gastarbeitern" und Emigranten) war durch die Entsendung von Priestern möglich. In den letzten Jahren des jugoslawischen Staates, in dem enorme Wirtschaftsprobleme die Gesellschaft prägten, war die Auseinandersetzung nicht so sehr eine ideologische, also der christlichen gegen die kommunistische Weltanschauung, sondern eher eine nationale: von Kroaten gegen Serben bzw. „Jugoslawen".

Die katholische Kirche öffnete sich nach dem Zweiten Vatikanischen Konzil vorsichtig gegenüber den kommunistischen Staaten, auch um Erleichterungen für die dort lebenden Katholiken zu bewirken. Seit 1967 war im Vatikan Kurienerzbischof Agostino Casaroli (1914–1998), später Staatssekretär („Regierungschef") des Heiligen Stuhles und Kardinal, auch für die Beziehungen zu den osteuropäischen Staaten zuständig. Casaroli galt als Architekt der „vatikanischen Ostpolitik", deren krönender Abschluss in der Schlussakte von Helsinki 1975 und in der Aufnahme des Menschenrechtsprinzips im Prinzip VII der Schlussakte gesehen werden kann.

Dieser Ostpolitik war von beiden Seiten eine konfrontative Haltung vorausgegangen. Die Verfolgungen der katholischen Kirche gleich nach dem Krieg, die Verbote und erzwungenen Auflösungen der griechisch-katholischen Kirchen sowie die Aufkündigung der Konkordate hatten dazu geführt, dass die Verbindungen zwischen der Leitung der katholischen Kirche und den kommunistischen Staaten praktisch unterbrochen waren; die Katholiken waren dort auf sich gestellt. Die ablehnende Haltung des Papstes und der Kirche zur kommunistischen Ideologie war bekannt, sodass sich die Ortskirchen unter der Herrschaft des schlimmsten ideologischen Gegners befanden, die Regierungen zudem in der katholischen Kirche vor Ort Vertreter des alten Systems und eines festen Antikommunismus sahen. In manchen Fällen (Kroatien, Slowakei) waren Katholiken während des Krieges Unterstützer der faschistischen Regime gewesen; z. T. waren dieselben Personen noch in wichtigen kirchlichen Positionen. In der Folge wurden in manchen Ländern Schauprozesse durchgeführt und leitende Bischöfe zu Gefängnisstrafen verurteilt (etwa Erzbischof Stepinac von Zagreb / Jugoslawien zu 16 Jahren Haft mit Zwangsarbeit, Kardinal Mindszenty von Esztergom / Ungarn zu lebenslanger Haft), darüber hinaus mussten viele weitere Bischöfe, Priester und Laien Gefängnisstrafen erdulden.

Es liegt nahe, dass der Neuansatz der römischen Politik gegenüber den kommunistischen Staaten von den Vertretern der Kirche vor Ort nicht immer positiv gesehen wurde. Viele Bischöfe kritisierten die „Ostpolitik" Casarolis. Kardinal Mindszenty griff in seinen im Exil publizierten „Erinnerungen" die römische Linie scharf an und wurde schließlich wie erwähnt seines Amtes (das er im Wiener Exil nicht mehr ausüben konnte, aber formal noch innehatte) enthoben.

Ein besonderer Fall war die DDR, obwohl die Katholiken hier eine kleine Minderheit darstellten. Kirchliche Fragen waren hier in vielerlei Hinsicht mit politischen verflochten: Der größte Teil des Gebiets der DDR gehörte in jurisdiktioneller Hinsicht eigentlich zu Bistümern in der Bundesrepublik; deren östliche Teile wurden in der Regel von dort residierenden Apostolischen Administratoren verwaltet. Das brachte erhebliche pastorale Probleme mit sich; eine Aufwertung dieser Administraturen (oder „Ämter") hätte aber eine politische Anerkennung der DDR durch den Heiligen Stuhl impliziert. Das wiederum versuchten die – bis 1969 von der CDU geführte – bundesdeutsche Regierung und die Bischofskonferenz der Bundesrepublik zu verhindern; zur Zeit der sozialliberalen Regierung in Bonn wurde von den westdeutschen Bischöfen befürchtet, dass jedes Entgegenkommen des Vatikans als Anerkennung der sozialliberalen Ostpolitik gedeutet werden würde. Tatsächlich blieben die Diözesangrenzen unverändert; erst nach der deutschen Wiedervereinigung wurden die kirchlichen Verhältnisse verändert. Diejenigen Diözesen aber, die sich nach dem Zweiten Weltkrieg auf polnischem Gebiet befanden, wurden durch Papst Paul VI. 1972, nach der Ratifizierung des deutsch-polnischen Vertrages, durch den die polnische Westgrenze faktisch anerkannt wurde, neu geordnet und in die Struktur der katholischen Kirche in Polen eingegliedert.

Auch der Berliner Bischof Alfred Kardinal Bengsch (1921–1979) war bemüht, die katholische Kirche von allen politischen Strukturen der

DDR fernzuhalten. Im Zusammenhang mit den Arbeitstreffen im Rahmen der „Konferenz für Sicherheit und Zusammenarbeit in Europa", die 1975 in Helsinki stattfinden sollte, kam es jedoch zu einer langsamen Annäherung, deren Höhepunkt der Besuch Casarolis 1975 in der DDR war. Im darauffolgenden Jahr wurde die „Berliner Ordinarienkonferenz", in der die katholischen Bischöfe in der DDR vertreten waren, zur „Berliner Bischofskonferenz" erhoben – aus einer regionalen Untergliederung der (West-)Deutschen Bischofskonferenz war eine eigenständige territoriale Bischofskonferenz geworden, die allerdings ausdrücklich nicht als nationale Bischofskonferenz der DDR verstanden wurde.

Sonderfall Polen

Einen Sonderfall stellte ohne Zweifel Polen dar. Nach der traumatischen Erfahrung, in der Folge der Teilungen Polens mehr als 100 Jahre in fremden Staaten leben zu müssen, endete der Erste Weltkrieg mit der Wiederherstellung des polnischen Staates. Der enge Bezug der Polen zur katholischen Kirche hatte in der Zeit unter den orthodoxen Russen und den protestantischen Preußen eine zentrale Rolle zur Erhaltung der nationalen Identität gespielt; katholisch zu sein bedeutete, das Polnisch-Sein zu unterstreichen, und war zugleich Ausdruck des Glaubens an die besondere Fürsorge Gottes für Polen, der Staat und Nation trotz aller Schwierigkeiten nicht hatte untergehen lassen. Nach dem Zweiten Weltkrieg verschoben sich die Grenzen Polens nach Westen, und das Land kam unter die Herrschaft des Kommunismus. Damit war erstmals ein stark katholisch geprägter Staat kommunistisch. Doch sollte sich aufgrund der Verhältnisse die staatliche Kirchenpolitik anders gestalten müssen, und vor allem blieb sie praktisch ohne Wirkung: Bis zum Ende der kommunistischen Zeit blieb die katholische Kirche der bestimmende gesellschaftliche und auch politische Faktor in Polen.

Mit dem Kriegsende konnte der Primas von Polen, August Kardinal Hlond (1881–1948), wieder in sein Heimatland zurückkehren, nachdem er die Kriegszeit in Rom, Frankreich sowie interniert in Deutschland verbringen musste. Bis zu seinem Tod 1948 leitete er die katholische Kirche im Lande und trug vor allem dazu bei, dass die katholischen Bischöfe in den ehemals deutschen und nun polnischen Gebieten das Land verließen; in Überschreitung seiner Vollmachten setzte er polnische Administratoren für diese Bistümer ein und unterstützte so die Polonisierung Schlesiens, Danzigs und der anderen neuen Gebiete, die maßgeblich dadurch bewirkt wurde, dass vertriebene Polen aus den frü-

20 Kardinal Stefan Wyszyński

heren östlichen polnischen Gebieten, die jetzt zur Sowjetunion gehörten, hier angesiedelt wurden.

Sein Nachfolger wurde Stefan Wyszyński (*1901), bis zu seinem Tod 1981 die prägende Figur der katholischen Kirche in Polen. Er wurde mit der Verschärfung der staatlichen Kirchenpolitik konfrontiert, die schon zu Kardinal Hlonds Zeiten begonnen hatte: Der Staat kündigte das Konkordat und löste kirchliche Verbände auf, er verstaatlichte kirchlichen Besitz und führte die Zensur für Druckerzeugnisse ein. Die Bischöfe protestierten mehrfach öffentlich gegen solche Maßnahmen. 1950 schlossen Staat und Kirche eine Übereinkunft, wonach die Kirche grundsätzlich die kommunistische Regierung akzeptierte und dafür gewisse Garantien – katholische Schulen und eine katholische Universität, Seelsorge in staatlichen Bereichen, sogar in der Armee, Weiterbestehen der Ordensgemeinschaften – erhielt. Nach einer weiteren antikirchlichen Kampagne wurde der Primas 1953 verhaftet; er kam erst 1956 im Rahmen der Änderung des politischen Kurses unter dem neuen Parteichef Gomułka (1905–1982) frei. In einem neuen Abkommen zwischen Staat und Kirche 1956 verzichtete ersterer darauf, bei Bischofsernennungen Einfluss auszuüben.

Mit der Tausendjahrfeier der Christianisierung Polens 1966 demonstrierte die Kirche eindrücklich ihre gesellschaftliche Macht, auch wenn sie politisch völlig marginalisiert war. Das änderte sich allerdings durch zwei Ereignisse: 1978 wurde nach dem unerwarteten Tod von Papst Johannes Paul I. (1912–1978) ein polnischer Kardinal, Karol Wojtyła (1920–2005), zu dessen Nachfolger gewählt. Als Johannes Paul II. sollte er die katholische Kirche über 26 Jahre lang leiten. Und im Jahre 1980 wurde in Danzig eine unabhängige Gewerkschaft mit dem Namen Solidarność („Solidarität") gegründet, die sich stark auf die katholische Kirche berief und von ihr auch unterstützt wurde. Die Gründung war ein Affront gegen den Staat, der ja beanspruchte, die Interessen der Arbeiterschaft zu vertreten. In Danzig und anderen Städten Polens kam es zu Streiks, die nach der Theorie im Sozialismus ausgeschlossen sein sollten.

Die Gewerkschaft wurde zu einem der wichtigsten Akteure in der weiteren politischen Entwicklung Polens. Gestützt durch die Kirche und auch durch den Papst persönlich, der den Gewerkschaftsvorsitzenden Lech Wałęsa (*1943) empfing und sich auf seinen Reisen nach Polen für die Bewegung einsetzte, erreichte sie trotz aller staatlichen Gegenmaßnahmen, die bis zur Einführung des Kriegsrechts und der Internierung der Gewerkschaftsführer gingen, die friedliche Umgestaltung Polens zu einem demokratischen Staat und war damit treibender Faktor für das Ende der sozialistischen Systeme in Mittel- und Osteuropa. Die katholische Kirche spielte durch ihre feste Verankerung in der Bevölkerung und ihre Unterstützung der Opposition eine zentrale Rolle. Sie nahm an den Gesprächen am „Runden Tisch" teil, bei denen zwischen Vertretern der Regierung und der Opposition die Modalitäten der Transformation festgelegt wurden. Im Ergebnis konnten im Juni 1989

21 Papst Johannes Paul II. und Gewerkschaftsführer Lech Wałęsa

freie Parlamentswahlen durchgeführt werden, aus denen die „Solidarität“ als große Siegerin hervorging. Im August wurde mit Tadeusz Mazowiecki (1927–2013) ein Mitglied der Gewerkschaft und aktiver Katholik Ministerpräsident, der erste nichtkommunistische seit dem Krieg.

In Polen gab es in der Zeit des Sozialismus immer eine funktionierende katholische Infrastruktur. Seit Mitte der 1950er-Jahre, als der Staat in der Zeit des „Tauwetters“ auf die Kirche zuging, gab es mehrere einflussreiche katholische Laienvereinigungen, die auch im polnischen Parlament vertreten waren. Dazu gehörte „Znak“ (Zeichen), eine Organisation, die sowohl von den Bischöfen als auch von der kommunistischen Partei anerkannt war und bis zu ihrer erzwungenen Auflösung in den 1970er-Jahren auch mit einigen Abgeordneten im Parlament vertreten war. Viele Mitglieder von „Znak“ kamen aus den „Klubs der Katholischen Intelligenz“ (*Kluby Inteligencji Katolickiej*, KIK), einem informellen Verband von Vereinigungen katholischer Laien, die in eigener Verantwortung (und zuweilen, wegen ihrer offenen Positionen, im Konflikt mit einzelnen Bischöfen) eine politisch-gesellschaftliche Plattform bildeten. Der Warschauer Klub gab seit 1958 die wichtige Monatszeitschrift „Więź“ (Verbindung, Band) heraus, deren erster Chefredakteur mehr als 20 Jahr lang der spätere Premierminister Tadeusz Mazowiecki war. Die Zeitschrift wurde zu einem wichtigen Forum für die Diskussion der Situation im Lande aus katholischer Perspektive, aber auch für die Umsetzung der Reformen des Zweiten Vatikanischen Konzils in Polen sowie für den Dialog und die Versöhnung mit Juden und Deutschen. In der Zeit des Kriegsrechts (1981/82) war sie zunächst verboten. Bereits seit Kriegsende erschien in Krakau der katholische „Tygodnik Powszechny“ (Allgemeine Wochenzeitung), der allerdings in den 1950er-Jahren und während des Kriegsrechts auch verboten wurde. Er stand ebenfalls in enger Verbindung mit „Znak“. Die meisten in diesen Gruppen und Zeitschriften Aktiven engagierten sich später für die Gewerkschaft Solidarność und waren von fundamentaler Bedeutung für den katholisch motivierten Widerstand gegen das Regime in Polen und für die Transformationsprozesse.

Der polnische Fall ist deswegen untypisch für die Situation des Christentums unter kommunistischer Herrschaft, weil sich hier eine Kirche konsequent gegen die staatlichen Maßnahmen stellte und dabei die feste Unterstützung der überwältigenden Mehrheit der Bevölkerung hatte. Die Haltung der katholischen Kirche bestand aber nicht nur aus Fundamentalopposition, sondern äußerte sich zuweilen durchaus in Zusammenarbeit mit dem Staat. In manchen Punkten hatten beide Seiten gemeinsame Interessen, etwa die Regelung der kirchlichen Verhältnisse in den ehemals deutschen Gebieten. Für die Kirche war auch alleine die Existenz Polens nach den Erfahrungen des 19. Jahrhunderts von zentraler Bedeutung; man unterstützte zwar die staatstragende Ideologie nicht, stand aber grundsätzlich hinter dem Staat. Die feste Verwurzelung der polnischen Bevölkerung im katholischen Glauben und der sich dadurch ergebende Einfluss der Kirche auf die Polen machten die Kirche zu einem Faktor, an dem auch die Machthaber nicht vorbeikamen. Eine solche Konstellation war sonst in keinem der kommunistischen Staaten gegeben.

Die Auflösung der griechisch-katholischen Kirchen

Griechisch-katholische Kirchen sind in Mittel- und Osteuropa dadurch entstanden, dass orthodoxe Bischöfe – meistens unter dem Druck der politischen Umstände – „Unionen" mit der katholischen Kirche eingegangen sind. Diese Unionen besagten, dass sich die betreffende Kirche dem Papst unterstellte, aber ihre Traditionen und Gebräuche – byzantinische Liturgie, verheiratete Priester, julianischer Kalender – beibehalten konnte. Die Bezeichnung „Unierte" kommt daher, wird allerdings von den Katholiken des östlichen Ritus als pejorativ verstanden und nicht verwendet. Durch die Unionen erhofften sich die Bischöfe eine bessere Stellung in den katholischen Staaten (Polen, Österreich-Ungarn). Die Union von Brest 1595/96, aus der die griechisch-katholische Kirche in der Ukraine stammt, ist die erste von ihnen, abgesehen von einer kurzlebigen Union im 15. Jahrhundert, die auf dem Konzil von Florenz zwischen der katholischen Kirche und der Orthodoxie getroffen wurde.

Für die kommunistischen Machthaber waren die katholischen Kirchen der östlichen Riten, die es vor allem in der westlichen Ukraine und in Siebenbürgen (Rumänien) gab, ein Störfaktor, weil es Kirchen waren, die dem Papst unterstanden. Für die orthodoxen Kirchen handelte es sich um irreguläre Phänomene, weil diese Kirchen historisch durch Konversion von Orthodoxen zur katholischen Kirche entstanden waren. Im Russischen Reich schon war die griechisch-katholische Kirche nie akzeptiert worden; wenn Gebiete mit „unierter" Bevölkerung an Russland gelangten, wurde die Kirche immer verboten. Daher hat sie sich auch nur dort halten können, wo die Habsburger lange Zeit an der Macht waren, in Galizien und in Siebenbürgen.

In beiden Regionen wurde die griechisch-katholische Kirche bald nach der Machtübernahme der Kommunisten aufgelöst. Dazu wurden durch den Staat „Synoden" organisiert, die von konversionsbereiten

22 Metropolit Josyf Slipy in der Verbannung in Maklakowo (Region Krasnojarsk, Sibirien), 1956

Geistlichen geleitet wurden. Weder in der Sowjetukraine noch in Rumänien fand sich ein Bischof, der bereit gewesen wäre, an diesen „Synoden“ teilzunehmen. Sie hatten daher keine kirchenrechtliche Verbindlichkeit, sondern waren inszenierte Veranstaltungen, bei denen einige Priester und Laien, die subjektiv von der Notwendigkeit der Eingliederung ihrer Kirche in die Orthodoxie überzeugt gewesen sein mögen oder die von den Behörden wegen persönlicher Verfehlungen oder aus anderen Gründen gezwungen werden konnten, einen Beschluss fassten, wonach die Kirche zur orthodoxen Mutterkirche „zurückkehrte“. Die Redeweise von der „Rückkehr“ oder „Heimkehr“ spielte darauf an, dass die Anfänge der griechisch-katholischen Kirche ja tatsächlich bei Orthodoxen lagen, die die Oberhoheit des Papstes anerkannt hatten und somit konvertiert waren. Allerdings waren diese Ereignisse vor mehreren Jahrhunderten geschehen; in der Zwischenzeit hatte sich eine eigene Identität herausgebildet, zu der auch eine deutliche Abgrenzung gegenüber der Orthodoxie gehörte. Für die allermeisten Gläubigen dieser Kirchen bedeutete die Zwangsvereinigung mit der Orthodoxie also keineswegs eine Heimkehr, sondern eine gewaltsame Unterdrückung.

Die Folgen dieser Auflösungsbeschlüsse waren massiv. Im Anschluss an sie wurden alle Bischöfe und viele Priester inhaftiert. Der Kirchenbesitz, insbesondere die Kirchengebäude, wurde der orthodoxen Kirche übergeben, soweit die Kirchen nicht geschlossen wurden. In vielen Gemeinden wurden die Gläubigen gegen ihren Willen der Orthodoxie zugeschlagen; in den Gottesdiensten wurde von den neu eingesetzten Priestern nicht mehr für den Papst und den Großerzbischof, sondern für den russischen bzw. rumänischen Patriarchen gebetet. Da die Liturgie der griechisch-katholischen Kirche dem Gottesdienst der Orthodoxie ansonsten sehr ähnlich ist, änderte sich für viele Gläubige, die nach wie vor die Kirche in ihrem Dorf oder Stadtteil besuchen konnten, jedoch kaum etwas.

Von den griechisch-katholischen Bischöfen in der Ukraine überlebte nur einer, nämlich das Kirchenoberhaupt, Metropolit Josyf Slipy (1892–1984). Er wurde 1944 Nachfolger des berühmten Metropoliten Andrei Scheptyzkyj (1865–1944) und bereits im darauffolgenden Jahr nach Sibirien deportiert.

Dort verbrachte er viele Jahre in Haft, bis er 1963 im Zuge der Annäherung zwischen dem Heiligen Stuhl und der Sowjetregierung unerwartet begnadigt wurde und nach Rom ausreisen konnte, wo er an den letzten Sessionen des Zweiten Vatikanischen Konzils teilnahm. Er blieb in Rom, von wo aus er die griechisch-katholische Kirche in der Emigration leitete. Seine Bemühungen, die Kirche zu einem Patriarchat (im Sinne des katholischen Kirchenrechts) zu machen, blieben jedoch erfolglos.

Die Reaktion der Gläubigen war unterschiedlich. Viele aber zogen sich aus den jetzt orthodox gewordenen Gemeinden zurück und organisierten eine Untergrundkirche. In der Ukraine hatten Bischöfe noch vor ihrer Inhaftierung Priestern heimlich die Bischofsweihe gespendet, sodass es möglich war, Kirchenstrukturen in der Illegalität zu erhalten. Die Gemeinden trafen sich im Verborgenen (etwa in Wäldern), in Pri-

23 Metropolit Slipy als Konzilsvater beim Zweiten Vatikanischen Konzil, 1963

24 Griechisch-katholischer Gottesdienst vor einer geschlossenen Kirche, Ukraine, 1980er-Jahre

25 Griechisch-katholischer Gottesdienst in einer geheimen Kapelle im Wald, Ukraine, zwischen 1983 und 1989

vaträumen oder zuweilen auch öffentlich, beispielsweise in Dörfern vor geschlossenen Kirchen. Es gab Klöster in der Form, dass einige Männer oder Frauen zusammen wohnten, im Alltag einem Beruf nachgingen, zu Hause aber monastisch lebten. All das musste unter größter Vorsicht und Geheimhaltung stattfinden; sobald die Behörden von solchen Aktivitäten hörten, reagierten sie darauf. Daher wussten oft die nächsten Angehörigen, ja sogar die Eltern nichts davon, wenn etwa ihre Söhne sich für den Priesterberuf in der Untergrundkirche entschieden hatten, und erfuhren es erst nach der politischen Wende.

Andere Priester und Gläubige nahmen den Übergang in die Orthodoxie ohne großen Widerspruch hin. Sie akzeptierten die neue Jurisdiktion und führten ihr kirchliches Leben unter den neuen Gegebenheiten weiter. Manche Priester sagten nach der Wende, sie hätten bei der Eucharistiefeier an der Stelle, wo der Name des Bischofs und des Patriarchen genannt wird, stets leise den Namen des jeweiligen Papstes hinzugefügt, um zu verdeutlichen, dass sie nach wie vor katholisch seien, das aber momentan nicht öffentlich zum Ausdruck bringen konnten. Gerade in der Ukraine haben manche der Priester, die aus griechisch-katholischen Gemeinden oder Familien kamen, Karriere in der russischen Kirche machen können. In Galizien, wo die Union ihren Schwerpunkt hatte, hatte die Russische Orthodoxe Kirche nach 1946 die meisten Gemeinden, da dieses Gebiet mit vielen Tausenden Pfarreien nach dem Krieg an die UdSSR angeschlossen worden war und es dort vor dem Krieg, als es zu Polen gehörte, keine Verfolgung gegeben hatte. Trotz der nun einsetzenden Kirchenschließungen blieb Galizien bis zum Ende der Sowjetunion die Region mit den meisten orthodoxen Gemeinden, und auch der größte Teil des Priesternachwuchses für die Orthodoxie kam von dort.

Die protestantischen Kirchen

In Mittel- und Osteuropa waren nach dem Zweiten Weltkrieg Protestanten fast überall in der Minderheit; Ausnahmen waren die DDR und die baltischen Staaten Estland und Lettland, in denen es historisch gewachsene nationale lutherische Volkskirchen gab. Signifikante evangelische Minderheiten gab es in der Tschechoslowakei, in Ungarn sowie in Rumänien. Eine Besonderheit des osteuropäischen Protestantismus war dabei, dass er neben seit der Reformation national gewachsenen, eigenen evangelischen Kirchen reformierter, unierter oder lutherischer Prägung (wie etwa im Baltikum) auch mehrere evangelische deutschsprachige Minderheitskirchen und -gemeinden ehemaliger deutscher, schweize-

26 Gottesdienst deutscher Lutheraner in Alma Ata, Kasachische Sowjetrepublik, 1987

rischer oder niederländischer Siedler umfasste, beispielsweise in Rumänien die sogenannten „Banater Schwaben“ oder „Siebenbürger Sachsen“, oder in Budapest die deutschsprachige reformierte Gemeinde. Hinzu kamen teilweise sehr verstreute Gemeinden und kleinere Kirchen, die ihren Ursprung in Gemeindegründungen ausländischer Missionare im 19. Jahrhundert hatten. Dazu gehörten beispielsweise die Methodisten, aber auch verschiedene baptistische Gemeinden und Pfingstkirchen.

Als Estland und Lettland 1944 zu Sowjetrepubliken wurden, gab es in diesen baltischen Staaten nationale lutherische Kirchen, die in der Zeit zwischen den Weltkriegen aus einer ursprünglich stark deutsch geprägten Tradition entstanden waren. Sie hatten ihre ersten schlimmen Erfahrungen mit dem Sowjetregime durch den Einmarsch der Roten Armee im Juni 1940 und die atheistische Politik der neuen Machthaber bereits hinter sich. Damals hatte es schon Deportationen von Pfarrern, Beschlagnahme von Kirchenbesitz und Einschränkungen des kirchlichen Lebens gegeben. Bereits damals war in Estland etwa ein Drittel aller lutherischen Pfarrer und Kirchenvertreter nach Sibirien deportiert worden. Parallel verließ ein großer Teil der deutschen Lutheraner Estland; dem folgte eine zweite große Fluchtwelle von über zwei Dritteln der estnischen und lettischen Lutheraner am Ende des Zweiten Weltkrieges. So entstanden in der Folgezeit in Schweden, Kanada, den USA und Australien große Auslandsgemeinden mit eigenen lutherischen Exilgemeinden und einer Exilkirchenleitung.

Für die evangelischen Kirchen dieser beiden baltischen Länder begann nun allerdings eine schwierige Zeit. Abermals wurden zahlreiche Pfarrer, kirchenleitende Persönlichkeiten und Kirchenmitglieder der im Land gebliebenen Lutheraner verhaftet oder deportiert. Die Dimension der Zerstörung einer lutherischen Volkskirche wird besonders deutlich, wenn man sich vor Augen hält, dass in den 1980er-Jahren Menschen aus den baltischen Republiken 30% der politischen Gefangenen in der UdSSR ausmachten, wobei die drei Republiken gerade nur 3% der Bevölkerung der Sowjetunion stellten. Kirchengebäude wurden zerstört, die Kirchengüter verstaatlicht. Unter hohem staatlichen Druck und gezielter Infiltration der Kirche begann die Sowjetisierung des baltischen Luthertums. Dazu gehörte auch die Etablierung staatlich loyaler Kirchenleitungen. Die dem 1949 eingesetzten estnischen Erzbischof Jaan Kiivit (1906–1971) seit 1967 nachfolgenden Erzbischöfe Alfred Tooming (1907–1977) und Edgar Hark (1908–1986) besaßen, wie der estnische Kirchenhistoriker Riho Altnurme herausgearbeitet hat, das Vertrauen der Staatsmacht.

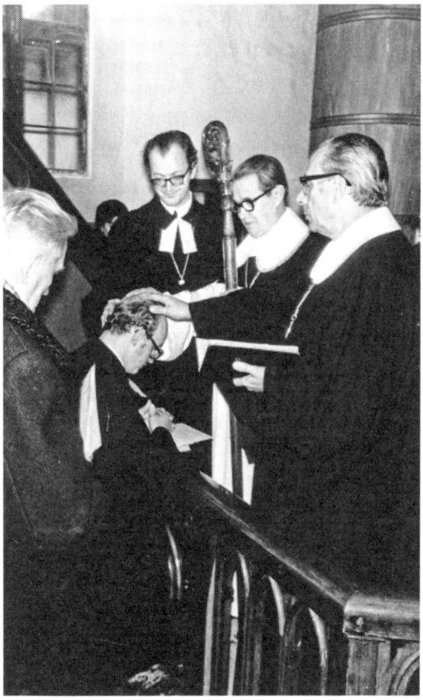

27 Ordination des estnischen lutherischen Pastors Tiit Salumäe (heute Bischof seiner Kirche), 1975

In den kommenden Jahrzehnten konnten die Kirchen im Baltikum in bescheidenem Maße Gottesdienste feiern; darüber hinaus war ihnen jede öffentliche kirchliche Tätigkeit untersagt. Allerdings konnten und sollten sie sich auch in ökumenischen Bemühungen engagieren und dabei die Politik der UdSSR positiv hervorheben. Aufgrund der intensiven Kontakte mit deutschen und nordischen (schwedischen, finnischen) Lutheranern sowie ihrer Mitgliedschaft im Ökumenischen Rat der Kirchen, im Lutherischen Weltbund und in der Konferenz Europäischer Kirchen versuchten sich die Kirchen im Baltikum jedoch immer eine gewisse Unabhängigkeit zu bewahren.

Eine Sonderrolle nahmen die Protestanten in der Tschechoslowakei ein. Sie verteilten sich auf die größte evangelische Kirche, die Evangelische Kirche der Böhmischen Brüder, die Schlesische Evangelische Kirche Augsburgischen Bekenntnisses und die Brüderkirche, wobei die 1918 aus Lutheranern und Reformierten zusammengeführte Evangelische Kirche der Böhmischen Brüder mit ca. 114.000 Mitgliedern die einflussreichste und bekannteste evangelische Kirche der Tschechoslowakei darstellte. Im Unterschied zur katholischen Kirche im Lande begrüßten zahlreiche Protestanten zunächst den Februarumsturz, also die Machtübernahme der Kommunistischen Partei, im Februar 1948, von dem sie sich nicht nur eine breite gesellschaftliche Erneuerung versprachen, sondern auch eine bessere Gesamtsituation. Das hatte zum einen mit dem neuen Verfassungsgesetz von 1948 zu tun, das die Gleichheit aller Religionen hervorhob und damit den noch aus der Zeit des Habsburger Reiches stammenden privilegierten Status der katholischen Kirche schwächte. Zum anderen gab es im tschechischen Protestantismus Stimmen, die – wie der 1947 aus dem amerikanischen Exil zurückgekommene prominente Professor für Systematische Theologie, Josef Lukl Hromádka (1889–1969) – nach dem Desaster von Nationalsozialismus, Faschismus und Zweitem Weltkrieg all ihre Kräfte auf eine Symbiose zwischen Christentum und Sozialismus setzten und sich davon eine bessere und zukunftsfähigere Weltgesellschaft erhofften. Doch diese Hoffnungen verloren sich rasch. Der tschechische Protestantismus, der in der Ersten Republik auch ein Repräsentant eines liberalen und aufgeklärten Bürgertums war und die kulturelle und gesellschaftliche Elite des Landes verkörperte, fand sich nun zunehmend als „bourgeois" diffamiert, verlor seine kirchlichen Besitzstände und wurde mehr und mehr an den Rand gedrängt. Seit 1949 benötigten evangelische Pfarrer eine staatliche Zustimmung, wollten sie ihr Amt ausüben, zudem übernahm der Staat die Bezahlung des Gehaltes und kontrollierte damit einen wesentlichen Teil der Kirche. Auch vor weiteren kirchenfeindlichen Maßnahmen wie Zensur, Verhaftungen und Ausgrenzungen, Enteignungen und Verstaatlichung kirchlichen Besitzes blieben die Protestanten nicht verschont. Unter den Todesopfern der stalinistischen Repression befand sich mit Milada Horáková (1901–1950) auch eine überzeugte Demokratin und Protestantin, die der Prager Gemeinde der Evangelischen Kirche der Böhmischen Brüder angehörte. Spätestens seit den 1950er-Jahren hatten die Kommunisten das Band zwischen evangelischer Kirche und öffentlichem Leben gekappt sowie die in den 1940er-Jahren noch vitale evangelische Volkskirchlichkeit vollständig unterbunden. Das betraf auch die diakonischen Einrichtungen. Erst allmählich entstanden in den 1960er-Jahren dann neue theologische Orientierungen, die im Vorfeld des Prager Frühlings 1968 zu einer breiten kirchlichen Erneuerungsdynamik führten.

28 Bischof Lajos Ordass

Ähnlich wie in der Tschechoslowakei stellte sich auch die Situation für die evangelischen Kirchen in Ungarn dar. Nachdem die Kommunisten bereits 1947/48 die Macht im Land übernommen hatten, garantierte zwar auch hier zunächst die neue Verfassung Religionsfreiheit – und versprach den Protestanten damit eine gegenüber früher bessere konfessionelle Ausgangsposition. Doch auch in Ungarn zerstoben die Erneuerungshoffnungen rasch; wie in den anderen sozialistischen Staaten setzten die Kommunisten die ganze Palette kirchenfeindlicher Maßnahmen durch. Die Kirchen wurden enteignet, der Religionsunterricht in den Schulen verboten und das kirchliche Schulwesen aufgelöst. Unabhängige Repräsentanten der evangelischen Kirche wie der lutherische Bischof Lajos Ordass (1901–1978) oder der reformierte Bischof László Ravasz (1882–1975) mussten schwere Repressalien hinnehmen und wurden kirchlich isoliert. Stattdessen zogen systemloyale Personen wie der 1948 gewählte Bischof Albert Bereczky (1893–1966) in die evangelischen Kirchenleitungen ein. Gleichwohl regte sich im Vorfeld der entstehenden Bürgeropposition gegen die kommunistische Herrschaft im Winter 1955/56 auch in der reformierten Kirche breiter Widerstand gegen marxistische Marionetten wie Bereczky. Aus dem „Bekenntnis glaubenstreuer Christen der reformierten Kirche in Ungarn", das den unüberwindlichen Gegensatz zwischen Historischem Materialismus und dem Wort Gottes formulierte, entstand eine breite Erneuerungsbewegung in der reformierten Kirche, die dann allerdings nach der Niederschlagung des Ungarnaufstandes und unter dem neuen, moskautreuen Ministerpräsidenten János Kádár (1912–1989) mundtot gemacht und brutal „gesäubert" wurde.

Im Vergleich zu den baltischen, ungarischen oder tschechischen Protestanten hatten die evangelischen Kirchen in der DDR sehr viel mehr Freiheiten und Handlungsspielräume. Hier gab es einige Phäno-

29 Gespräch zwischen den evangelischen Kirchenleitungen in der DDR und der Staatsspitze, 2 v.r.: Erich Honecker, 3.v.r.: Bischof Albrecht Schönherr

mene, die in den meisten anderen sozialistischen Staaten undenkbar waren: Theologische Fakultäten blieben an den staatlichen Universitäten erhalten; nur an neugegründeten Universitäten wurden keine errichtet. Um den damit verbundenen staatlichen Zwängen zu entgehen, richteten die evangelischen Kirchen zusätzlich eigene, sehr viel unabhängigere theologische Ausbildungsstätten ein, wie etwa das Sprachenkonvikt Katechetisches Oberseminar Naumburg, wo ebenfalls Theologie studiert werden konnte und man für den kirchlichen Dienst ausgebildet wurde. Es gab sogar eine gewisse kirchliche Rundfunkarbeit, die nach dem Spitzengespräch zwischen Staats- und Kirchenvertretern 1978 durch eigene kirchliche Fernsehbeiträge erweitert wurde.

Bis 1969 gehörten die evangelischen Landeskirchen auf dem Gebiet der DDR sogar noch der Evangelischen Kirche in Deutschland (EKD) an. Erst die Verfassung der DDR von 1968, nach der das nicht mehr möglich war, zwang die Kirche dazu, den „Bund der Evangelischen Kirchen in der DDR" zu gründen, der aber nach wie vor „in besonderer Gemeinschaft" enge Beziehungen zur EKD und den verschiedenen evangelischen Landeskirchen in der Bundesrepublik unterhielt. Seit den 1970er-Jahren führte die besondere Situation von zwei deutschen Staaten sowie das um internationale und ökumenische Anerkennung ringende außenpolitische Verständnis der DDR-Führung dazu, dass sich die evangelischen Kirchen in der DDR mehr und mehr als eine „Kirche im Sozialismus“ verstanden.

Wie jedoch in den anderen sozialistischen Staaten auch begann der Weg des östlichen Teils Deutschlands in den Sozialismus mit einer harten Frontstellung gegen die Kirchen. Nach der Gründung der DDR am 7. Oktober 1949 trieb Walter Ulbricht (1893–1973) als stellvertretender Ministerpräsident und Generalsekretär des Zentralkomitees der Sozialistischen Einheitspartei den Aufbau des Sozialismus radikal und brutal voran. Ein besonderer Dorn im Auge war den Kommunisten dabei die erfolgreiche, eigenständige Jugendarbeit der Kirchen, die evangelischerseits unter dem Dach der „Jungen Gemeinde“ stattfand. Junge Christen und Christinnen, die ihr Abzeichen, eine Weltkugel mit Kreuz, trugen, wurden immer häufiger in der Schule diskriminiert, seit dem Frühjahr 1953 setzten heftige Angriffe des Staates gegen die Junge Gemeinde ein. Unter dem Vorwurf, sie sei eine Tarnorganisation des imperialistischen Westens, fand nun eine gnadenlose Hetze gegen die Junge Gemeinde in der Öffentlichkeit statt. Unter dem massiven staatlichen Druck erklärten viele Jugendliche unter Zwang den Austritt aus der Jungen Gemeinde, Tausende Schüler und Schülerinnen wurden von ihren Oberschulen ausgeschlossen, der Fachschule oder Universität verwiesen, oder flohen in die Bundesrepublik. Lehrer wurden versetzt, kirchliche Rüstheime geschlossen. Nach dem von Moskau befohlenen Ende der Angriffe gegen die Junge Gemeinde setzte das Ulbricht-Regime zum nächsten Schlag

30 Konfirmation in der DDR (Dresden), 1987

31 Werbeplakat für die Jugendweihe, Berlin 1961

an und führte 1954/55 landesweit eine „sozialistische Jugendweihe" (die es als säkularen Ritus schon vor dem Krieg gegeben hatte) ein. Sie richtete sich gegen die evangelische Konfirmation und die katholische Firmung, indem sie die Jugendlichen in einem eigenen Feierakt am Ende der 8. Klasse zum Gelöbnis auf die DDR und den Sozialismus verpflichtete. Die evangelische Kirche unter Bischof Otto Dibelius (1880–1967), in den 1950er-Jahren Bischof von Berlin-Brandenburg und Ratsvorsitzender der EKD, stellte sich entschieden gegen den Staat und schloss die Teilnahme an beiden Akten – Konfirmation und Jugendweihe – aus; die Jugendlichen bzw. ihre Eltern mussten sich für eines von beiden entscheiden. Ebenso verbat die katholische Kirche ihren Mitgliedern die Teilnahme und schloss sie von den Sakramenten aus, wenn sie sich dennoch an der Jugendweihe beteiligten. Das bedeutete für die Jugendlichen und ihre Familien oft einen starken Rechtfertigungsdruck: Wer sich trotzdem konfirmieren oder firmen ließ und an der Jugendweihe nicht teilnahm, musste mit beruflichen und privaten Benachteiligungen rechnen. Die Kirche verlor diese Auseinandersetzung jedoch: Mit den Jahren blieben immer mehr Jugendliche der Konfirmation fern und entschlossen sich, an der Jugendweihe teilzunehmen, die allgemein als Ritual des Erwachsenwerdens betrachtet wurde. Angesichts dieses breiten Erfolges der Jugendweihe, der mit steigenden Kirchenaustrittszahlen einherging, gaben die Kirchen mit der Zeit jedoch schon bald ihren Widerstand gegen die Jugendweihe auf und akzeptierten nun auch gezwungenermaßen beides. Oft wurden Kompromisslösungen gefunden: Katholische Jugendliche nahmen in einem anderen Jahr (möglichst vor der Jugendweihe) und in einer anderen Gemeinde an der Firmung teil; ein „Firmbekenntnis", das vor Schulabschluss abgelegt wurde, bekräftigte noch einmal die Entscheidung für die Firmung. Insbesondere für die evangelischen Kirchen, die Mitte der 1950er-Jahre noch über einen breiten Rückhalt in der Gesellschaft verfügten, bedeutete diese Entscheidung aber eine enorme Schwächung ihres volkskirchlichen Charakters. 1958 meldeten sich bereits 80% aller Jugendlichen zur Jugendweihe an; sie blieb bis zum Ende der DDR – und auch darüber hinaus – ein auf breiter Ebene angenommener staatlicher Ersatzritus. Versuche, 1958 ein ähnliches Ersatzritual wie die Jugendweihe in der DDR auch in Lettland und Estland einzuführen, waren allerdings nicht erfolgreich.

Innerkirchlich blieb es eine wichtige Frage, wie man den eigenen Staat einschätzen solle: War eine Vereinigung mit der Bundesrepublik ein weiterhin anzustrebendes Ziel, oder musste man sich mit der deutschen Teilung arrangieren und das Leben im östlichen Staat als pastorale Aufgabe akzeptieren? Dazu kam die Frage nach dem Verhältnis zur sozialistischen Ideologie, mit der man teils aus historischer Überzeugung, teils auf lediglich verbaler Ebene einige Gemeinsamkeiten fand, vor allem in Fragen von Frieden und Abrüstung – wobei sich der Staat allerdings immer bemühte, die Stimme der Kirche zu diesen Themen nicht allzu laut werden zu lassen. Bischof Albrecht Schönherr (1911–2009) prägte 1971 die Formel, man wolle „Kirche nicht neben, nicht gegen, sondern [...] im Sozialismus sein“[4]. Die gesellschaftlichen Gegebenheiten der DDR sollten damit als der Kontext anerkannt sein, in dem sich die evangelische Kirche entwickelte. Das war eine völlig geänderte Position im Vergleich zu der seines Vor-Vorgängers Otto Dibelius, der die DDR für so wenig legitim hielt, dass er nicht einmal die von diesem Staat erlassenen Verkehrsregeln anerkannt wissen wollte.

Doch trotz dieser Anerkennung der realen Situation blieb die Kirche immer in einem gewissen Widerspruch zum Regime. Das hing auch mit ihren Beziehungen zu den westdeutschen Protestanten und mit dem starken ökumenischen Engagement des DDR-Kirchenbundes zusammen, das seit der offiziellen Aufnahme der beiden deutschen Staaten in die UNO, dem deutsch-deutschen Grundlagenvertrag und den Ostverträgen seit 1972 zunahm und von den verbesserten innerdeutschen und internationalen Reisemöglichkeiten profitierte. Die Selbstverbrennung des evangelischen Pfarrers Oskar Brüsewitz (*1929) am 18. August 1976 in Zeitz, der damit offen die Unterdrückung der Kirche durch den Kommunismus anprangerte, machte jedoch unmissverständlich deutlich, dass der Staat nach wie vor seinen Totalitätsanspruch, auch gegen die Kirche, durchsetzte.

4 O. Lingner, Die Evangelischen Kirchen in der Deutschen Demokratischen Republik, in: Kirchliches Jahrbuch 106 (1979), 381–492, hier 477.

In den Jahren vor dem Umbruch 1989 engagierten sich Christen aus der DDR stark für den internationalen ökumenischen „Konziliaren Prozess für Frieden, Gerechtigkeit und Bewahrung der Schöpfung" und verliehen ihm wichtige Impulse. Unter dem Dach der Kirche fanden Oppositionsgruppen Raum, sich zu treffen und ihre Aktivitäten zu planen, die oft auf konkrete Verbesserungen innerhalb des eigenen Landes hinzielten, etwa im Bereich des Umweltschutzes. Die „Montagsgebete" in Leipzig wurden geradezu legendär und zogen viele Menschen, auch nichtreligiöse, an, die dann von dort aus zu den anschließenden Montagsdemonstrationen zogen.

Konfessionsübergreifende Merkmale kommunistischer Religionspolitik

Alle christlichen Konfessionen und Kirchen, die nach dem Zweiten Weltkrieg unter kommunistische Regimes kamen, durchlebten unterschiedliche Phasen kommunistischer Religionspolitik. Fast alle machten die harte Phase stalinistischer Kirchenverfolgung, die bis zu Stalins Tod ging, durch, in der Gläubige und Kirchenleitungen verfolgt, verhaftet, teils ermordet und die Kirchen marginalisiert wurden. Dies veränderte sich in den folgenden Jahren, indem ein subtileres Vorgehen mit stärker administrativen Maßnahmen einsetzte. Es entsprach damit dem Gang der Ereignisse in der UdSSR, wo vor dem Krieg brutale Unterdrückungs- und Verfolgungsmaßnahmen eingesetzt wurden, die nach der Wende in der sowjetischen Religionspolitik im Krieg durch den Versuch ersetzt wurden, die Kirchen administrativ zu kontrollieren. Die Voraussetzung dafür war die Schaffung von staatlichen Behörden, die für die Kirchen zuständig waren (etwa der „Beauftragte für Kirchenfragen beim Ministerrat der DDR" oder der „Bevollmächtigte für religiöse Angelegenheiten" in der UdSSR). Sie vergaben oder verweigerten Genehmigungen, etwa für Bauten, Druckerzeugnisse oder Auslandsreisen. In manchen Ländern erteilte der Staat auch Genehmigungen für die Ausübung des pastoralen Dienstes als Pfarrer, ohne die man nicht tätig werden durfte. Gerade in der UdSSR waren durch die Schaffung dieses Amtes auch eine gewisse Rechtssicherheit und ein Ansprechpartner gegeben, wenn man die Situation mit dem willkürlichen Terror vor dem Krieg vergleicht.

Zugleich wurden die Kirchen seit den späten 1940er-Jahren konsequent aus dem öffentlichen Raum gedrängt. Mit einigen wenigen Ausnahmen, etwa in Polen und in der DDR, wurde das kirchliche Leben fast völlig auf den Kirchenraum und die lokale Gemeinde beschränkt.

Öffentliche Manifestationen gab es nur in Ausnahmefällen, zumeist wenn es dem Staat nutzte und er sich dadurch dem westlichen Ausland als religionsfreundlich inszenieren konnte. Ein Beispiel hierfür war etwa der Besuch von DDR-Staats- und Parteichef Erich Honecker (1912–1994) auf der Wartburg, als er sich anlässlich des Lutherjubiläumsjahrs 1983 dort öffentlich zusammen mit dem evangelischen Bischof Werner Leich (*1927) zeigte.

Ansonsten spielten in den staatlichen Medien Kirche, Konfession und Religion praktisch keine Rolle mehr. Die kirchlichen Feiertage wurden in vielen Ländern zu normalen Arbeitstagen; zeitlich in der Nähe liegende profane Feste wurden betont (etwa Neujahr mit Baum und Geschenken als Ersatz für Weihnachten). Gläubigen wurden Probleme in ihrem Beruf bereitet, sie konnten daher häufig keinen frei gewählten Beruf ergreifen oder wurden aus ihren angestammten Berufen herausgedrängt. Das bedeutete vor allem für christliche Eltern einen enormen Druck, denn Staat und Partei versuchten gezielt zu verhindern, dass die Kinder von Gläubigen Abitur machen oder eine Hochschulbildung erlangen konnten. Die gesellschaftliche Modernisierung, die mit dem Sozialismus kam, drängte das Christentum ebenfalls zurück. In den wachsenden Städten und den riesigen neuen Stadtteilen wurden keine neuen Kirchen gebaut, Zuwanderer aus ländlichen Gebieten gaben bald ihre traditionelle Religiosität auf. So verloren die Kirchen nicht nur durch die staatlichen religionspolitischen Maßnahmen an Boden, die explizit gegen sie gerichtet waren, sondern auch durch die gesellschaftliche Entwicklung, die mit der Modernisierung gegeben war. Dazu gehörten auch die großen sozialen Veränderungen, die nicht nur durch Flucht, Vertreibung und Zwangsumsiedlungen entstanden, sondern auch auf die ideologische Umgestaltung der Gesellschaft zu einer klassenlosen und sozialistischen Gesellschaft zurückzuführen waren. Die breite Entbürgerlichung, die sämtliche christlichen Konfessionen traf, brachte eine neue, stärker erbauliche und liturgische Frömmigkeit und eine vor allem pastoral orientierte Theologie. Im Protestantismus hatte das vor allem eine Stärkung der Gemeindeorientierung zur Folge.

Trotzdem konnte sich nicht nur in Polen, sondern auch in einigen anderen Staaten wie Rumänien, der Slowakei oder Kroatien ein hoher Grad an christlicher Volksreligiosität halten, während in anderen Gebieten – der DDR, Estland oder der Tschechischen Republik – die ehemals dominante Volkskirche zu einer marginalisierten Minderheitenkirche wurde.

3. Anpassung und Opposition seit den 1950er-Jahren

Mit dem Tod Stalins 1953 und der darauf einsetzenden Entstalinisierung in der Sowjetunion und den kommunistischen Ländern Mittel- und Osteuropas begann eine Periode des „Tauwetters" in den späten 1950er-Jahren. Außenpolitisch sollte mit dem sowjetischen Werben um die „friedliche Koexistenz" der Status quo des nun geteilten und fest in die militärischen Blöcke NATO und Warschauer Pakt integrierten Europa gesichert werden. In dieser neu anbrechenden Phase erhielt auch die internationale kommunistische Religionspolitik der Chruschtschow-Ära einen neuen Zuschnitt. Außenpolitisch hielt Moskau nach wie vor die Hände über das Geschehen und achtete vor allem bei Versammlungen in der Ökumene darauf, dass hier kirchliche Repräsentanten der Warschauer-Pakt-Staaten regierungsloyal auftraten und sich für die Ziele der sowjetischen Außenpolitik einsetzten. Innenpolitisch war die sozialistische Kirchenpolitik nun allerdings weniger von Moskau aus stalinistisch gleichgeschaltet. Denn durch ein Klima der Angst, die brutalen Unterdrückungsmethoden und Christenverfolgungen der Stalinzeit wie auch die Zurückdrängung des kirchlichen Lebens aus der Öffentlichkeit schien es dem Staat gelungen zu sein, die Religion aus der Gesellschaft zu drängen, die kulturelle Bindekraft der Kirchen zu brechen sowie ausreichend Agenten in die Kirche einzuschleusen. Eine flexiblere und dem Anschein nach „weichere" kommunistische Kirchenpolitik setzte ein, die in gewissen Grenzen auch Raum für länderspezifische kirchenpolitische Akzente und Strategien ließ.

Die Vertreter der bis dahin isolierten Estnischen Evangelisch-Lutherischen Kirche konnten seit 1955 beispielsweise wieder offizielle Auslandsbesuche machen. Ihr Erzbischof Jaan Kiivit wurde 1957 zu einem der Präsidenten der sich konstituierenden Konferenz Europäischer Kirchen (KEK) gewählt, seine Kirche wurde 1962 in den Ökumenischen Rat der Kirchen und 1963 in den Lutherischen Weltbund aufgenommen. Die damit verbundene internationale Anerkennung der Kirche lag durchaus im Interesse des Staates, der damit einerseits den Anschein von Religionsfreiheit in der Sowjetunion wahren konnte und der andererseits den Kreis von Personen, denen die Auslandsreisen genehmigt wurden, kontrollierte und reglementierte. Zugleich reagierte der Staat damit auf den bisherigen Alleinvertretungsanspruch der ungefähr 60.000 Lutheraner, die sich in der Estnischen Evangelisch-Lutherischen

Kirche im Ausland, also der Exilkirche, zusammengefunden hatten und dort unter ihrem Oberhaupt und Bischof Johan Kõpp (1874–1970) auch als offizielle Vertretung der estnischen Lutheraner dem Lutherischen Weltbund und dem Ökumenischen Rat der Kirchen angehörten.

Theologische Auseinandersetzungen mit dem Kommunismus

Mitte der 1950er-Jahre mehrten sich im östlichen Teil Deutschlands, in der damals noch als „Ostzone“ bezeichneten DDR, Stimmen, die dazu aufriefen, in der kirchlichen Verkündigung und in der Seelsorge zu akzeptieren, dass man mit einer längeren Dauer des Kommunismus rechnen müsse. Kirche müsse sich dieser Verantwortung stellen und trotzdem in dieser Situation zum Ausharren und zum lebendigen Christusbekenntnis in einer feindlichen Umwelt motivieren, durchaus in dem Bewusstsein, dass dieses Annehmen der politischen Situation mit innerer und äußerer Anpassung der Christen an die sozialistische Umgebung einhergehe. Einer der profilierten Theologen, die diesen Ansatz vertraten, war Günter Jacob (1906–1993), Generalsuperintendent der Neumark und der Niederlausitz. Er hatte bereits 1947 die sowjetische Besatzungszone als ein „Gebiet“, das „im Begriffe“ stehe, eine „Zone des Schweigens, ein Land der Stummen, eine Welt im Schatten unheimlicher Keller zu werden“[5], skizziert. Auf der Synode der EKD in Berlin 1956 entfaltete er diesen Gedanken weiter, indem er die aktuelle Situation als Ende des Konstantinischen Zeitalters interpretierte, also als Ende der Bindungen zwischen Kirche, Bürgertum und Staat. Eine wichtige Stimme aus der gleichen Zeit war die des Halleschen Studentenpfarrers Johannes Hamel (1911–2002). In seinen Predigten und Schriften zeichnete er ein eindrückliches und authentisches Bild von der inneren Zerrissenheit des DDR-Christen: „Wer sich jener äußeren Angleichung an das System widersetzt, gilt als ein leichtsinniger Narr oder weltfremder Dummkopf. Wer andererseits gegen die innere Abwendung die Feindesliebe Gottes predigt – der für die Gottlosen seinen Sohn dahingegeben hat – und diese Predigt praktiziert, erntet Ablehnung, Misstrauen oder gar Empörung [...]. Verhängnisvoll werden Anpassung und Abwendung erst durch etwas Drittes. Wir nennen es die ‚innere Emigration‘ [...].“[6] Die Frage, ob man in der DDR bleiben oder gehen solle, war auch Thema eines offenen Briefes des Schweizer Theo-

5 M. Hüttendorf/G. Jacob, Kirchliche Praxis in zwei Weltanschauungsdiktaturen, in: theologie.geschichte 5 (2012), 357–394, hier 366.
6 J. Hamel, Christ in der DDR (unterwegs 2), Berlin 1957, 7f.

logen Karl Barth (1886–1968) „an einen Pfarrer in der Deutschen Demokratischen Republik“ vom Oktober 1958, der sowohl in der Bundesrepublik und in der Schweiz wie auch im Osten bekannt wurde. Barth argumentierte hier aus einer theologischen Position oberhalb der politischen Systeme, wobei er im Grunde genommen den „offenen Totalitarismus“ in der DDR mit dem „schleichenden“ in der Bundesrepublik (z. B. Presse, Privatwirtschaft) gleichsetzte. Im Hinblick auf die evangelischen Kirchen in der DDR fragte er, ob das nicht der prophetische Auftrag sein könne, „uns Anderen das Leben einer den neuen Weg einer Kirche für das Volk (statt des Volkes) suchenden und vielleicht schon antretenden christlichen Gemeinde als Gottes (allen Ernstes besonders) *geliebte Ostzone* exemplarisch vorzuleben?“[7]

Auf diese Frage Barths, die er schon zuvor in Ungarn thematisiert hatte und die er selber mit einer offenbar zu freundlichen Sicht der kommunistischen Regime beantwortete, gab es allerdings weder eine einfache noch eine für alle Christen gemeinsame Antwort. Ganz generell lässt sich – auch im Vergleich mit der zeitgleichen Entwicklung des Christentums in Westeuropa – festhalten, dass der christliche Glaube, das Christsein und das Eingebundensein in eine lokale Gemeinde überall in Mittel- und Osteuropa eine persönliche Entscheidung erforderte, die einerseits Verzicht, Ausgrenzung und Repression nach sich zog, andererseits aber zugleich auch eine moralisch stärkere individuelle und kollektive Verbindlichkeit besaß.

Nicht nur in der DDR brachen sich seit den 1950er-Jahren neue theologische Überlegungen und Konzepte Bahn, die die immer größer werdende Kluft zwischen Kirche, Theologie und der modernen naturwissenschaftlich und marxistisch-materialistisch gottlosen Welt thematisierten und sich eingestanden, dass auf die Situation der Kirchen im Kommunismus keine klassische Theologie eine Antwort habe. So entstand etwa auch in der Evangelischen Kirche der Böhmischen Brüder in der Tschechoslowakei Ende der 1950er-Jahre eine neue theologische Richtung, die sich als „Neue Orientierung“ bezeichnete. Ihr theologisches Anliegen war die glaubwürdige Repräsentanz von Kirche in der säkularen Gesellschaft, wobei sie sich unter anderem auf Überlegungen des gerade theologisch entdeckten Dietrich Bonhoeffers (1906–1945) zum religionslosen Christentum berief. Einen etwas anderen Schwerpunkt setzen die christlichen Theologen, die sich seit den 1960er-Jahren ernsthaft mit dem Marxismus auseinandersetzten und dabei ge-

7 K. Barth, Brief an einen Pfarrer in der Deutschen Demokratischen Republik, Zollikon ³1958, 28.

meinsame humanitäre Anliegen im Dialog betonten. Auf katholischer Seite spielten dabei die Kongresse der Internationalen Paulusgesellschaft Ende der 1960er-Jahre eine wichtige Rolle, an denen unter anderem die Theologen Johann Baptist Metz (*1928) und Karl Rahner (1904–1984) teilnahmen.

Der slowenische Bischof Vekoslav Grmič (1923–2005) war einer der wenigen hochrangigen katholischen Theologen aus einem kommunistischen Land, der Sympathie für den Sozialismus als System entwickelte. Er hatte zahlreiche Funktionen in der Kirche Sloweniens inne, war seit 1968 Weihbischof in Maribor, dort auch Generalvikar und Professor an der Theologischen Fakultät. Bereits im Krieg hatte er sich bei den Partisanen engagiert; im Nachkriegsjugoslawien versuchte er zu zeigen, dass sich katholischer Glaube und sozialistische Einstellung miteinander vertrugen. Er war Mitglied in der staatlich beeinflussten Priestervereinigung und engagierte sich für das jugoslawische Modell der Arbeiterselbstverwaltung sowie in anderen staatlichen Einrichtungen, was ihm von seinen Amtsbrüdern übelgenommen wurde. Kurz nach dem Amtsantritt von Johannes Paul II. wurde er vorzeitig in den Ruhestand versetzt. Grmič entwickelte eine kontextuelle Theologie im Rahmen des jugoslawischen Systems, die er als Weiterentwicklung der Befreiungstheologie verstand. Außerdem setzte er sich für Reformen in der Kirche ein. In der jugoslawischen Gesellschaft galt er als interessante intellektuelle Erscheinung, in der Kirche wurde er jedoch von den anderen Bischöfen und auch vielen Priestern abgelehnt.

Auf evangelischer Seite war einer der prominentesten Vertreter des christlich-marxistischen Dialoges der in der Ökumene profilierte tschechische Theologe Josef L. Hromádka. Er gehörte zu denjenigen Protestanten, die bereits in der Zwischenkriegszeit mit sozialistischen Ideen sympathisierten und nach den Erfahrungen des Nationalsozialismus die 1947 erfolgte Machtübernahme der Kommunisten in der Tschechoslowakei begrüßt hatten. Während er die bürgerliche Gesellschaft und deren Ideale als zusammen mit dem Faschismus gescheitert betrachtete, besaßen Sozialismus und Marxismus für ihn ein hohes Potential, gemeinsam mit dem Christentum eine authentischere, zivilere, gerechtere und friedlichere Welt zu verwirklichen. Gemeinsam mit dem tschechischen Philosophen Milan Machovec (1925–2003) wurde Hromádka dann zu einem der engagiertesten Vertreter des christlich-marxistischen Dialogs in den 1960er- und 1970er-Jahren. Sein mit einem Nachwort von Karl Barth versehenes Buch „Evangelium für Atheisten" von 1958 erfuhr auch im Westen viel Resonanz. Im gleichen Jahr gründete er zusammen mit anderen Theologen in Prag als ein blockübergreifendes Friedensforum die „Christliche Friedenskonferenz“ (CFK). Politisch und ideologisch war sie vor allem ein Instrument der ökumenischen Durchsetzung der sowjetischen Friedens- und Entspannungspolitik, weswegen auch – mit Ausnahme der evangelischen Kirchen in der DDR – fast alle evangelischen sowie die orthodoxen Kirchen aus den Warschauer-Pakt-Staaten auf Drängen ihrer Regierungen offizielles Mitglied der CFK sein mussten. Theologisch und kirchlich freilich boten insbesondere ihre ersten Treffen für viele Kirchenvertreter in Westeuropa und Nordamerika eines der wenigen internationalen Foren, auf dem sich Ost und West begegnen konnten. Mit der Rechtfertigung der Niederschlagung des Prager Frühlings und des Einmarschs von 300.000 Soldaten aus den Warschauer-Pakt-Staaten in die Tschechoslowakei am 21. August 1968 durch die CFK erfuhr sie jedoch eine Glaubwürdigkeitskrise, von der sie sich nicht mehr erholte. Hromádka trat als Präsident der Christlichen Friedenskonferenz zurück und starb kurze Zeit später.

Mitbegründer und prominente Mitglieder der CFK gehörten in ihren sozialistischen Heimatländern häufig zu denjenigen, die nicht nur politisch, sondern auch theologisch staats- und systemnah argumentierten. Zu ihnen zählte etwa der ungarische Lutheraner Zoltán Káldy (1919–1987), seit 1958 als Bischof der Süddiözese der Evangelisch-Lutherischen Kirche Ungarns Nachfolger von Bischof Lajos Ordass. Als langjähriges Mitglied des ungarischen Parlaments und des Weltfriedensrates gehörte er zu denjenigen ungarischen Protestanten, die sich nicht am Ungarn-Aufstand 1956 beteiligten. Theologisch stand er stattdessen für eine sich an Bischof Bereczky anlehnende, marxistisch orientierte Anpassungstheologie, die er seit Ende der 1950er-Jahre als „Diakonische Theologie“ entwickelte. Mit ihr beschrieb er die Hauptaufgabe der christlichen Kirche als Dienen, und zwar nicht nur im klassischen fürsorglichen Sinne von Diakonie, sondern auch im Hinblick auf das Dienen gegenüber dem sozialistischen Gesellschaftssystem und dem sozialistischen Staat:

> „Zwischen der diakonischen Theologie unserer Kirche und der sozialistischen Gesellschaftsmacht besteht kein Widerspruch. Nachdem wir von der kapitalistischen Gesellschaftsordnung befreit waren, erkannten wir Christus als Dienenden und stellten uns in der Kirche, in der Gesellschaft und in der großen Menschheitsfamilie in seine Nachfolge.“[8]

Obwohl Káldy Lutheraner war, nahm auch die reformierte Synode 1967 die Diakonische Theologie als Richtschnur des Glaubens an. In der

8 E. Ottlyk, Der Weg einer evangelischen Kirche im Sozialismus. Die Entwicklung des ungarischen Luthertums seit 1945, Berlin 1982, 150.

Ökumene erfuhren die ungarische Theologie des Dienens und Káldys Publikationen einige Resonanz. Facettenreicher und für die westliche Ökumene faszinierender waren allerdings die sich seit den 1970er-Jahren in der evangelischen Kirche in der DDR entwickelnden Kontroversen um den Ort der Kirche in der sozialistischen Gesellschaft. Hintergrund war der kirchenpolitisch zunehmende Druck zur Abtrennung der ostdeutschen Landeskirchen von der bis dahin gesamtdeutsch agierenden EKD und die 1969 erfolgte Gründung eines eigenständigen kirchlichen Gesamtvertretungsorgans für die DDR, des Bundes der Evangelischen Kirchen in der DDR (BEK). Als Antwort auf die Frage nach dem gesellschaftlichen Ort der Kirche heute erklärte der Vorsitzende Bischof Albrecht Schönherr 1971 auf der Synode von Eisenach: „Wir wollen Kirche nicht neben, nicht gegen, sondern wir wollen Kirche im Sozialismus sein“[9]. Die daraus entstandene Formel „Kirche im Sozialismus“ war jedoch mehrdeutig: Sie konnte als Ortsbestimmung innerhalb eines Systems betrachtet werden, als Annahme der politischen Situation und als kontextuelle Theologie und konnte sowohl im Sinne kirchlich-ideologischer Anpassung wie auch als kritisches Korrektiv gegenüber dem real existierenden Sozialismus gebraucht und gedeutet werden. Im letzteren Sinne erinnerte beispielsweise der Erfurter Probst Heino Falcke (*1929) 1972 an die ideellen Grundlagen des Sozialismus: „Unter der Verheißung Christi werden wir unsere Gesellschaft nicht loslassen mit der engagierten Hoffnung eines verbesserlichen Sozialismus“[10]. Diese Vision brachte Falcke Ablehnung sowohl bei den eher kompromisssuchenden Vertretern des Kirchenbundes wie dem Konsistorialpräsidenten Manfred Stolpe (*1936) oder der Oberkirchenrätin Christa Lewek (1927–2008) wie auch bei Staat und Partei. Falcke legitimierte durch seinen theologisch anspruchsvollen Vortrag eine kritische Rolle der Kirche im Sozialismus und fand dadurch als eine unabhängige und kritische Person in der westlichen Ökumene viel Resonanz und Zuspruch. Das veränderte zugleich die Rezeption der evangelischen Kirche in der DDR im Westen: Aus der verfolgten und unterdrückten Kirche, die in den 1950er-Jahren gegen das kommunistische Regime einen Kirchenkampf bestehen musste, entstand so seit den 1970er-Jahren das Bild einer relativ eigenständigen, von der Bundesrepublik unabhängigen, kritischen und ökumenisch orientierten evangelischen Kirche in der DDR.

9 O. Lingner, Die Evangelischen Kirchen in der Deutschen Demokratischen Republik, in: Kirchliches Jahrbuch 106 (1979), 381–492, hier 477.

10 H. Falcke, Mit Gott Schritt halten. Reden und Aufsätze eines Theologen in der DDR aus zwanzig Jahren, Berlin 1986, 24.

Auf katholischer Seite hatte man stärker als im Protestantismus auf ein Überwintern und das Sich-Zurückziehen in ein kirchliches Ghetto gesetzt. Daher entwickelten sich hier weniger explizite staatstreue Theologien. Gleichwohl gab es auch hier unterschiedliche staatliche Versuche, Kirche und Theologie zu unterwandern und zu beeinflussen. Dazu gehören etwa Friedensbewegungen katholischer Priester in Ungarn und in der Tschechoslowakei, oder staatliche Versuche, Priestervereinigungen zu gründen, die von der Hierarchie unabhängig waren, die in der Regel auch nicht nach Bistümern, sondern entlang der staatlichen Gliederungen organisiert waren und die als eine Art Gewerkschaft die Interessen der Priester vertreten sollten. Da römisch-katholische Priester zölibatär leben und in Fragen wie Rentensicherung und Zukunftsfragen der eigenen Kinder nicht so erpressbar waren wie ihre evangelischen und orthodoxen Amtsbrüder, war der Erfolg solcher Vereinigungen oft gering. Das änderte aber nichts daran, dass es in allen Ländern Priester gab, die aus innerer Überzeugung der Meinung waren, die Kirche solle mehr mit dem Staat kooperieren. Außerdem gab es überall auch solche, die aus anderen Gründen erpressbar waren und so staatliche Vorgaben erfüllten.

In der Orthodoxie lassen sich die Betonung der Friedensthematik und überhaupt die Rechtfertigung der sowjetischen Innen- und Außenpolitik gegenüber ausländischen Kirchenvertretern als Felder verstehen, in denen die Staaten die Kirche erfolgreich beeinflusst haben.

Die theologische und politische Anpassung der hier geschilderten Beispiele war weniger eine bewusste strategische Entscheidung einzelner Kirchenpersönlichkeiten oder der Kirchen als vor allem eine sich allmählich ausdifferenzierende Antwort auf eine neu akzentuierte Kirchenpolitik seit den späten 1960er- und 1970er-Jahren. Nach den Jahren des stalinistischen Konfrontationskurses und der „erfolgreichen" Dezimierung des Christentums in der Gesellschaft ging es nun aus Sicht des Staates vor allem darum, die Kirchen politisch kontrollierbar zu machen und von innen heraus zu destabilisieren. Diese „Differenzierungspolitik" geschah auf unterschiedliche Weisen: durch das bewusste Schüren, Polarisieren und Isolieren unabhängiger und systemkritischer Christen, durch die Anwerbung und Einschleusung von Agenten und „inoffiziellen Mitarbeitern" in die Kirchenleitungen, Synoden, Kirchenverwaltungen und die verschiedenen kirchlichen Milieus, durch die Bespitzelung, Denunzierung und Repression staatskritischer Christen und christlicher Gruppen, aber auch durch die gezielte staatliche Auswahl und Förderung sozialistisch orientierter, staatsloyaler und angepasster Pfarrer, Theologen, Bischöfe oder anderer kirchlicher Funktionäre. Diese wurden mit leitenden Ämtern und Privilegien belohnt, gehörten zu den „Reisekadern“ und durften somit ökumenische Kontakte auch in das westliche Ausland pflegen.

Für die Kirchen brachte dies auf der einen Seite in den 1970er-Jahren eine gewisse Entspannung zwischen Staat und Kirche. In der DDR gipfelte diese in dem sogenannten „Spitzengespräch“ am 6. März 1978, in dem sich prominente Vertreter von Staat und evangelischer Kirche auf einen *modus vivendi* bzw. auf eine Art „friedliche Koexistenz“ einigten. Dazu gehörte ein wachsendes Interesse des Staates, die ökumenischen Kontakte der Kirchen und das Auftreten von Kirchenvertretern im westlichen Ausland für eigene außenpolitische Zwecke zu instrumentalisieren – was in vielerlei Hinsicht gelang. Die Anpassung eines Teils der Kirchen an das Regime rief jedoch seit den 1970er-Jahren zunehmend kritischere Stimmen hervor.

Der KSZE-Prozess und die kirchlichen Dissidenten

Die Schlussakte von Helsinki, die 1975 feierlich von Vertretern von 35 Staaten, darunter auch den Staats- und Parteichefs der sozialistischen Staaten Europas, unterzeichnet wurde, markierte den Abschluss der Entspannungsphase. Sie enthielt unter anderem das vom Heiligen Stuhl eingebrachte wichtige Prinzip VII, das die Achtung der Menschenrechte und Grundfreiheiten, darunter auch die Religionsfreiheit, herausstellte, sowie einige weitere Regelungen in den Abschnitten (den sogenannten Körben) I und III, die sich mit der Erweiterung des religiösen Informationsaustausches sowie der Vermehrung der Kontakt- und Begegnungsmöglichkeiten zwischen Menschen und konfessionellen Organisationen zu religiösen Zwecken zwischen Ost und West beschäftigten. Weil die Schlussakte von Helsinki von den jeweiligen Staatsvertretern unterzeichnet und anschließend auch in der offiziellen sozialistischen Presse veröffentlicht worden war, brachte sie einen zusätzlichen Schub für die Entstehung von legalen, aber trotzdem geistig und politisch unabhängigen Menschen- und Bürgerrechtsgruppen in Mittel- und Osteuropa. Nach dem Ort der Unterzeichnung wurden solche Gruppen häufig „Helsinki-Gruppen“ genannt. In ihnen waren auch Christen aktiv. Eine der bekanntesten Bürgerrechtsbewegungen wurde die 1977 gegründete tschechische Gruppe „Charta 77“, in der ein großer Teil katholischer und evangelischer Pfarrer und Laien zu den Erstunterzeichnern gehörte (man kann dabei von ungefähr 7–8% ausgehen) – womit sie neben den Reformkommunisten eine eigenständige Gruppe innerhalb der Charta 77 bildeten. Bis zum Ende des kommunistischen Regimes 1989 meldeten sich die Christen der Charta 77 mit unterschiedlichen Stellungnahmen zur Religionsfreiheit und zur Lage der Kirchen und Christen in der Tschechoslowakei immer wieder zu Wort. Ihre meistens in westlichen Medien und Publikationsorganen veröffentlichten Dokumente polarisierten allerdings häufig ihr Verhältnis zu den nicht an der Charta 77 beteiligten Glaubensbrüdern und -schwestern und verschärften die Spannungen zu Staat und Kirchenleitung. Verhöre, Verhaftungen, Erpressungen, weitere Berufsverbote und Ausreisedruck waren die Folge; manche Pfarrer und Theologen waren, um ihre Familie zu schützen, zur Emigration gezwungen. Der später in Basel lehrende Theologe Jan Milič Lochmann (1922–2004) gehörte dazu, oder auch der populäre Pfarrer und Liedermacher Svatopluk Karásek (*1942), der ebenfalls in die Schweiz ging.

Die Entscheidung für den Untergrund und der neue Status als Dissidenten hob auf der anderen Seite die vorherige Vereinzelung teilweise auf und ermöglichte nun miteinander abgestimmte, gemeinsame politische Aktionen. Diese vergrößerten allerdings die Distanz zwischen Kirchenleitung und Charta 77-Unterzeichnern noch mehr; letztere wurden daraufhin vom staatsloyalen Synodalrat der Evangelischen Kirche der Böhmischen Brüder (EKBB) mit Amts- und Redeverbot belegt. So blieben sie bis 1989 eine kleine, ausgegrenzte Minderheit in der EKBB, die erst nach der Samtenen Revolution von 1989/90 in den ihnen lange vorenthaltenen kirchlichen Raum zurückkehrte.

Auf katholischer Seite spielte die seit Beginn des Pontifikats von Papst Johannes Paul II. im Jahre 1978 erfolgte innerkirchliche Stärkung der tschechischen Katholiken eine wichtige Rolle für die sich formierende Zivilgesellschaft und die seit der Entstehung der Charta 77 zunehmende Kritik am sozialistischen System. Eines der wichtigsten Dokumente aus dieser Zeit stellte eine im Dezember 1987 von katholischen Laien initiierte Petition in 31 Punkten dar, die den Staat nachdrücklich zur Einhaltung der Religionsfreiheit aufrief und von über 500.000 Katholiken, Protestanten und Juden unterzeichnet wurde. Gleichzeitig nahm der bis dahin politisch zurückhaltende Prager Kardinal František Tomášek (1899–1992) seit Mitte der 1980er-Jahre eine zunehmend kritische Haltung gegenüber dem Regime ein: So beklagte er etwa öffentlich die fehlende Religionsfreiheit (etwa in einem Memorandum am 30. April 1986) und öffnete sich für Gespräche mit katholischen Charta 77-Unterzeichnern wie Václav Benda (1946–1999), Radim Palouš (1924–2015) oder Václav Malý (*1950).

Neben der Charta 77 entstanden andere von der Schlussakte zu Helsinki inspirierte Menschen- und Bürgerrechtsgruppen, z. B. 1976 die Moskauer Helsinki-Gruppe sowie das „Christliche Komitee zur Verteidigung der Rechte der Gläubigen in der UdSSR", das polnische „Komitee zur Verteidigung der Arbeiter" (KOR), eine ukrainische und eine litauische Helsinki-Gruppe oder, etwas später, 1986 in der DDR die „Initiative Frieden und Menschenrechte". In all diesen von der Schlussakte von Helsinki und deren menschenrechtlichen Bestimmungen inspirierten Gruppen waren einzelne Protestanten, Katholiken und Orthodoxe aktiv – ohne dass es allerdings eine direkte Verbindung mit der institutionellen Kirche gegeben hätte. Im Gegenteil: Oft wandten sich Mitglieder dieser Gruppen, Pfarrer, Priester oder kirchlich engagierte Laien, mit ihrem bürgerrechtlichen Engagement gegen die häufig zu dicht am Staat operierende eigene Kirchenleitung und gegen staatliche Maßnahmen, die die Religionsfreiheit einschränkten. Das brachte ihnen allerdings zusätzliche staatliche Aufmerksamkeit und Verfolgung.

Neben den Helsinki-Bürgerrechtsbewegungen bildeten sich seit den späten 1970er-Jahren weitere alternativ denkende Gruppen mit jüngeren, kritischen Stimmen. In Estland beispielsweise gehörte der lutherische Pfarrer Harri Mõtsnik (1928–2013) dazu, der sich in seinen Predigten gegen die antireligiöse Politik und die Russifizierungspolitik der Sowjetunion wandte und die theologische und nationale Sehnsucht nach Freiheit thematisierte. Er wurde 1985 verhaftet und ging nach seiner Freilassung 1986 ins Exil. Auch die beiden Pfarrer Vello Salum (1933–2015) und Vello Jürjo (*1950), die sich gegen die Russifizierung und für eine stärkere Rolle der Kirche ausgesprochen hatten, wurden verhaftet und ihres Amtes enthoben. Doch standen die evangelischen Kirchen mit ihren Leitungen in Estland und Lettland oppositionellen Stimmen und Widerstand eher distanziert gegenüber.

Etwas anders verhielt es sich bei der katholischen Kirche in Lettland und Litauen. In Riga existierte das einzige katholische Priesterseminar in der UdSSR, das – nach einer kurzzeitigen Schließung in den 1950er-Jahren – bis zu deren Ende geöffnet blieb. Allerdings versuchten die Behörden den Zugang zu reglementieren, zumal junge Männer aus allen Sowjetrepubliken dort eintreten wollten. Auch die Arbeit in den Gemeinden stand unter ständiger Beobachtung. Der litauische Priester und spätere Erzbischof Sigitas Tamkevičius (*1938) gab seit 1972 eine Untergrundzeitschrift, die „Chronik der Litauischen Katholischen Kirche", heraus und gründete mit einigen Gleichgesinnten 1978 das „Katholische Komitee zur Verteidigung der Rechte der Gläubigen". 1983 wurde er wegen antisowjetischer Tätigkeit zu zehn Jahren Lagerhaft verurteilt; wegen der veränderten politischen Umstände wurde er Ende 1988 wieder entlassen. Die Hierarchie unterstützte solche Aktionen nie offen, wohl aber insgeheim, während man sich nach außen, also den Behörden gegenüber, korrekt zu verhalten versuchte. Das führte dazu, dass zuweilen Genehmigungen erlangt werden konnten, etwa für die Publikation muttersprachlicher Messbücher nach den Reformen des Zweiten Vatikanischen Konzils. Das „Komitee" informierte als ersten Schritt nach seiner Gründung Papst Johannes Paul II. und berief sich ausdrücklich auf seine Worte: „Lange Zeit, als unsere Gläubigen laut nach Hilfe gerufen haben, als wir verfolgt wurden und gekämpft haben, wurden wir für die ‚schweigende Kirche' gehalten. Wir haben uns sehr gefreut, aus dem Munde Eurer Heiligkeit zu hören, dass es von nun an keine ‚schweigende Kirche' mehr gibt, denn sie wird sprechen mit den Lippen des Papstes."[11] Der Widerstand gegen das Regime geschah also nicht gegen die eigene Kirchenleitung, auch wenn es keine offene Unterstützung durch die litauischen Bischöfe gab. Auch hier zeigte sich, dass sich die Behörden von der Tatsache beeindrucken ließen, dass es die katholische Kirche als weltweite Organisation gab.

Auch in der Russischen Orthodoxen Kirche stellten sich immer wieder einzelne Priester und Laien gegen die staatliche Unterdrückung der Religion und die politische Linie der Kirchenleitung. Die ersten Proteste dieser Art gab es bereits in den 1960er-Jahren, nachdem die Kirche in ihrem Statut das Verlangen des Staates erfüllt hatte, den aus Laien besetzten Gemeinderat zum höchsten kirchlichen Gremium zu machen, sodass die Gemeindepriester formal Angestellte dieses Rates waren. Erzbischof Jermogen (Golubew, 1896–1978) schrieb 1961 einen Brief an Staats- und Parteichef Nikita Chruschtschow, in dem er sich auf den Buchstaben des Gesetzes berief, ähnlich wie die säkularen „prawosaschtschitniki", die „Rechtsbewahrer" – also Dissidenten, die vom Staat nichts anderes als die Einhaltung seiner Gesetze verlangten. Nachdem der Erzbischof 1965 mit anderen einen Protestbrief an den Patriarchen geschrieben hatte, wurde er schließlich gegen seinen Willen in den Ruhestand versetzt und musste bis zu seinem Tod 1978 in Klosterverbannung leben. Er war der einzige Bischof, der öffentlich gegen die Situation im Sowjetstaat auftrat.

Hingegen gab es einige Priester, die sich entweder ebenfalls gegen das genannte Statut stellten, andere Maßnahmen der Kirchenleitung anprangerten oder einfach durch seelsorgerische Aktivitäten auffielen. Zu den letzteren gehörte der Moskauer Priester Dmitri Dudko, der – entgegen den Gewohnheiten – in jedem Gottesdienst eine Ansprache hielt und dabei auf Anfragen einging, die die Gläubigen vorher aufschreiben

11 R. Kubina, Sigitas Tamkevičius SJ, in: Th. Bremer / B. Haneke (Hg.), Zeugen für Gott. Glauben in kommunistischer Zeit (Band 1), Münster 2014, 153–166, hier 155.

und ihm anonym einreichen konnten. Seine Gemeinde wuchs rasch, die Fragen und die Antworten wurden im Westen bekannt und verbreitet. Daraufhin wurde er auf Betreiben der Behörden mehrfach versetzt und schließlich verhaftet. Nach einer öffentlich verbreiteten Reueerklärung, deren Hintergründe nie geklärt werden konnten, konnte er wieder als Priester aktiv sein.

Eine Reihe von religiösen Dissidenten aus Mittel- und Osteuropa versuchten, sich mit ihren Anliegen an eine internationale Öffentlichkeit zu wenden. Manche konnten ihre in den Westen geschmuggelten Schriften dort veröffentlichen (in gedruckter Form oder durch Sendung in russischsprachigen Rundfunksendern, die über Kurzwelle auch in der UdSSR gehört werden konnten), andere wandten sich an westliche Kirchen, an ökumenische Gremien und Institutionen sowie an internationale Konferenzen von Kirchen- und Religionsvertretern, die in der UdSSR mit großem Propagandaaufwand organisiert wurden und die zur Abrüstung und gegen die Weltraumrüstung aufriefen. Archivdokumente belegen, dass es Bischöfe gab, die insbesondere die Anwesenheit von ausländischen Delegierten bei solchen Konferenzen gegenüber den Behörden dahingehend zu nutzen versuchten, dass sie – meist ohne positives Ergebnis – Änderungen in der Religionspolitik oder wenigstens einzelne Erleichterungen verlangten.

Größer als die Zahl der kirchenleitenden Persönlichkeiten war die Zahl der Laien, die in verschiedenen Gruppen aus religiösen Motiven eigeninitiativ handelten und deswegen in Konflikt mit den staatlichen Behörden gerieten. Das betraf einerseits Gläubige, die gegen konkrete Maßnahmen der Behörden in ihrer eigenen Gemeinde protestierten. Häufig waren das Gemeinden von Priestern oder Pfarrern, die den staatlichen Organen ohnehin als „zu" aktiv bekannt waren. Es gab aber andererseits auch Berichte, wonach sich Gläubige über die eigenen Gemeindepriester oder über den Gemeindevorstand beschwerten, weil diese eher im Sinne des Staates als in dem der Kirche und der Gläubigen agierten. Oft blieb es hier bei konkreten Beschwerden (denen zuweilen sogar abgeholfen wurde), ohne dass ein „Dissidententum" im Sinne einer reflektierten Distanz zu Staat und Kirchenleitung entstanden wäre. Weiterhin gab es Aktivitäten von Frauen, etwa die sich als feministisch (und orthodox) verstehende Gruppe „Maria" in Leningrad, oder die religiöse Dissidentin Soja Krachmalnikowa (1929–2008), die den religiösen Almanach „Nadeshda" (Hoffnung) im Selbstverlag herausgab. Auch dieser Almanach gelangte in den Westen, wurde dort im Kleinformat in russischer Sprache gedruckt und oft wieder in die Sowjetunion geschmuggelt. Die im Westen bekannteste religiöse Dissidentin

Tatjana Goritschewa (*1947), die 1980 die Sowjetunion verlassen musste, veranstaltete Seminare zu religiösen Themen und gab die Untergrundzeitschrift „37“ heraus. Sie verstand sich zwar nicht als Feministin, befasste sich aber mit der Rolle der Frau in der Sowjetunion und den religiösen Implikationen dieser Frage. Andere Dissidenten entdeckten theologische Fragen und versuchten durch Lektüre und in selbstorganisierten Seminaren, sie zu diskutieren. Wieder andere verbanden die orthodoxe Position mit einer russisch-nationalen oder nationalistischen und sahen in der Orthodoxie einen elementaren Bestandteil des Russischseins.

Alle diese dissidentischen Personen und Gruppen wurden jedoch von der orthodoxen Kirchenleitung nicht in Schutz genommen, selbst dann nicht, wenn sie zu Gefängnis- oder Lagerstrafen verurteilt wurden oder wenn es Wellen von staatlichen Maßnahmen gab. Auch in Bezug auf die nicht religiös motivierten Dissidenten blieb die kirchliche Führung staatsloyal und trat nicht für sie ein. Umgekehrt hatten die „säkularen“ Dissidenten praktisch kaum Kontakt zur Kirche, die von ihnen zumeist als staatsnahe Institution wahrgenommen wurde. Die Verteidiger der Menschenrechte, die jüdischen Dissidenten oder die verschiedenen national orientierten Gruppen von Dissidenten (in der Ukraine, dem Baltikum oder den kaukasischen Republiken) hatten zwar zuweilen Kontakte zu den religiösen Dissidenten, nicht aber zur orthodoxen Kirche.

Eine gut organisierte religiöse Protestbewegung, die im Ausland vor allem dank der Unterstützung durch das britische Keston College, eine Organisation zur Unterstützung von Christen in kommunistischen Ländern, bekannt war, war der staatlich nicht anerkannte „Rat der Gemeinden der Evangeliumschristen-Baptisten“, der offen seinen Widerstand gegen die diskriminierende Religionspolitik äußerte. Aus diesem Milieu stammte die am längsten existierende dissidentische Menschenrechtsorganisation der UdSSR – der „Rat der Verwandten von inhaftierten Evangeliumschristen-Baptisten“, der von 1964 bis 1987 bestand. Im „Rat der Gemeinden“ wurde ein System von geheimen Druck- und Vervielfältigungsmöglichkeiten eingerichtet, das die Produktion von kirchlicher Literatur für die Gemeinden ermöglichte – Bibeln, Gesangbücher, Periodika mit religiösem Inhalt und mit Mitteilungen über die Verfolgung von Gläubigen. Von Anfang an verstand die Leitung des „Rates der Gemeinden“ die Wichtigkeit des internationalen Faktors für seinen Widerstand gegen den Sowjetstaat und schuf effektive Kanäle, auf denen Informationen in den Westen gelangen konnten.

Mit den 1980er-Jahren wurde der Einfluss der religiösen Dissidenten in der Sowjetunion geringer, weil es den staatlichen Behörden gelungen war, sie fast völlig zurückzudrängen. Einige von ihnen konnten oder mussten emigrieren, andere wurden inhaftiert oder zum Schweigen gebracht. Kurz nach dem Beginn der Perestroika wurde Religion zu einem Thema, das in der russischen Gesellschaft anerkannt war, und die Kirchen konnten unbehelligter von staatlichen Einflüssen agieren. Das religiöse Dissidententum im sowjetischen Sinne war damit obsolet – die Vorwürfe gegen die Russische Orthodoxe Kirche hielten jedoch an, und die bisherigen Dissidenten nahmen teils sehr unterschiedliche Positionen ein.

In der katholischen Kirche gab es ebenfalls Dissidenz in Form von Widerstand gegen die Haltung der Bischöfe. Das wohl wichtigste Beispiel war hier Ungarn und die von dem Piaristenpater György Bulányi (1919–2010) gegründete Bewegung „Bokor". Sie war in kleinen Gruppen organisiert, die sich unabhängig voneinander trafen und die von Priestern geleitet wurden. Mit einfachen Grundprinzipien (wie Dienst am Nächsten und Gewaltlosigkeit) versuchten sie die christliche Lehre ins Leben umzusetzen. Sie hatten keine oder wenigstens keine offiziellen Kontakte zur Hierarchie, der sie nicht vertrauten. Allerdings besuchten die Mitglieder dieser Gruppen in der Regel die „normalen" Gottesdienste in den Gemeinden.

In der Tschechoslowakei gab es – neben den oben genannten Aktivitäten der Charta 77 – ebenfalls eine katholische Untergrundkirche, die auch Bischöfe hatte, die seit den 1960er-Jahren geheim geweiht worden waren. Bereits vorher hatten Bischöfe, die zumeist an der Ausübung ihres Amtes gehindert wurden, Priester für die Untergrundgemeinden geweiht. Manchmal wurden auch Priesteramtskandidaten bei „privaten" Besuchen in der DDR von ostdeutschen Bischöfen im Geheimen geweiht, oder es wurden, wie bereits erwähnt, verheiratete Männer zu Priestern und zu Bischöfen geweiht, zuweilen auch Frauen.

In allen diesen katholischen Gruppen in den verschiedenen Ländern gab es Überlegungen, die mit dem Zweiten Vatikanischen Konzil angestoßene Öffnung der katholischen Kirche auch auf die konkreten Verhältnisse im eigenen Land zu übertragen. Doch waren am Sozialismus orientierte Modelle wie in der lateinamerikanischen Befreiungstheologie in Mittel- und Osteuropa nie attraktiv, da sie als zu nahe am Marxismus gesehen wurde – waren es doch (jedenfalls formal) ebensolche Marxisten, die die osteuropäischen Christen verfolgten.

In der DDR entstanden unter dem schützenden Dach der evangelischen Kirche Gruppen und Kreise, die sich gegen die zunehmende Militarisierung der DDR, für ein atomwaffenfreies Europa und für internationale Abrüstung im Kontext des NATO-Doppelbeschlusses einsetzten.

32 Proteste der Basisbewegung „Kirche von Unten" während des Evangelischen Kirchentages in der DDR 1987 in Berlin

Sie bildeten die Basis der sogenannten „unabhängigen Friedensbewegung" – und waren damit die einzige politische Alternative zur staatlich-ideologischen Friedensbewegung der DDR. Sehr bekannt wurde beispielsweise 1982 der „Berliner Appell – Frieden schaffen ohne Waffen" des DDR-Jugendpfarrers Rainer Eppelmann (*1943) und des DDR-Oppositionellen Robert Havemann (1910–1982) sowie die Bewegung „Schwerter zu Pflugscharen". Etwas Neues war auch das 1983 gegründete DDR-weite Netzwerk „Frieden konkret". Doch auch in der DDR führte, ähnlich wie in der Tschechoslowakei bei der Charta 77, die zunehmende Vernetzung und das deutliche Anwachsen der oppositionellen Friedensgruppen zu harten Gegenoffensiven von Staat und Partei: Repressionen, Verfolgungen, Verhaftungen, Zensur, Bespitzelungen und Abschiebungen in die Bundesrepublik waren die Folge. Für die evangelischen Kirchen ergab sich dadurch eine Dilemma-Situation: Denn obwohl die Gruppen unter dem Dach der Kirche Schutz fanden, war das Verhältnis von evangelischer Kirche und solchen Gruppen innerkirchlich sehr umstritten. Da sich die Kirchen selbst nicht als politische Opposition verstanden, wollten sie eine solche auch nicht unterstützen. Die meisten leitenden Kirchenvertreter, vor allem auf der höchsten hierarchischen Kirchenebene des Bundes der Evangelischen Kirchen in der DDR oder in den Leitungen der Landeskirchen, vermieden dabei Konflikte mit dem Staat. Sie versuchten deshalb, kritische Themen wie etwa die sichtbar werdende Umweltzerstörung oder die individuellen Menschen- und Bürgerrechte aus der Debatte herauszuhalten und so die oppositionellen Kreise und Initiativen zu disziplinieren. Die SED wiederum setzte genau an diesem Punkt an und verfolgte die Strategie, die leitenden Kirchenfunktionäre des Bundes der Evangelischen Kirchen auf ihre Seite zu bringen und sie zu einem systemstabilisierenden Faktor zu machen. In vielen Fällen hatte sie damit auch Erfolg. Als die Synode des Bundes der Evangelischen Kirchen in der DDR im September 1987 in Görlitz tagte, verweigerte sie beispielsweise ihre Zustimmung zu einem Antrag, der von einer Basisgruppe unter dem Titel „Absage an Praxis und Prinzip der Abgrenzung“ eingebracht worden war und bei dem unter dem Stichwort „Abgrenzung“ die tabuisierte innerdeutsche Grenze sowie das Fehlen wesentlicher Grund- und Freiheitsrechte in der DDR thematisiert wurden. Gleichwohl zeigte sich hier, dass die SED-Führung nicht alles kontrollieren konnte und die Kirchen durchaus eigenen Handlungsspielraum besaßen.

Das wurde besonders an der „Ökumenischen Versammlung“ in der DDR deutlich. Das waren eigentlich drei Versammlungen, die im Kontext des vom Weltkirchenrat 1983 angestoßenen „Konziliaren Prozesses für Gerechtigkeit, Frieden und Bewahrung der Schöpfung“ 1988/89 in Dresden und Magdeburg stattfanden. Erstmals kamen hier Christen aus allen Kirchen der DDR zusammen und diskutierten kritische Themen der DDR-Gesellschaft, wie die Umweltproblematik in der DDR, Fragen der Militarisierung der DDR oder des möglichen Friedensbeitrages der Kirchen. Durch mehr als 10.000 Zuschriften, die die Veranstalter im Vorfeld der Versammlung erhalten hatten, erhielten die Treffen eine ungewöhnlich breite Legitimation und starke Resonanz. Besonders einflussreich wurde der Text „Mehr Gerechtigkeit in der DDR“, der in Teilen bereits die Programme der späteren Bürgerrechtsbewegungen vorwegnahm. Trotz intensiver Bemühungen gelang es der Staatssicherheit und dem Staatssekretariat für Kirchenfragen nicht, die Annahme dieses kritischen Textes zu verhindern. In den Ökumenischen Versammlungen in der DDR trat eine kirchliche Öffentlichkeit hervor, deren Repräsentanten sich in der Endphase des Regimes mutig und nachdrücklich für eine Reform der DDR-Gesellschaft einsetzten und vor dem Hintergrund der großen Fluchtbewegung aus der DDR darum warben, im Land zu bleiben und sich für Veränderungen einzusetzen.

4. Die Ökumene in der Auseinandersetzung mit dem Kommunismus

Grundsätzlich waren das Christentum und der christliche Glaube in seiner institutionellen Form der Kirchen zwar in den jeweiligen Ländern in nationalen Formen und in unterschiedlichen Konfessionen präsent. Sie alle lebten (und leben) aber in der Hoffnung und in der Zuversicht, dass eines Tages sämtliche Kirchenspaltungen und historisch-konfessionellen Trennungen überwunden sein werden, und alle Christen und Christinnen in Christus einig werden. Man bezeichnet diese Hoffnung auf die Einheit aller Christen und die Bemühungen darum als Ökumene, wobei sich der christliche Glaube aus sich selbst heraus bereits als global und transnational versteht. Es gehört zum Wesen des christlichen Glaubens, dass sich der Gläubige nicht mit dem jeweiligen Status quo abfinden will. Daher wurde immer wieder versucht, über politische Trennungen wie den Eisernen Vorhang zwischen Ost- und Westeuropa Brücken zu den eigenen Glaubensbrüdern und -schwestern zu schlagen.

Die ökumenischen Organisationen

Im Protestantismus gab es vielfältige ökumenische Initiativen und Organisationen, die Kontakte zwischen Ost- und Westeuropa suchten und aufrechterhielten. Sie umfassten die kirchenleitende Ebene ebenso wie die Ebene von Gemeinden und Gruppen, und unterschiedliche Kirchen und konfessionelle Gemeinschaften oder Einrichtungen, wie etwa die zwischenkirchliche Hilfe durch die Diakonie oder das evangelische Gustav-Adolf-Werk. Aber auch gemeinsame theologische Kooperationen und Dialoge, Begegnungen von Landeskirchen, Synoden, Kirchenleitungen, Kirchentagen und Gemeinden, Treffen von theologischen Hochschulen und Fakultäten, von evangelischen Kirchen im Ostseeraum (Nordisch-Deutscher Kirchenkonvent) wie auch gemeinsame Aktivitäten z. B. durch Chöre, Bibelwochen oder Friedensgruppen gehörten dazu. Neben Aktivitäten der einzelnen Landeskirchen in der Bundesrepublik und der EKD, unter denen die 1952 unternommene Moskaureise des angesehenen evangelischen Kirchenpräsidenten Martin Niemöller (1892–1984) sowie der erste Besuch einer Delegation des Rates der EKD bei den Kirchen in der Tschechoslowakei im März 1955 für besonderes Aufsehen sorgten, entfalteten Christen in den Niederlanden ein reges Wirken: Die beiden reformierten Kirchen in den Niederlanden, die überkonfessionelle niederländische Friedensbewegung IKV (Interkerkelijke Vreedesberaad) oder die niederländische Pax-Christi-Bewegung waren seit den 1970er-Jahren sehr aktiv mit ihren Kontakten in die DDR und nach Osteuropa. Aber auch vom britischen Council of Churches sowie von skandinavischen Gemeinden, Kreisen und Kirchen gingen verschiedene ökumenische Initiativen aus, die eine Brücke zwischen Ost- und Westeuropa schlagen wollten.

Ein wichtiger Dreh- und Angelpunkt der unterschiedlichen Begegnungen zwischen Ost und West waren die Treffen und Zusammenkünfte der internationalen ökumenischen Organisationen, die in Genf angesiedelt waren. Zu ihnen zählte und zählt der Ökumenische Rat der Kirchen (ÖRK), der heute mehr als 350 Mitgliedskirchen in über 140 Ländern aufweist, und zwar protestantischen, orthodoxen, anglikanischen und pfingstlerischen Bekenntnisses. Er entstammt ökumenischen Initiativen aus der Zwischenkriegszeit; vor allem die parallel zum ÖRK entstehende und dann als eine Art außenpolitische Abteilung agierende Kommission der Kirchen für Internationale Angelegenheiten (CCIA) hatte einen starken anglo-amerikanischen Akzent. Doch bereits bei der Gründungsversammlung des ÖRK 1948 in Amsterdam zeigte sich, dass der Kalte Krieg, und mit ihm der Systemgegensatz von West und Ost, von Kapitalismus und Kommunismus, eine der großen neuen Herausforderungen für die internationale kirchliche Gemeinschaft darstellte. Besonders deutlich wurde das in der vierten Sektion der Vollversammlung, die den Titel „Die Unordnung der Welt und Gottes Heilsplan" trug. Als Hauptredner waren der amerikanische Außenpolitiker John Foster Dulles (1888–1959) und der tschechische Theologe Josef Hromádka eingeladen. Beide vertraten zwei diametral entgegengesetzte Konzepte darüber, welchen Weg die Kirchen und die Ökumene angesichts der zunehmenden Spannungen zwischen Ost und West einschlagen sollten. So warb Dulles für die freie Gesellschaft und die individuellen Menschenrechte und warnte vor dem Kommunismus, während Hromádka den kapitalistischen Westen auf einem neuen moralischen Verfallsweg und neue soziale Bewegungen vor allem aus dem Osten kommen sah. Doch entschied sich der abschließende Bericht weder für die eine noch für die andere Richtung, sondern empfahl nachdrücklich, dass die Kirchen sowohl die Ideologie des Kommunismus als auch die des Kapitalismus verwerfen und stattdessen einen von den Machtblöcken unabhängigen „dritten Weg" einschlagen sollten, wie dieses Zitat aus der Schlusserklärung der Amsterdamer Versammlung zeigt:

„22. Die christliche Kirche sollte die Ideologien beider verwerfen, des Kommunismus und des Laissez-faire-Kapitalismus, und danach trachten, die Menschen von der falschen Vorstellung zu befreien, diese beiden stellten die einzige Alternative dar. Beide haben Versprechungen gemacht, die sie nicht einlösen konnten. Die kommunistische Ideologie betont wirtschaftliche Gerechtigkeit und verheißt, die Freiheit werde sich automatisch aus der Vollendung der Revolution ergeben. Der Kapitalismus betont die Freiheit und verheißt, die Gerechtigkeit werde sich ganz von selbst aus der freien Wirtschaft ergeben. Auch dies ist eine Ideologie, die sich als falsch erwiesen hat. Es gehört zu der Verantwortung der Christen, neue schöpferische Lösungen zu suchen, die es nicht zulassen, daß Gerechtigkeit und Freiheit sich gegenseitig zerstören."[12]

Ob es aber einen solchen dritten Weg in einer von der Rivalität der Supermächte geprägten bipolaren Welt überhaupt geben konnte, blieb eine offene Frage und ein grundlegendes Dilemma im ÖRK. Denn faktisch wurde der ÖRK seit seiner Gründung 1948 von verschiedenen Seiten für eigene politische Zwecke vereinnahmt. So instrumentalisierten ihn US-amerikanische Politiker in den 1950er-Jahren gerne als Werkzeug einer am Marshallplan orientierten Wiederaufbaupolitik Europas und einer antikommunistisch bestimmten Außenpolitik Großbritanniens und der USA. Aktive englische und amerikanische Ökumeniker wie der spätere amerikanische Außenminister John Foster Dulles beförderten die westliche Ausrichtung des ÖRK im Hinblick auf Demokratie, auf Religionsfreiheit und auf Unterstützung der Vereinten Nationen. Der mit Dulles befreundete amerikanische Theologe Reinhold Niebuhr (1892–1971), der sich bis zum Zweiten Weltkrieg dem Religiösen Sozialismus zuordnen ließ, lieferte die theologisch-philosophischen Grundlagen des amerikanischen Antikommunismus der 1950er-Jahre, etwa in seinem 1953 erschienenen Essay „Why is Communism so evil?". Dieser Text, der während der schlimmsten Schauprozesse erschien, die gegen Kirchenführer in Mittel- und Osteuropa geführt wurden, knüpfte wie auch andere Äußerungen Niebuhrs an sein in der Auseinandersetzung mit dem Nationalsozialismus gewonnenes Bild von den Kindern des Lichtes und den Kindern der Finsternis an und zeichnete den Systemgegensatz zwischen USA und UdSSR, also zwischen Demokratie und Kapitalismus einerseits und Sozialismus und Kommunismus andererseits, als ein Schwarz-Weiß-Bild. Darin betonte er die unvereinbaren ideologischen Gegensätze zwischen den beiden Systemen und bewertete den Kommunismus als grausamer denn den Nationalsozialismus.

12 Die Kirche und die Unordnung der Gesellschaft. Bericht der Sektion III, in: F. Lüpsen (Hg.), Amsterdamer Dokumente. Berichte und Reden auf der Weltkirchenkonferenz in Amsterdam 1948 (Erstes Beiheft zu der Halbmonatsschrift Evangelische Welt), Bethel [2]1948, 45–57, hier 53f.

Niebuhr hatte allerdings, wie die meisten seiner amerikanischen Kollegen, nicht besonders viel Erfahrung aus erster Hand mit der veränderten Situation der Kirche in Osteuropa; seine Ausführungen blieben daher im Hinblick auf die konkreten Lebensbedingungen von Christen im Kommunismus vage.

Nicht ganz zu Unrecht galt der ÖRK bis in die späten 1960er-Jahre in den Augen der östlichen Parteipolitiker als eine kapitalistische, imperialistische Organisation, die bekämpft und unterwandert werden musste. Man setzte daher auf eine eigene sozialistische, auf die Ökumene hin orientierte Alternative und beförderte die Gründung der Christlichen Friedenskonferenz.

Für Willem Visser't Hooft (1900–1985), von 1948 bis 1968 erster Generalsekretär des ÖRK, und seine Zeitgenossen waren allerdings die Religionsfreiheit in den sozialistischen Ländern, die mentale und materielle Unterstützung der mittel- und osteuropäischen Mitgliedskirchen und ihrer Repräsentanten sowie das Bemühen, den Mitgliedskirchen in ihren schwierigen Situationen beizustehen und eine authentische Kirche zu unterstützen, vor allem Ausdruck humanistischen Christentums und transnationaler Solidarität. Mit dem Generationenwechsel, der Globalisierung und der Entspannungspolitik entwickelten sich dann beim ÖRK jedoch in den 1970er-Jahren neue Schwerpunkte. Er unterstützte die neue Ostpolitik des bundesdeutschen Kanzlers Willy Brandt (1913–1992) und den gesamteuropäischen KSZE-Prozess. Der Furcht, von den weltlichen politischen Kräften beider Systeme unter dem Vorwand der Entspannungspolitik missbraucht und instrumentalisiert zu werden, versuchten die Mitglieder der CCIA dadurch zu begegnen, dass sie nun das europäische Menschenrechtsthema in einem globalen Kontext ansiedelten und so versuchten, über das westlich liberale und individuelle Menschenrechtsverständnis hinauszukommen. Der seit dem Zweiten Weltkrieg nachhaltig verfolgte Einsatz des ÖRK für die Religionsfreiheit nahm nun zugunsten einer zunehmend globaleren Betrachtung des Themas Menschenrechte an Bedeutung ab. Dabei spielte eine nicht unerhebliche Rolle, dass sich die Mitglieder des ÖRK aus verschiedenen Konfessionen und politischen Systemen zusammensetzten. So gehörten seit der ÖRK-Vollversammlung in Neu-Delhi 1961 auch die Russische Orthodoxe Kirche sowie die meisten anderen europäischen orthodoxen Kirchen als volle und gleichberechtigte Mitglieder dem ÖRK an.

Dazu kam, dass im Zusammenhang mit der Entkolonialisierung der 1960er-Jahre die Zahl von Mitgliedskirchen aus dem globalen Süden anstieg. Das waren zumeist Kirchen in unlängst unabhängig gewordenen Staaten, für die Fragen nach Gerechtigkeit, insbesondere nach der Verteilung der Ressourcen, höchste Priorität hatten. Das bedeutete jedoch auch, dass Osteuropa und die Situation der Kirchen dort mehr aus dem Fokus gerieten. Der ideologische Konflikt zwischen Ost und West wurde nun zu einem sozialen Konflikt zwischen Nord und Süd. Zugleich konnte diese neue Orientierung jedoch auch als Anpassung an einen stärkeren kommunistischen Einfluss im ÖRK gedeutet werden.

Besonders deutlich wurde dieses Dilemma auf der fünften Vollversammlung des ÖRK im Dezember 1975 in Nairobi. Zwei Mitglieder der Russischen Orthodoxen Kirche, der Priester Gleb Jakunin (1934–2014) und der Laie Lew Regelson (*1939), hatten einen offenen Brief an die Teilnehmer der Vollversammlung gesandt und sie dazu aufgefordert, die Verletzung der Religionsfreiheit in der Sowjetunion mit einer öffentlichen Stellungnahme zu verurteilen. Dieser Brief war in der Kongresszeitung veröffentlicht worden. Die in Nairobi anwesenden Vertreter der Russischen Orthodoxen Kirche reagierten zuerst gar nicht; nach einigen Tagen erklärten sie, dass es sich bei den beiden Verfassern (die später beide wegen „antisowjetischer Tätigkeit" verhaftet wurden) um Einzelstimmen handele und dass in der UdSSR Glaubensfreiheit herrsche; sie sprachen sich daher entschieden gegen eine solche Resolution aus. Auf der anderen Seite sah sich der ÖRK einem hohen Druck der westlichen Medien ausgesetzt, da sich dort inzwischen der Eindruck festgesetzt hatte, dass sich der ÖRK zwar gegen Rassismus und Apartheid in Südafrika einsetze, gegenüber Menschenrechtsverletzungen im Osten jedoch schweige – dass seine Politik also kommunistische und sozialistische Regimes bevorzuge. Nach langen Diskussionen entschied sich die Vollversammlung für eine Kompromissformulierung, die auch von den Mitgliedern der Russischen

33 Solidaritätsplakat für den inhaftierten russischen orthodoxen Priester Gleb Jakunin, 1983

Orthodoxen Kirche akzeptiert wurde: Da der Brief kein offizielles Dokument der Vollversammlung war (weil er nicht von einer Mitgliedskirche stammte), konnte er auch nicht offiziell behandelt werden. Man verabschiedete eine Resolution, die abstrakt formulierte, dass die Ökumene Christen aus beiden politischen Lagern Europas verbinde und sie als Glieder des Leibes Christi nicht schweigen dürften, wenn sich in dieser Welt Probleme ergäben – die gegenseitige Beratung müsse jedoch Ausdruck christlicher Liebe sein.

Die Debatten von Nairobi verdeutlichten einer breiteren Öffentlichkeit, wie politisch kontrovers das Thema der Menschenrechte und der Religionsfreiheit in Mittel- und Osteuropa im ÖRK diskutiert wurde. Die unterschiedlichen Haltungen, wie sie von verschiedenen in der Ökumene Engagierten zum Umgang mit den Mitgliedskirchen in Mittel- und Osteuropa vertreten wurden, verhinderten dabei klare Stellungnahmen oder sogar eine einheitliche Strategie. Zwei unterschiedliche Richtungen wurden aber in den 1970er-Jahren deutlich und blieben auch bis zum Ende des Ostblocks bestimmend: Die Leitung des ÖRK und seiner CCIA setzte eher auf eine globale Diskussion der Menschenrechte sowie auf die Interdependenz von individuellen und sozialen Menschenrechten und zog sich inhaltlich und personell aus Osteuropa zurück. Man wolle sich nicht in die inneren Angelegenheiten der Sowjetunion und der Russischen Orthodoxen Kirche einmischen, sondern suchte den Dialog, nicht zuletzt, um die nach wie vor schwache Position der Kirche im Kommunismus zu schützen und sie nicht durch Polarisierung zu gefährden. Man berief sich dabei auch auf informelle Auskünfte von mittel- und osteuropäischen Kirchenvertretern, dass es für sie und ihre Kirchen besser sei, wenn die Religionsverfolgung im Westen nicht thematisiert würde. „Für diese Dissidenten galt: Politische Exkommunikation bedeutete auch ökumenische Exkommunikation"[13], fasste diese Entscheidung der niederländische Theologe Laurens Hogebrink (*1942) zutreffend zusammen. Andere Organisationen hingegen klagten die Religionsverfolgung in den kommunistischen Staaten an und dokumentierten sie, warfen den offiziellen Vertretern der osteuropäischen Kirchen vor, dazu zu schweigen, publizierten dissidentische Texte im Westen und versuchten durch dieses eher konfrontative Vorgehen die westlichen Kirchen für ein größeres Engagement zu gewinnen. Dazu gehörten vor allem private Institutionen und Initiativen

13 L. Hogebrink, Ökumene und Kalter Krieg. Ein Erfahrungsbericht, in: J. Garstecki (Hg.), Die Ökumene und der Widerstand gegen Diktaturen. Nationalsozialismus und Kommunismus als Herausforderung an die Kirchen, Stuttgart 2007, 176–189, hier 178.

wie das bereits erwähnte Keston College in England oder das Institut „Glaube in der Zweiten Welt" in Zürich.

Neben dem ÖRK galt die 1959 gegründete Konferenz Europäischer Kirchen (KEK), die ebenfalls ihren Sitz in Genf hat, als bedeutendes Forum der ökumenischen Ost-West-Begegnung. Wachsende Teilnehmerzahlen an ihren Tagungen und Vollversammlungen machten die KEK zu einem wichtigen geistlichen Ort der Begegnung zwischen Ost und West. Ihre Mitgliedskirchen stammten aus verschiedenen evangelischen, anglikanischen und orthodoxen Traditionen. Da in den 1970er-Jahren 44% ihrer Mitgliedskirchen aus den Ländern des Ostblocks stammten, galt die KEK, stärker als der ÖRK, als ein Spiegel des geteilten Europa, an dem zugleich die besondere politische Problematik kirchlicher Ost-West-Beziehungen deutlich wurde. Das zeigt sich schon an der Gründungsgeschichte dieser Organisation; nach einigen vorbereitenden Treffen fanden die ersten Vollversammlungen in Dänemark statt. Die vierte Vollversammlung, auf der eine Satzung angenommen wurde, musste 1964 auf einem in internationalen Gewässern kreuzenden dänischen Schiff stattfinden, damit Vertretern aus allen Ländern eine einfache Teilnahme ermöglicht werden konnte.

Ein besonderes Problem war für die KEK auch, dass zahlreiche osteuropäische Mitglieder der KEK zugleich auch Mitglieder in der Prager Christlichen Friedenskonferenz (CFK) waren. Dadurch rückten politische KEK-Äußerungen häufig sehr dicht an die von der Sowjetunion vertretenen außenpolitischen Interessen. Wo das nicht der Fall war, gelangen dann oft nur etwas unbestimmte Konsensformeln, etwa dass die europäische Sicherheit die ganze Unterstützung der Kirchen brauche und dass die KEK dabei selber als eine Art Brücke für Begegnungen, Austausch und gemeinsame Konsultationen von Kirchenvertretern zwischen Ost und West fungieren müsse. Der Ansatz, über die politische Ebene hinaus eine gemeinsame europäische spirituelle und kirchliche Dimension aufzubauen und Raum für die Begegnung zu schaffen, blieb die Hauptaufgabe der KEK. Der Versuch, sich 1979 mit einem Menschenrechtsprogramm der Kirchen zur Verwirklichung der Schlussakte von Helsinki zu profilieren, misslang indes.

In ähnlicher Weise kennzeichneten auch das Dialogparadigma der Entspannungspolitik und die Rücksicht auf eigene Mitgliedskirchen die osteuropaspezifischen Aktivitäten bei den beiden großen konfessionellen Zusammenschlüssen des internationalen Protestantismus, dem Reformierten Weltbund und dem Lutherischen Weltbund. Der Lutherische Weltbund umfasste Mitte der 1970er-Jahre ca. 53 Millionen der weltweit insgesamt 70 Millionen Lutheraner, wobei die meisten – 48,44 Millionen – in Westeuropa und 9,63 Millionen in der DDR und in Osteuropa zu finden waren. Die traditionell starke Stellung des nordischen Luthertums zeigte sich Mitte der 1970er-Jahre, als Osteuropa als ein eigenes Arbeitsfeld etabliert wurde, in der Besetzung der beiden maßgeblichen Funktionen im Stab des Lutherischen Weltbundes: So hatte der finnische Pastor Risto Lehtonen (*1926) seit 1973 die Funktion des offiziellen KSZE-Beobachters für den LWB inne, während sein dänischer Kollege Pfarrer Paul Hansen (1920–1992) für die lutherischen Minderheitskirchen in Mittel- und Osteuropa zuständig war. In dieser Kooperation wurde nicht nur der KSZE-Prozess intensiv begleitet, sondern auch die vorher nur lose geknüpften Verbindungen des LWB mit lutherischen Gemeinden in Estland, Lettland und Litauen und dem Rest der UdSSR sowie mit kleineren lutherischen Kirchen in der Tschechoslowakei, in Rumänien, Polen, Jugoslawien und Ungarn gestärkt. Ihre Hauptaufgabe sahen sie in der praktischen Unterstützung der Religionsfreiheit in Mittel- und Osteuropa, indem sie möglichst konkrete Arbeitsschwerpunkte für ihre osteuropäischen Minderheitskirchen suchten. Dazu gehörte weiterhin die konsequente Ausweitung von Besuchsprogrammen und betreuter Gemeindearbeit in den baltischen Gebieten und in Sibirien, Kirgisien und Tadschikistan in der Sowjetunion, sowie der verstärkte Informationsaustausch oder die Versorgung von Gemeinden mit theologischer Literatur oder Bibeln: So wurden 1975 erstmals 3.000 Bibeln verschickt, nach Hansens Sowjetunionreise im Jahre 1978 durfte der LWB sogar 5.000 weitere deutschsprachige Bibeln und 2.000 finnische Bibeln verschicken. Auch die zwischenkirchliche Solidarität mit finanziellen Hilfen für die Gemeinden spielte eine wichtige Rolle bei der materiellen Unterstützung der osteuropäischen Partner. Schließlich gehörte nach 1975 die erlaubte Beobachtung von gemeindlichen Kirchenwahlen zum Arbeitsprogramm des LWB, für die Hansen etwa in Rumänien zugelassen wurde.

Christliche Sozialisten und Christen für den Sozialismus nach 1945

In verschiedenen Varianten gab es nach 1945 immer wieder Christen sowie christliche Gruppen und Kreise außerhalb Osteuropas, die aufgrund des humanitären und politischen Desasters von Nationalsozialismus, Faschismus und Zweitem Weltkrieg nach zukünftigen politischen Alternativen suchten. Dabei schrieben sie dem Sozialismus eine stärkere Orientierungsfunktion als bisher zu und hofften, dass mit einem christlichen Sozialismus nach dem Schrecken der Kriegsjahre nun ein besserer Neuanfang zu schaffen sei. Auch im Nachkriegsdeutschland erschien verschiedenen christlichen Kreisen eine Symbiose von Christentum und Sozialismus als durchaus attraktives politisches Programm. So setzten sich etwa in Frankfurt linkskatholische CDU-Mitglieder wie der Sozialwissenschaftler Walter Dirks (1901–1991) und der Publizist Eugen Kogon (1903–1987) im September 1945 in den sogenannten Frankfurter Leitsätzen für die CDU für einen christlichen Sozialismus auf demokratischer Grundlage ein. Auch CDU-Gründungsmitglieder aus Berlin wie der Katholik Jakob Kaiser (1888–1961) und der Protestant Otto Heinrich von der Gablentz (1888–1972) brachten Gedanken eines christlichen Sozialismus, der sich beispielsweise durch genossenschaftliche Elemente sowie durch eine staatliche Lenkung von Banken und Versicherungen auszeichnen sollte, in die frühe CDU ein. Weniger politisch konkret war dagegen die am 8. August 1947 in Darmstadt verabschiedete Erklärung des Bruderrates der Evangelischen Kirche in Deutschland, „Ein Wort zum politischen Weg unseres Volkes“, das sogenannte Darmstädter Wort. Die von dem Göttinger Theologieprofessor Hans-Joachim Iwand (1899–1960), Karl Barth, dem evangelischen Kirchenpräsidenten Martin Niemöller sowie dem Theologen Hermann Diem (1900–1975) formulierte Stellungnahme plädierte vor dem Hintergrund des beginnenden Kalten Krieges und der Machtübernahme der Kommunisten in Osteuropa für einen tiefgreifenden kirchlich-politischen Paradigmenwechsel im deutschen Protestantismus. Sie nannte dabei u. a. den Imperialismus, den Nationalismus, den antirevolutionären christlichen Konservativismus sowie die Ablehnung des Marxismus als Ursachen für den verhängnisvollen Irrweg des deutschen Protestantismus und warb für eine neue Offenheit gegenüber dem Sozialismus.

Neben vielen anderen Texten und Gruppierungen, die man hier noch anführen könnte, ist schließlich die in den 1970er-Jahren entstandene Bewegung „Christen für den Sozialismus“ (Christians for Socialism/CfS) zu nennen. Als eine ursprünglich von 20 katholischen Priestern gegründete christliche Unterstützungsgruppe für den 1970 in Chile an die Macht gekommenen sozialistischen Präsidenten Salvador Allende (1908–1973) war sie einerseits Teil der lateinamerikanischen Befreiungstheologie, andererseits Resultat der vom Zweiten Vatikanischen Konzil ausgehenden Neuorientierungen innerhalb der katholischen Kirche. Ihre Aufgabe sahen die Christen für den Sozialismus zum einen darin, die teils unbewusste Verschmelzung von Christentum und bürgerlicher Ideologie zu entlarven und die angeblichen Unvereinbarkeiten zwischen Christentum und Sozialismus zu widerlegen. Zum anderen setzten sie sich für eine Vereinbarkeit von Christentum und Sozialismus bzw. Marxismus ein. Wie die Befreiungstheologie zeichnete sich auch diese Gruppe durch eine offene basisdemokratische Organisationsstruktur und eine eigene, vom marxistischen Materialismus her kommende biblische Hermeneutik sowie durch ihre Option für die Armen aus. Da mehrere ihrer Wortführer in Belgien und Frankreich studiert hatten, griffen die Christen für den Sozialismus auch Gedanken des christlich-marxistischen Dialoges auf. Nachdem der Militärputsch 1973 in Chile die Regierung Allende gestürzt hatte, wurde ein Großteil ihrer Mitglieder verhaftet oder musste ins Exil gehen. Seitdem verbreiteten sich die „Christen für den Sozialismus" zunehmend auch in Europa und gründeten dort eigene Ländergruppen, z. B. in Belgien, in den Niederlanden oder in Deutschland, wobei sie sich dann häufiger mit einer prosozialistischen Haltung auf Kontakte und Begegnungen mit Christen aus den sozialistischen Staaten Osteuropas konzentrierten.

Westliche Unterstützung für die Christen in Osteuropa

Die Zeit der Entspannungspolitik in den 1970er-Jahren leitete eine neue Phase der kirchlichen Kontakte zwischen der DDR und der Bundesrepublik sowie zwischen der DDR und den anderen Ostblockstaaten auf der einen Seite und den übrigen westeuropäischen Staaten auf der anderen Seite ein. Nach der Aufnahme der beiden deutschen Staaten in die UNO 1973 und der darauffolgenden offiziellen Anerkennung der DDR durch eine Reihe westlicher Staaten bildete der KSZE-Prozess mit seiner 1975 unterzeichneten Schlussakte von Helsinki einen wichtigen Dreh- und Angelpunkt der nun zunehmenden Beziehungen zwischen Christen in Ost und West. Hier hatten sich vor allem die westlichen und neutralen Diplomaten und Außenminister für die Ausweitung und Intensivierung menschlicher Kontakte zwischen Ost und West, zur Zusammenarbeit und zum Austausch von Informationen, Kultur und Bildung eingesetzt.

Ein eigenes Thema dieser kirchlichen Ost-West-Kontakte wurden die Gemeindepartnerschaften zwischen Ost und West, von denen es eine Vielzahl gab. Bislang sind vor allem die Kontakte zwischen niederländischen und ostdeutschen Christen sehr gut erforscht. Nachdem 1973 der niederländische Lehrer Herman A. Korteweg (1913–1996) die erste Gemeindepartnerschaft zwischen einer Gemeinde in Oud Beijerland und einer in Burg im Spreewald begründet hatte, erlebten diese Partnerschaften einen raschen Aufschwung. Das enorme Wachstum der Gemeindekontakte in den 1980er-Jahren zeigte, wie erfolgreich dieser

Ansatz in der Praxis war: Schon 1979 gab es 20, fünf Jahre später 140 Partnerschaften und 1989 schließlich 400 Gemeindekontakte zwischen den Niederlanden und der DDR. Dabei war eine Besonderheit dieser kirchlichen Kontakte, dass sie nicht nur die kirchenleitende Ebene umfassten, sondern auch auf eine breite Verankerung im Gemeindeleben setzten. Zudem legten die Niederländer von Anfang an großen Wert auf die Unabhängigkeit ihrer Beziehungen, stellten die persönlichen Begegnungen in den Mittelpunkt der Partnerschaft und verzichteten auf jegliche Medienaufmerksamkeit. Zu den Partnerschaften gehörten regelmäßige Besuche (wobei Niederländer sehr viel häufiger in die DDR kommen konnten als umgekehrt – aber auch das gab es), die Anteilnahme am Alltag und der persönlichen und beruflichen Entwicklung der Partner oder auch gemeinsam gefeierte Gottesdienste. Für beide Seiten bedeuteten diese Kontakte eine ökumenische Verbundenheit, die oft auch neue theologische oder ethische Impulse mit sich brachte. Für die Christen in der DDR brachte sie mentale Unterstützung im schwierigen kirchlichen Dasein im Kommunismus mit sich und öffnete damit ein Fenster in den Westen. Der ökumenische Besuch aus dem Westen brachte Farbe in einen oft als grau empfundenen Alltag und brach das Gefühl des Eingesperrtseins und der Isolation auf – und spannte damit zugleich einen ökumenischen Bogen über die eigene christliche und kirchliche Existenz.

Die Gestaltung der jeweiligen Kontakte war von Gemeinde zu Gemeinde sehr unterschiedlich und vielfältig. Das Thema „Frieden" bildete dabei im Kontext der Friedensbewegung der späten 1970er- und frühen 1980er-Jahre ein Dach, unter dem Gedankenaustausch und Aktivitäten verschiedener Art stattfanden. Nach der Umsetzung des NATO-Doppelbeschlusses 1984 gehörten die niederländisch-ostdeutschen Gemeindekontakte für die beiden großen konfessionell geprägten Friedensbewegungen der Niederlande, IKV und Pax Christi, zur Strategie einer Entspannung von unten und galten als Teil der politischen Friedens- und Entspannungsbewegung. Entsprechend dominierte in einigen Gemeinden die gemeinsame Friedensarbeit, bei der zusätzlich neue Verbindungen zwischen niederländischen und ostdeutschen Friedenskreisen, und später dann auch mit skandinavischen oder britischen, etabliert wurden. Wie sich ein gemeinsamer, blockübergreifender Weg für ermutigende persönliche und politische Zeichen und Verpflichtungen in Ost und West finden lassen kann, war das große Thema, das in vielen Runden diskutiert wurde. Theologisch stand dahinter die Einsicht, dass der evangeliumsgemäße Frieden nicht auf die einseitige Abrüstung des Westens oder des Ostens beschränkt bleiben könne, sondern dass sich beide Seiten gleichermaßen für den Frieden in Europa einsetzen müssten; nur dann sei man politisch unabhängig und nicht instrumentalisiert. Besonders erfolgreich wurde in diesen Kreisen eine Idee, die der Ostberliner Pfarrer Rainer Eppelmann zusammen mit Mient Jan Faber (*1940) vom IKV 1983 entwickelte: persönliche Friedensversprechungen zwischen Christen aus gegnerischen Paktsystemen, die – mit der eigenen Unterschrift und dem Gemeindesiegel versehen – drei Grundanliegen bekräftigten: nämlich sich für gute Gemeindekontakte einzusetzen, den Abbau von Feindbildern zu fördern und sich gleichzeitig in besonderer Weise für Frieden und Gerechtigkeit zu engagieren. Wie wichtig diese persönlichen Friedensverträge wurden, verdeutlichen beispielsweise die autobiographischen Notizen von Eppelmann, der sowohl auf die Friedensverträge wie auch auf die Bedeutung der niederländischen Unterstützung eingeht. Als eine Delegation führender Politiker der Grünen aus dem Deutschen Bundestag 1983 die DDR besuchte, brachte sie Staats- und Parteichef Erich Honecker sogar dazu, die ersten beiden Punkte eines analogen Vertrages zu unterschreiben – Verzicht auf Gewaltanwendung und Abbau von Feindbildern. Lediglich den dritten Punkt – einseitige Abrüstung – vermochte Honecker nicht zu unterzeichnen.

Neben den stärker politisch orientierten Themen, bei denen sich einzelne Gemeinden und Gruppen intensiver als andere engagierten, war das hervorragende Merkmal der Ost-West-Gemeindepartnerschaften aber vor allem der persönliche Charakter der Begegnungen, der gemeinsame Austausch über die unterschiedlichen Alltage in Ost und West und die freundschaftliche Verbundenheit zwischen den Familien. Die wechselseitige Wahrnehmung des christlichen Lebens, gemeinsame Gottesdienste und Rüstzeiten, Gebete und Gesang oder das Feiern von Festen bildeten ein spirituelles Reservoir, aus dem beide Seiten viel Ermutigung und Inspiration schöpften.

Auf der ganz praktischen Ebene spielte der Bibelschmuggel aus stärker konservativen Kirchenkreisen im Westen eine konkrete Rolle, später auch der teilweise über die theologischen Fakultäten oder die Landeskirchen und andere Besuchergruppen laufende Bücher- und Zeitschriftenaustausch. Gelegentlich konnten Theologiestudenten aus den osteuropäischen Ländern zu Sprachkursen in die Bundesrepublik reisen, vor allem an das „Ostkirchliche Institut Regensburg“, das die Deutsche Bischofskonferenz für orthodoxe Studenten unterhielt. Umgekehrt konnten auch einzelne westliche, katholische und evangelische Studenten und Wissenschaftler an die Geistlichen Akademien in Sagorsk (bei Moskau) und Leningrad kommen.

Einflussreich wurden auch die Bemühungen des in Rumänien verfolgten und über acht Jahre inhaftierten evangelischen Pfarrers Richard Wurmbrand (1909–2001), der 1964 in den Westen freigekauft wurde. Er setzte sich u.a. mit der „Hilfsaktion Märtyrerkirche“ für verfolgte Christen in den kommunistischen Ländern ein und gab mit der 1967 erfolgten Veröffentlichung seiner eigenen Erfahrungen unter dem Titel „Tortured for Christ“, die sich weltweit über vier Millionen Mal verkauften, ein authentisches christliches Zeugnis, das viele Menschen im Westen bewegte.

Daneben gab es in den westeuropäischen Ländern eine Reihe von Stellen und Institutionen, die sich bemühten, mit Beobachtungen, Veröffentlichungen und Öffentlichkeitsarbeit den Alltag der Christen in Osteuropa im Westen nicht vergessen zu machen. Dazu gehörte vor allem das 1969 in England gegründete Keston College, das 1972 in der Schweiz entstandene Institut „Glaube in der Zweiten Welt“ oder das in den USA ursprünglich von osteuropäischen Exilanten gegründete Netzwerk „Religion in Communist Dominated Areas“, das unter dem gleichen Namen eine regelmäßige Veröffentlichung herausgab. Diese drei (und auch andere) Einrichtungen unterstützten die kirchenpolitische Linie, die für eine offene Diskussion der ökumenischen Gremien und der westlichen Kirchen über die Verletzung der Religionsfreiheit in der UdSSR und in den anderen osteuropäischen Staaten plädierte. Zusammen mit einigen anderen Organisationen, etwa exilrussischen Einrichtungen in Paris oder dem katholischen Hilfswerk „Kirche in Not / Ostpriesterhilfe“, setzten sie sich besonders für die Religionsfreiheit in der Sowjetunion und in den anderen sozialistischen Ländern ein und hatten das Ziel, gründlich und ohne politische Rücksichten über die reale Situation der Christen und christlichen Kirchen in den kommunistischen Ländern zu informieren. Ein wichtiges Instrument der Arbeit dieser Institutionen war daher die Publikation kirchlicher Nachrichten und Dokumente, die in den Westen geschmuggelt werden und dann dort veröffentlicht werden konnten. Darüber hinaus entwickelten sie sich – durchaus als Alternative und Ergänzung zu Kompromissen und den Wegen der stillen Diplomatie, die der ÖRK und andere Kirchen bevorzugten – als Stimme derjenigen Christen, die diskriminiert, bedroht, verfolgt oder inhaftiert wurden. Dazu gehörten Briefe an verantwortliche Politiker in Ost und West und eine gezielte Öffentlichkeitsarbeit für Dissidenten sowie persönliche Kontakte mit christlichen Oppositionellen und Kritikern einer zu staatsloyalen Kirche.

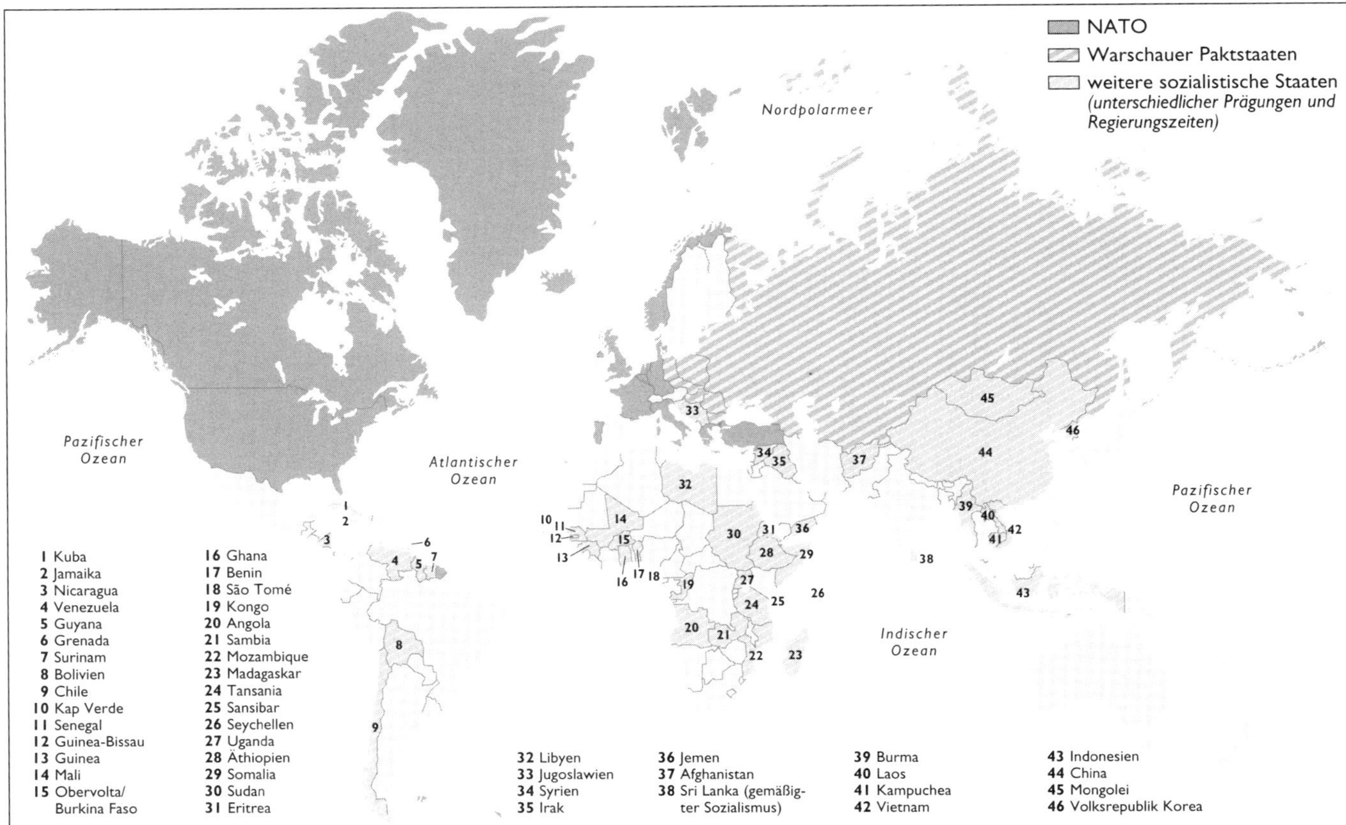

Karte 4: Weltkarte vor 1989

5. Die Entwicklung in anderen Kontinenten

Ebenso wenig wie der Kalte Krieg als ein reiner Ost-West-Konflikt angesehen werden kann, beschränkte sich die christliche Auseinandersetzung mit dem Kommunismus lediglich auf die von den Kommunisten beherrschten Staaten Mittel- und Osteuropas. Jüngere globalgeschichtliche Studien zeigen immer deutlicher, dass der Kalte Krieg als ein Katalysator für beinahe sämtliche Kriege und kriegerischen Konflikte in der „Dritten Welt“ wie etwa in Korea, in Indochina, in Vietnam, in Angola, im Kongo, im Nahen Osten (Suez-Konflikt) oder in Lateinamerika betrachtet werden kann. Schon der in den 1950er-Jahren entstandene Begriff der „Dritten Welt“, die sich neutral und unabhängig zwischen Erster und Zweiter Welt zu etablieren habe, wurzelte direkt in der ideologischen Systemkonkurrenz zwischen der Sowjetunion und den USA, die in den jeweiligen Ländern offen und verdeckt um politischen, wirtschaftlichen und militärischen Einfluss rangen. Nicht immer waren diese Hegemonialansprüche der Supermächte so offensichtlich. Häufig waren sie zudem überdeckt von Dekolonisierung, antikolonialen Strömungen und Unabhängigkeitsbewegungen und verstanden sich selbst – analog zur UNO – als politisch neutral oder rechneten sich zur Bewegung der Blockfreien. So entstanden seit den 1960er-Jahren neue Allianzen zwischen kirchlichen Vertretern der sogenannten Ersten, Zweiten und Dritten Welt und mit ihnen auch neue, nicht mehr primär auf Europa hin orientierte theologische und politische Akzente, etwa im Verständnis von Gerechtigkeit oder Sozialismus. Damit wurde die Debatte um Sozialismus oder Kommunismus entsprechend enteuropäisiert oder auch entwestlicht. Besonders deutlich zeigte sich das in den 1960er-Jahren im ÖRK, etwa auf der Genfer Weltkonferenz 1966, als der junge nigerianische Anwalt und Menschenrechtsaktivist James Ajibola Idowu Adegoke Ige (1930–2001), bekannt als Bola Ige, einen leidenschaftlichen Appell an die versammelte Ökumene richtete, indem er auf die anhaltenden politischen und wirtschaftlichen Probleme der jungen Nationalstaaten in Asien, Afrika und Lateinamerika aufmerksam machte und sich schließlich dafür einsetzte, dass diese ihren eigenen politischen Weg finden müssten. Während für diese Staaten jedoch lange Zeit Indien als Leitbild eines sozialistischen Weges nationaler Entwicklung gedient habe, sah Ige nun China und seine große Revolution zum neuen Vorbild für die jungen Nationen avancieren. Ähnlich plädierte in Genf auch der im tansanischen Exil lebende Präsident der

Mosambikanischen Befreiungsfront (FRELIMO) Eduardo Chivambo Mondlane (1920–1969) für die Loslösung Afrikas vom westlichen Imperialismus, und auch sein Vorbild war China.

So attraktiv allerdings die große Kulturrevolution in China als Vorbild für Christen der jungen Nationen von außen sein mochte, so wenig positiv gestaltete sich diese für die Christen in China. Im Bürgerkrieg stand die katholische Kirche, die in China vor allem durch die ausländischen Missionsgesellschaften repräsentiert war, auf der Seite der republikanischen Kuomintang und verstand sich unter der Führung des 1946 zum Internuntius ernannten Antonio Riberi (1897–1967) als eine stark antikommunistische Kraft. Riberi gründete das Katholische Zentralkomitee (Catholic Central Bureau), das Zweigstellen in Peking, Shanghai und Nanking unterhielt, und organisierte damit den Widerstand gegen die Kommunisten. Mit der Gründung der Volksrepublik China 1949 durch Mao Zedong (1893–1976) galt die katholische Kirche dann als Feindin. Zu Beginn des Koreakrieges 1953 wurden nun die über 6.000 katholischen Missionare in China von der kommunistischen Regierung in Schauprozessen wegen Spionage und anderer Verbrechen angeklagt und des Landes verwiesen. Mit der Phase der Kulturrevolution (1966–76) unter Mao Zedong begann dann die kommunistische Partei mit der Unterdrückung und Auslöschung des Christentums. Sichtbare Religionsausübung (das galt auch für den Buddhismus) wurde verboten, ökumenische Kontakte ins Ausland mussten abgebrochen werden, Kirchen wurden zerstört. Christen wurden verhaftet und kamen zur Umerziehung in Arbeitslager, wo sie gefoltert oder ermordet wurden. Zu einem der bekanntesten Märtyrer wurde in dieser Zeit der protestantische Pfarrer Wang Zhiming (1907–1973). Er kam 1969 mit seiner Familie für vier Jahre ins Gefängnis; danach wurde er nach einem viertägigen Schauprozess vor mehr als 10.000 Zuschauern zum Tode verurteilt und direkt im Anschluss daran öffentlich vor allen erschossen. Trotz der grausamen Christenverfolgungen starb das Christentum in China nicht aus. Viele Christen lebten ihren Glauben im Geheimen und kamen in sogenannten Hauskirchen zusammen. Dabei wuchs der Protestantismus besonders stark. Erst durch die seit 1979 eingeschlagene Reformpolitik unter Deng Xiaoping (1904–1997) änderte sich allmählich die Situation des Christentums. Die neue Verfassung von 1982 garantierte in Artikel 36 Religionsfreiheit für staatlich anerkannte Kirchen und bot Schutz für religiöse Aktivitäten. Um jedoch zugleich die Kontrolle über die Religionen und das Christentum zu behalten, beschlossen Staat und kommunistische Partei, dass die Religionen jeweils „Patriotische Vereinigungen“ bilden und sich dann in eine staatlich überwachte

„Drei-Selbst-Bewegung" umwandeln müssen, d.h. Kirchen müssten sich selbst verwalten, sich selbst finanzieren und auch selbst verkünden, dürften also keine ausländischen Missionare haben.

Eine ähnlich brutale Auslöschung wie in China zur Zeit der Kulturrevolution erfuhr das Christentum in Nordkorea. Bis heute gilt Nordkorea als das Land mit der schlimmsten Unterdrückung und Verfolgung des Christentums, über das zudem nur sehr wenig bekannt ist. Vor der Machtübernahme durch die kommunistische Arbeiterpartei unter Kim Il Sung (1912–1994) 1945 hatte Nordkorea noch als besonders christlicher Teil Koreas gegolten; Pjöngjang trug den Beinamen „Jerusalem des Ostens". Jetzt, als sich Kim Il Sung zu einem Gott erhob und die sogenannte „Juche"-Philosophie (und damit einen religiösen Personenkult) durchsetzte, begann die gnadenlose Verfolgung der Christen als Anhänger einer westlichen, und damit feindlichen, Religion. Sie wurden aus ihren Dörfern ausgewiesen, verhaftet, verfolgt und in Arbeitslager zur Umerziehung gesperrt; sogar der Besitz einer Bibel konnte zur Verurteilung zu Konzentrationslager führen. Unter Zustimmung Stalins und Maos fand 1950 bis 1953 der Bürgerkrieg mit dem Süden statt, nach dem Waffenstillstand gab es schließlich kaum noch Christen in Nordkorea.

Eine ganz andere Tradition als in China und Nordkorea entwickelte sich nach den revolutionären Aufbrüchen der 1950er-Jahre seit den 1960er- und 1970er-Jahren im traditionell überwiegend katholischen Lateinamerika. Angesichts der großen Massenarmut wurden in dieser Zeit Grundzüge einer „Kirche für die Armen" entwickelt, die zu einer gerechteren Verteilung der Güter aufrief und den Ärmsten der Armen ein basisorientiertes „biblisches Empowerment" in christlichen Basisgemeinden bot, eine Befreiung aus der Abhängigkeit. Das radikale Eintreten für soziale Gerechtigkeit war an sozialistischen und marxistischen Denkfiguren orientiert, die Vertreter der sogenannten „Befreiungstheologie" galten daher häufig auch als Marxisten und wurden wegen ihrer scharfen Kritik an den lateinamerikanischen Militärdiktaturen von den Staaten verfolgt. Doch auch die katholische Kirche verhielt sich kritisch gegenüber der Befreiungstheologie. Als Papst Johannes Paul II. 1983 Nicaragua besuchte, wies er den Kulturminister des Landes, Ernesto Cardenal (*1925), einen Priester und profilierten Befreiungstheologen, öffentlich zurecht und enthob ihn einige Monate später des Priesteramtes. Auch andere Befreiungstheologen wurden gemaßregelt, und die römische Glaubenskongregation veröffentlichte mehrere Verurteilungen dieser theologischen Richtung, von denen die „Instruktion über einige Aspekte der ‚Theologie der Befreiung'" von 1984 das bekannteste Dokument ist. Dennoch blieb sie in Lateinamerika für lange Zeit bestimmend, und auch heute noch identifizieren sich viele Theologen mit ihr.

In Kuba standen die katholischen Christen auf der Seite des Battista-Regimes, daher verwies das neue marxistische Regime um Fidel Castro (*1927) nach der Revolution 1958 tausende katholische Priester und Nonnen sowie Gemeindeleiter der kleineren protestantischen Gemeinden des Landes. Kircheneigentum wurde beschlagnahmt, kirchliche Schulen geschlossen und das religiöse Leben mehr und mehr erschwert und eingeschränkt. Papst Johannes XXIII. (1881–1963) exkommunizierte Fidel Castro 1962 wegen antikirchlichen Verhaltens, dieser wiederum ließ den Atheismus in der Verfassung festschreiben und Weihnachten zum normalen Werktag erklären. Seit dem Ende der kommunistischen Regimes in Osteuropa seit 1989 hat sich die Lage für die Christen jedoch wieder etwas entspannt, die aggressive Durchsetzung des Atheismus als Staatsdoktrin wurde zurückgenommen. Mit den Papstbesuchen von 1998, 2012 und 2015 hat zudem die katholische Kirche sehr viel mehr öffentliche Reputation zurückbekommen; die direkte Diskriminierung von Christen ist zurückgegangen. Zugleich aber bietet die katholische Kirche in Kuba nach wie vor Raum für verschiedene christliche Oppositionsbewegungen. Neben der einflussreichen christlichen Bürgerrechtsbewegung „Movimiento Cristiano de Liberación“

34 Protestmarsch der „Damen in Weiß“ in Kuba, 2014

(Christliche Befreiungsbewegung) mit ihrer 2012 unter merkwürdigen Umständen bei einem Autounfall ums Leben gekommenen charismatischen Führungsgestalt Oswaldo Payá (*1952) sind hier vor allem die sogenannten „Damen in Weiß" (Damas de Blanco) zu nennen. Sie wurden 2003 von Ehefrauen und Angehörigen politischer Gefangener gegründet. Seitdem marschieren sie jeden Sonntag nach dem Gottesdienst in Havanna, aber auch in verschiedenen anderen Städten des Landes nach der Sonntagsmesse in weißer Kleidung durch die Straßen und protestieren schweigend gegen die aus politischen Gründen erfolgte Inhaftierung ihrer Angehörigen. Eine wichtige Rolle spielte dabei in den letzten Jahren die wachsende Unterstützung der katholischen Kirche. Seit dem Besuch von Papst Franziskus (*1936) im Jahre 2015 und seiner vermittelnden Rolle bei der politischen Annäherung zwischen dem Land und den USA hat sich die Position der Kirche in Kuba weiter stabilisiert.

Teil 4

Vom Ende des kommunistischen Machtblocks bis in die Gegenwart

1. Die Kirchen und die „Wende" in Mittel- und Osteuropa

Es ist in Politik, Kirche und Wissenschaft umstritten, was der Grund für das Ende der kommunistischen Regimes in Mittel- und Osteuropa zwischen 1989 und 1991 war. Ebenso wenig besteht Einigkeit darüber, wie sich diese europäischen Prozesse bezeichnen lassen: als „Wende" (wie es Egon Krenz [*1937], der Nachfolger des früheren DDR-Staats- und Parteichefs Erich Honecker, getan hat), als „Revolution" (wie die „Friedliche Revolution" in der DDR aus Sicht der Bürgerrechtsbewegungen, die „Samtene Revolution" in der Tschechoslowakei oder die „Singende Revolution" in Estland) oder als der Beginn eines oft sehr lange andauernden postsozialistischen Transformationsprozesses.

Oft werden einzelne Personen als Urheber dieser Veränderungen genannt: Michail Gorbatschow; der Name des sowjetischen Partei- und Staatschefs steht für den Prozess der Perestroika, mit dem er seit Mitte der 1980er-Jahre versuchte, dem Sowjetsystem die administrative und wirtschaftliche Schwerfälligkeit zu nehmen und Staat und Gesellschaft zu modernisieren. Ronald Reagan (1911–2004), US-Präsident, wird genannt, wenn man das Wettrüsten der beiden Supermächte insofern als erfolgreich bezeichnen will, als die Sowjetunion technologisch und ökonomisch nicht mehr in der Lage war, mit den Vereinigten Staaten mitzuhalten und daher den Wettbewerb der Systeme verloren habe. Manchmal wird auch die historische Leistung des polnischen Papstes Johannes Paul II. hervorgehoben, vor allem wegen der moralischen und praktischen Unterstützung der polnischen Gewerkschaft „Solidarność"; letztere entfaltete für die polnische Gesellschaft eine Dynamik, die sich nicht mehr mit Disziplinierung, ja nicht einmal mehr durch die Einführung des Kriegsrechtes aufhalten ließ. Aus europäischer Sicht wird das Ende der kommunistischen Regimes auch gerne als Ergebnis des seit den 1970er Jahren begonnenen Helsinki-Prozesses interpretiert, der auf die friedliche Veränderung von Grenzen und auf die bürger- und menschenrechtliche Stärkung der Zivilgesellschaft in Osteuropa gesetzt hat.

Welche Rolle spielten die Kirchen in den gesellschaftspolitischen Veränderungen, die schließlich zum Ende der kommunistischen Regimes in Osteuropa führten? Diese Frage lässt sich nicht eindeutig beantworten; wie es keinen einheitlichen „Wendeprozess" gab, so gab es auch kein einheitliches Verhalten der Kirchen. Insgesamt lässt sich sagen, dass mit größerer Staatsnähe die Kirchen, und zwar vor allem ihre „offiziellen" Repräsentanten und die Kirchenleitungen, sich eher abwartend gegenüber den neuen politischen Dynamiken verhielten. Standen sie ihrer Nation (ihrem „Volk") näher und nahmen sie den Staat als Teil eines Unterdrückungsmechanismus wahr, so waren sie eher bereit, sich für politische Veränderungen zu engagieren. Fiel beides zusammen, Nähe zum Staat und zur Nation, nahmen die Kirchen vor allem in (ehemals) multinationalen Staaten eine Position ein, die wenig offen für die Anliegen und Bedürfnisse anderer Kirchen (und damit anderer Nationen) war. Das drückte sich zumeist auch in den zwischenkirchlichen Beziehungen nach dem Ende des Kommunismus aus, die sich in vielen Fällen verschlechterten.

Die beiden Länder, in denen die Kirchen am aktivsten an den politischen Demokratisierungsprozessen mitgewirkt haben, waren Polen und die DDR, wobei sich beide wiederum stark voneinander unterschieden. In Polen war es dem Regime nie gelungen, die katholische Kirche unter seine Kontrolle zu bringen. Der Widerstand blieb stark, und weder harte Maßnahmen wie die Verhaftung leitender Bischöfe in den Jahren kurz nach dem Zweiten Weltkrieg noch Versuche, mit der Kirche einen *modus vivendi* zu erreichen, führten zum staatlich gewünschten Erfolg. Die katholische Kirche blieb ein Machtfaktor, den das Regime immer im Blick haben musste. Die Wahl des polnischen Papstes Johannes Paul II. verstärkte den Einfluss der Kirche noch einmal erheblich; insbesondere bei den Reisen in sein Heimatland vermochte die Kirche Millionen von Menschen zu mobilisieren. Die Entwicklung der Gewerkschaftsbewegung „Solidarność" ist auch nicht ohne die Rolle zahlreicher Geistlicher zu verstehen, die sie unterstützten. Die Anführer dieser Bewegung betonten stets ihre Zugehörigkeit zur katholischen Kirche. Der Gewerkschaftsführer (und spätere Staatspräsident) Lech Wałęsa pflegte ein Abbild der Muttergottes von Częstochowa am Revers zu tragen, um seine Verwurzelung im katholischen Glauben zu dokumentieren. War aus der Sicht der kommunistischen Ideologie schon die Idee einer unabhängigen Gewerkschaft eine Provokation, so erst recht deren Bezug zum Christentum, das doch als Kraft verstanden wurde, welche die Arbeiterklasse unterdrückte.

Die politische Wende war in Polen, das in dieser Hinsicht eine Vorläuferfunktion einnahm, unter Vermittlung der katholischen Kirche zustande gekommen. Bereits 1988 begleitete sie ein Treffen zwischen Vertretern der Regierung und der unabhängigen Gewerkschaft. Als die Regierung dann 1989 den „Runden Tisch" einberief, weil sie erkennen musste, dass sie gegen die Gewerkschaft nicht regieren konnte, nahmen daran ebenfalls kirchliche Vertreter als Beobachter teil – neben zwei katholischen Priestern auch ein Lutheraner. Der erste frei gewählte Ministerpräsident Polens wurde dann Tadeusz Mazowiecki, ein bekannter katholischer Publizist. Da die katholische Kirche in Polen eine Struktur von Laien besaß, die vorher in verschiedenen kirchlich-intellektuellen Kreisen der Opposition gewirkt hatten, waren diese in der Lage, rasch politische Verantwortung zu übernehmen.

In der DDR hingegen war – im Unterschied zu Polen – der Einfluss der evangelischen Kirche, die ja die Mehrheitskonfession im östlichen Deutschland war, über die Jahre ständig zurückgegangen. Der verlorene Kampf um die Jugendweihe kann als Symbol dafür angesehen werden. In den Landeskirchen blieb das Bewusstsein für die politische und die soziale Verantwortung der Christen in der DDR immer sehr stark, was sich auch in dem bereits erwähnten Schlagwort von der „Kirche im Sozialismus" ausdrückte, das die Synode des Bundes 1971 unterstrichen hatte – der Sozialismus war der konkrete Kontext, in dem die Kirche ihr Dasein zu gestalten hatte. Sie ging davon aus, dass das sozialistische System der DDR veränderungsfähig sei, und dass die Kirche zu einer Verbesserung beitragen könne. Da diese Annahme nicht von allen Protestanten geteilt wurde und einige darin auch eine unverhohlene Anbiederung an die kommunistische Propaganda sahen, führte die Rede von der „Kirche im Sozialismus" aber auch zu innerkirchlichen und theologischen Diskussionen.

Als sich die politischen Veränderungen in anderen kommunistischen Staaten anbahnten (Perestroika in der UdSSR, Gewerkschaftsbewegung Solidarność und erste halbfreie Wahlen in Polen u. a.), die Regierung der DDR jedoch unbeirrt bei ihrer harten Haltung blieb, kam es zunehmend zu gesellschaftlichen Protesten und Verwerfungen, die nach den offensichtlich gefälschten Kommunalwahlen vom Mai 1989 kulminierten. Die Rolle der evangelischen Kirche war hierbei von großer Bedeutung: Ihre Grundhaltung, dass Kirche zur Gestaltung ihrer konkreten Umwelt beizutragen habe, führte dazu, dass sie sich dem Staat und der Gesellschaft als eine vertrauenswürdige Vermittlerin anbot. Darin gab es schon eine gewisse Tradition; die Kirche hatte bereits in den Jahren vor der Wende alternativen Gruppen und Bewegungen ein Obdach geboten. Vor allem Kreise aus der Umwelt- und Friedensbewegung sind hier zu nennen, die durch den ökumenischen „Konziliaren Prozess für Gerechtigkeit, Frieden und Bewahrung der Schöpfung", an dem die Kirchen in der DDR aktiv Anteil nahmen, unterstützt wurden. Auch fanden Ausreisewillige häufig Annahme und Hilfe bei der Kirche, selbst wenn sie ihr selber gar nicht angehörten. Das galt, obwohl die evangelische Kirche bis zum Ende der DDR die Maxime „Wir bleiben hier" vertrat und sich gegen die Ausreiseoption aussprach. In der jetzt eskalierenden politischen Situation führte das dazu, dass die Kirche aus ihrer Minderheitenposition heraustrat und einen großen Teil der Bevölkerung ansprechen konnte. So erhielten die Friedensgebete in den Kirchen seit dem Herbst 1989 unerwartet großen Zulauf. Am bekanntesten waren dabei die „Montagsgebete" in Leipzig, die den Massendemonstrationen im Herbst 1989 vorausgingen. Die Kirche bot sich als Institution an, die in der Lage war, für Andersdenkende einen von der Regierung unabhängigen Raum zu bieten. Dieser Raum war nicht notwendig für christlich Denkende reserviert – die Kirche sah allein in dem Angebot die Erfüllung ihrer Mission in dieser konkreten Situation.

Geradezu symbolisch für diese Rolle der Kirche war dann seit dem Herbst 1989 ihre Teilnahme am Zentralen Runden Tisch in Ostberlin und an zahlreichen anderen lokalen Runden Tischen in der gesamten DDR, die den Übergang zu einer demokratisch gewählten Regierung regelten und unter anderem auch die Auflösung des Ministeriums für Staatssicherheit koordinierten. An ihnen kamen SED, staatskonforme und oppositionelle Parteien sowie Vertreter der Bürgerrechtsbewegung zu einer Art „Nebenregierung" zusammen. Drei Vertreter verschiedener Kirchen waren Moderatoren des Zentralen Runden Tisches in Ostberlin, der sich zunächst in den Berliner Räumen der Herrnhuter Brüdergemeine traf. Die Moderatoren waren nicht stimmberechtigt, sondern hatten die Aufgabe, neutral zwischen den verschiedenen Parteien am Tisch zu vermitteln.

Daneben gab es eine weitere Rolle der Kirche, nämlich die einer Advokatin für Bürger- und Menschenrechte. Diese Rolle nahmen vor allem evangelische Akteure aus den eher oppositionell orientierten kirchennah agierenden Gruppen und Initiativen wahr. Dazu gehörten beispielsweise verschiedene Pfarrer – wie etwa Rainer Eppelmann oder Markus Meckel (*1952) – oder nicht theologisch ausgebildete Gemeinde- und Kirchenmitglieder, die sich mit eigenständigen, kritischen Gedanken ausdrücklich in Widerspruch zum Regime stellten, wie etwa der Arbeitskreis der Ostberliner Bartholomäusgemeinde „Initiative für Absage an Praxis und Prinzip der Abgrenzung", die „Frauen für den Frieden", die „Solidarische Kirche" oder auch die Initiative „Frieden und Menschenrechte", die zwar ausdrücklich den kirchlichen Wirkungsraum verließ, nichtsdestotrotz aber auch von christlichen Akteuren geprägt war. Sie sprachen sich gegen die Mauer und die Einschränkung der Bürger- und Menschenrechte aus, übten Kritik gegenüber der Regierung (und teils auch gegenüber ihren Kirchenleitungen) und ihrer undemokratischen Ausrichtung, forderten eine pluralistische Gesellschaft oder setzten sich für ein ökologisches Bewusstsein in der DDR ein. Viele von ihnen organisierten sich dann seit dem Herbst 1989 auch politisch, vor allem in den Bürgerrechtsbewegungen „Neues Forum“, „Demokratie Jetzt“, dem „Demokratischen Aufbruch“ oder in der neu gegründeten „Sozialdemokratischen Partei in der DDR“ und in anderen neu gegründeten Parteien. Dieses kirchliche Engagement führte dazu, dass in der ersten (und letzten) frei gewählten Regierung der DDR allein vier Ministerposten von Pfarrern übernommen wurden (darunter das Außen- und das Verteidigungsministerium), und dass Ministerpräsident Lothar de Maizière und einige weitere Minister als Laien in der evangelischen oder der katholischen Kirche aktiv waren.

Diese Rolle der Evangelischen Kirche in der Endphase der DDR-Zeit war allerdings, sieht man einmal von der katholischen Kirche in Polen ab, in Mittel- und Osteuropa singulär. Trotzdem übernahmen Christen überall 1989 auf unterschiedliche Weise politische Verantwortung, riskierten etwas und trugen damit dazu bei, dass sich die politische Situation in ihren Heimatländern änderte und die alte kommunistische Machtelite abdanken musste. So wäre es beispielsweise ohne den in Rumänien wirkenden ungarischstämmigen reformierten Pfarrer László Tőkés (*1952) wohl nicht zum Ende des rumänischen Diktators Nicolae Ceauşescu gekommen. Tőkés hatte im Sommer 1988 den Widerstand von ungarischen reformierten Pfarrern gegen das staatliche Dorfzerstörungsprogramm von Ceauşescu organisiert. Obwohl er daraufhin vom rumänischen Sicherheitsdienst, der Securitate, verfolgt wurde, blieb er seiner regimekritischen Haltung treu und weigerte sich, unterstützt von seiner Gemeinde, einem Befehl seines Bischofs zur Zwangsumsiedlung aus Timişoara nachzukommen. Das war der unmittelbare Anlass zum Aufstand im Dezember 1989, der schließlich mit der Absetzung Ceauşescus und seiner Hinrichtung am 25. Dezember 1989 endete.

Neben starken Einzelpersönlichkeiten wie Tőkés war der Herbst 1989 aber vor allem die Stunde der Bürgerrechtsbewegungen und der Dissidenten. Auch hier waren immer Christen, Protestanten und Katholiken vertreten, meist jedoch Nichttheologen oder Laien, selten Vertreter aus den Kirchenleitungen. Das gilt auch für die Pfarrer und christlichen Laien aus der Tschechoslowakei, die 1977 der tschechischen Bürgerrechtsbewegung Charta 77 beigetreten waren und sich seitdem regelmäßig bis zum Ende des kommunistischen Regimes 1989 mit kritischen Stellungnahmen zu den Menschenrechten und der Religionsfreiheit und der Lage der Kirchen und Christen in der Tschechoslowakei zu Wort meldeten. Sie wurden von der offiziellen Kirche und der Ökumene oft ausgegrenzt; die Amtsträger unter ihnen verloren zumeist ihre staatliche Erlaubnis, als Pfarrer tätig zu sein. Dennoch nahmen diese evangelischen und katholischen Christen am 19. November 1989 direkten politischen Einfluss, als sich nämlich die Charta 77 mit elf weiteren Oppositionsgruppen zum „Bürgerforum" zusammenschloss. Eine Million Menschen folgten dann der Kundgebung des Bürgerforums am 29. November 1989 und forderten den Rücktritt Gustáv Husáks (1913–1991) als Staatspräsident und freie Wahlen. Die „Samtene Revolution" begann damit und fand in der Wahl Václav Havels (1936–2011) zum Präsidenten der Tschechoslowakei schließlich ihren Abschluss.

Im Vergleich zu diesen Fallbeispielen waren die orthodoxen Kirchen in den Wendeprozessen in Osteuropa sehr viel zurückhaltender. Erst als klar war, dass die Revolution gegen Ceauşescu siegen würde, zeigte sich der rumänische Patriarch auf der Seite der Aufständischen; einige Tage zuvor hatte er den Präsidenten noch ausdrücklich gelobt. Die enge Verbundenheit der Orthodoxie mit den jeweiligen Staaten und ihren Regierungen zeigt sich auch hier. In der UdSSR hingegen gab es kein revolutionäres Ereignis, das das Ende des kommunistischen Regimes alter Sowjetprägung markierte, sondern einen langen Prozess, der mit der Perestroika begann und mit dem Zerfall des Landes Ende 1991 noch nicht beendet war. Die orthodoxe Kirche begleitete diesen Prozess einerseits mit Wohlwollen, weil sie dadurch erheblich mehr Handlungsspielraum gewann. Einzelne orthodoxe Priester, wie etwa Gleb Jakunin, der seit den 1970er-Jahren wegen seines Einsatzes für die Religionsfreiheit in Haft bzw. Verbannung gewesen war und 1987 von Michail Gorbatschow amnestiert wurde, engagierten sich in besonderer Weise für die neue Russische Föderation; so setzte sich Jakunin (der wegen seiner Kritik an der Haltung seiner Kirche in der Sowjetzeit von dieser exkommuniziert worden war) als Abgeordneter des Obersten Sowjets und stellvertretender Ausschussvorsitzender für die verfassungsmäßige Verankerung der Religions- und Gewissensfreiheit sowie für die Freiheit der Konfessionen ein. Andererseits betrachtete die orthodoxe Kirche das Ende der Sowjetunion aber auch als katastrophal, weil es bedeutete, dass jetzt Millionen ihrer Gläubigen (aus russischer Perspektive) im Ausland lebten, also etwa in der Ukraine, in Belarus oder in Kasachstan. Die zunehmende soziale Verelendung in Russland als Folge der wirtschaftlichen Transformation trug mit dazu bei, dass aus Sicht der Kirche wie auch in weiten Teilen der Gesellschaft „Demokratie" zu einem negativ behafteten Begriff wurde, den viele Bewohner des Landes ablehnten.

Eine gewisse Rolle hatte die Russische Orthodoxe Kirche aber insofern, als sie den politischen Veränderungen im Land Legitimität verschaffte. Die zunehmenden Freiheiten, insbesondere die Religionsfreiheit, wurden von der Kirche zumeist begrüßt, und sie kam mehr und mehr in der gesellschaftlichen Öffentlichkeit wieder vor, nachdem sie jahrzehntelang marginalisiert worden war. Die Kirche genoss diese neue positive Reputation; wenn der Staat also Maßnahmen durchführte, die der Kirche zugutekamen, dann wurde das ebenfalls gewürdigt. Die Tatsache, dass Kirchenvertreter in neu entstandenen oder erstmals frei gewählten Gremien vertreten waren, verschaffte diesen zusätzliche Anerkennung.

Einen Sonderfall stellte Jugoslawien dar, weil dort das Ende des sozialistischen Systems mit einem blutigen Krieg und der Entstehung neuer Nationalstaaten verbunden war. Hier lässt sich kaum von einer „Wende" sprechen – das zentrale Ereignis war nicht eine politische oder wirtschaftliche Transformation, auch wenn es beides gegeben hat, sondern der Krieg, aus dem neue Staaten entstanden sind. Die neue Herausforderung und der wichtigste Begleitumstand für die Gesellschaften (und damit auch für die Kirchen) nach dem Ende des Kommunismus war nicht Demokratie, sondern Nationalismus. Hier stellt sich also nicht die Frage nach dem Verhalten der Kirchen in der Wende, sondern nach ihren Positionen im und zum Krieg sowie nach der Beziehung zu „ihrer" Nation. Die beiden großen Kirchen, die in diesem Prozess eine wesentliche Rolle spielten, waren die katholische Kirche bei Kroaten und Slowenen, und die orthodoxe Kirche bei den Serben und Montenegrinern sowie (in einer eigenen, kanonisch umstrittenen Kirchenorganisation) bei den Makedonen. Die Kirchen waren in den ersten Jahren nach dem Zweiten Weltkrieg verfolgt worden; seit den 1960er-Jahren normalisierte sich die Situation. Das jugoslawische Regime unterschied sich von den anderen in seiner Religionspolitik dadurch, dass es die Religionsgemeinschaften nicht in staatliche Kampagnen einzuspannen versuchte. Vielmehr wurden sie in der staatlich kontrollierten Öffentlichkeit weitgehend ignoriert. In den Medien kam das Thema Religion praktisch nicht vor, und es gab kaum Versuche, etwa die Zahl der Gemeinden durch staatliche Maßnahmen zu reduzieren. Eine große Ausnahme war allerdings alles, was von den staatlichen Behörden als Nationalismus wahrgenommen wurde. Besonders die katholische Kirche bei den Kroaten stand bei den Behörden unter Verdacht; eine Anspielung in einer Predigt konnte schon unangenehme Maßnahmen bis hin zur Bestrafung durch Freiheitsentzug zur Folge haben.

Erschwerend trat hinzu, dass die historischen Belastungen, vor allem aus der Zeit des Zweiten Weltkrieges, nie aufgearbeitet, ja nicht einmal offen angesprochen werden konnten. Allerdings gab es einen entsprechenden Diskurs in der Emigration; da die meisten jugoslawischen Bürger unkontrolliert ins Ausland reisen konnten und Hunderttausende von ihnen als „Gastarbeiter" in den mitteleuropäischen Staaten lebten, war gewährleistet, dass das Thema der Unzufriedenheit mit der Lage der eigenen Nation auch im Lande verbreitet war. In der Wahrnehmung fielen religiöse und nationale Verfolgung ineinander. Einschränkungen der Tätigkeit der katholischen Kirche etwa wurden als Unterdrückung der kroatischen Nation wahrgenommen, und bei den Serben zeigte sich ihre subjektive Wahrnehmung der Unterdrückung auch darin, dass säkulare, ja atheistische Serben sich darüber beklagten, dass die orthodoxe Kirche nicht frei agieren könne. Die nationale und die religiöse Identität ließen sich also kaum voneinander trennen. Hinzu kam, dass beide Seiten eine völlig unterschiedliche Wahrnehmung der gemeinsamen Geschichte hatten; gemeinsam war ihnen nur, dass jede Seite der Überzeugung war, sie sei benachteiligt und ungerecht behandelt worden, und den Urheber für dieses vermeintliche oder wahre Unrecht vor allem in der anderen Nation – und damit in der anderen Kirche – sah.

Dieser Zusammenhang wurde angesichts der Krise, die zum Krieg und zum Zerfall des Landes führen sollte, noch stärker. Die neu an die Macht gekommenen politischen Führer der einzelnen Republiken setzten bewusst auf das Thema Religion, um ihr nationales Engagement zu unterstreichen. Die Kirchen gingen gerne darauf ein; sie sahen nach den Jahrzehnten ungerechter Behandlung jetzt die Stunde gekommen, sowohl als Religionsgemeinschaft frei agieren als auch für die Nation die ihr zustehenden Rechte einfordern zu können. Die Feststellung, die Kirchen seien „instrumentalisiert" worden, ist daher nicht zureichend, um die Situation angemessen zu beschreiben. Vielmehr handelte es sich um eine komplizierte Gemengelage, aus der die religiösen Zugehörigkeiten und die Kirchenorganisationen nicht ohne Weiteres herausgefiltert werden können.

In den Kriegen der 1990er-Jahre, die den Zerfall Jugoslawiens begleiteten, vertraten die Kirchen Positionen, die denen der Regierungen in den Staaten, in denen sie die Mehrheit hatten, entsprachen. Konkret bedeutet das, dass die Serbische Orthodoxe Kirche davon überzeugt war, die Serben in Kroatien und Bosnien seien von einem Völkermord bedroht und Serbien hätte das legitime Recht, sie zu verteidigen, während die katholische Kirche bei den Kroaten mit der kroatischen Regierung die kriegerischen Ereignisse als Aggression gegen den eigenen Staat verstand, der ein Recht auf staatliche Selbstständigkeit habe. Tatsächlich aber spielte im Prozess der blutigen Auflösung des jugoslawischen Staates, die das Ende des Kommunismus dort begleitete, die Religion nur eine untergeordnete Rolle, insofern sie ein geeigneter Parameter zur nationalen Identifizierung war. Entsprechend hatten die Religionsgemeinschaften in den entstehenden selbstständigen Staaten eine zentrale Position, wenn sie die Mehrheitsreligion darstellten. Kirchenbesuch und Religiosität stiegen an, die Gesetzgebung wurde oft zugunsten der Religionsgemeinschaften formuliert und Religion wurde positiv gesehen, als neuer Identitätsmarker, mit dem eben vor allem die nationale Zugehörigkeit unterstrichen werden konnte. Im jugoslawischen Fall wurde das sozialistische System nach seinem Niedergang durch Nationalismen ersetzt, die von den nationalen Eliten (vor allem von denen auf serbischer Seite) angefacht worden waren. Die Kirchen vollzogen diesen Prozess nach, auch wenn darauf hingewiesen werden muss, dass sie sich in den Jahren des Krieges stark für eine friedliche Lösung ausgesprochen und die ökumenischen Kontakte in einer für die Region ungekannten Weise entwickelt haben.

Diese Fallbeispiele zeigen, wie unterschiedlich die Rolle der Kirchen bei den politischen Transformationsprozessen von 1989/90 war. Den meisten von ihnen wurde jedoch rasch bewusst, dass sie mit dem Ende der Verfolgung durch die kommunistischen Machthaber nicht in ein Leben eingetreten waren, in dem Religion wieder eine wichtige Rolle für die Menschen spielte. Die Prozesse von Modernisierung und Säkularisierung hatten in der Zeit seit dem Ende des Zweiten Weltkrieges, teils unter der Oberfläche, teils sichtbar und ja auch durch die Regimes gefördert, einen Wandel in den Gesellschaften herbeigeführt. In manchen Fällen gewannen die Kirchen gesellschaftliches Ansehen und Anerkennung; viele Menschen wandten sich den traditionellen Kirchen zu, ließen sich taufen und besuchten Gottesdienste. Das galt vor allem für die vorwiegend orthodoxen und katholischen Länder – allerdings mit Ausnahme Polens, wo die Kirche zwar für das Ende des Kommunismus eine zentrale Rolle gespielt hat, seither aber auch der Kirchenbesuch und die Identifizierung mit der katholischen Kirche langsam zurückgehen. Diese Entwicklungen vollziehen sich langsam und von einer hohen Ausgangsposition aus, doch zeigen die Statistiken, dass dieser Prozess stattfindet. In den vorwiegend evangelischen Ländern hingegen können die Kirchen zwar mittlerweile ungehindert agieren, doch blieben analoge Erscheinungen wie in den orthodoxen und den meisten katholischen Staaten bis heute aus. Fragen wie die traditionelle Beziehung zum Staat und zur Nation, die Lage im Staat (als Mehrheit oder Minderheit), aber natürlich auch konfessionelle Besonderheiten spielen hier eine wichtige Rolle.

2. Die Diskussion um die Vergangenheit

Nach dem Ende des Kalten Krieges wurde die Rolle der Kirchen in dieser Zeit kontrovers diskutiert. Diese Diskussion hatte eine zweifache Dimension: Sie betraf einerseits die Kirchen in den kommunistisch regierten Ländern und ihre Beziehungen zu den Institutionen Staat, Partei und Staatssicherheit; der Vorwurf, die Sache des Evangeliums verraten, nicht genügend Widerstand geleistet oder sogar mit dem Staat kollaboriert zu haben, stand im Raum. Andererseits gab es auch an den Kirchen im Westen Kritik, weil sie, so lautete der wichtigste Vorwurf, bei Reisen in die Länder und ökumenischen Begegnungen mit Vertretern der osteuropäischen Kirchen die Verfolgung der Christen nicht angesprochen hätten, um die Beziehungen zu den dortigen Kirchenleitungen nicht zu gefährden. Die ökumenischen Kirchenorganisationen wie der Ökumenische Rat der Kirchen, der Lutherische Weltbund, aber auch die Konferenz Europäischer Kirchen oder regionale Kirchenvertretungen wie die EKD hatten sich zwar mit allen denkbaren Formen von Menschenrechtsverletzungen beschäftigt, aber eine explizite Kritik an den Ländern mit kommunistischer Regierung wurde von den Mitgliedskirchen aus eben diesen Ländern immer verhindert. Ein wichtiger Grund dafür liege darin, so hieß es lange Zeit aus der Ökumene, dass man die Christen in den entsprechenden Ländern nicht noch mehr gefährden, sondern vielmehr ihre Lage durch internationale Anerkennung stabilisieren wolle. Andere Stimmen wiesen jedoch darauf hin, dass die Kirchen aus den osteuropäischen Ländern bei ihren Kontakten zu den Kirchen im Westen immer von den staatlichen Behörden gesteuert worden seien. Die westlichen und ökumenischen Kirchenvertreter hätten es versäumt, mit dieser Situation angemessen umzugehen, was teils ihrer eigenen antiwestlichen und linken Orientierung zuzuschreiben sei.

Zusammenarbeit von Kirchenvertretern mit staatlichen Behörden

Tatsächlich wurde nach 1989 in fast allen Kirchen Mittel- und Osteuropas die Frage nach der Kooperation der Kirchen mit dem Staat auf den unterschiedlichsten Ebenen diskutiert. Ausgangspunkt waren zumeist Personen, bei denen durch Archiveinsicht herauskam, dass diese kirchlichen Vertreter während des Kommunismus mit den staatlichen Organen in verschiedenen Formen kooperiert hatten. Die Form dieser Zusammenarbeit konnte von notwendigen administrativen Kooperationen zwischen Kirche und Staat, der Weitergabe von Informationen und der Ausführung von dem Staat genehmen Maßnahmen bis hin zur vorauseilenden Übernahme staatsloyalen Verhaltens und Denkens oder der direkten Infiltrierung der Kirche reichen, um ihre Entscheidungen und Handlungen im Sinne des Staates zu lenken. Das Thema „Kooperation" umfasste ebenso die Arbeit von seitens der Staatssicherheit angeheuerten informellen Mitarbeitern in der Kirche bis hin zum ganz und gar professionell agierenden, in kirchliche Kreise eingeschleusten Agenten. In allen Kirchen unter kommunistischer Herrschaft wurde die Unterwanderung der Kirchen durch die Sicherheitsdienste vor allem in der Zeit nach der Phase der massiven und blutigen Verfolgung des Christentums von den staatlichen Behörden vorangetrieben und als Mittel politischer Gleichschaltung und Kontrolle angewandt. Ein wichtiges Beispiel war die Synode von Lemberg, mit der 1946 die griechisch-katholische Kirche in den ukrainischen Gebieten zwangsweise aufgelöst worden war, die nach dem Krieg neu zur Sowjetunion gekommen waren. Die Behörden fanden einen Priester, der – vermutlich aus innerer Überzeugung – dazu bereit war, seine Kirche zur Orthodoxie zu bringen. Obwohl das keiner der Bischöfe zulassen wollte, wurde mit Hilfe des KGB und einiger Angehöriger der Kirche eine Synode organisiert, die sich mit großer Mehrheit für den Übertritt zur Russischen Orthodoxen Kirche aussprach. Die Behörden stellten dafür die nötige Infrastruktur zur Verfügung, ließen die Verantwortlichen der Vereinigungsinitiative nach Moskau reisen und organisierten dort eine Begegnung mit dem russischen Patriarchen. Ihr Ziel war es, die Kirche in der Ukraine, die als wichtige Unterstützerin des ukrainischen nationalen Gedankens galt, unter ihre Kontrolle zu bekommen. Aus der Sicht der russischen Orthodoxie handelte es sich um die Wiederherstellung einer historischen Gerechtigkeit, da es sich bei der griechisch-katholischen Kirche um die Nachkommen von Menschen handelte, die vor mehreren

Jahrhunderten die Orthodoxie verlassen und sich unter die Jurisdiktion des Papstes gestellt hatten. Doch ging die Initiative nicht von der Russischen Orthodoxen Kirche aus, sondern, wie wir aus den Akten wissen, vom sowjetischen KGB. Diese Inszenierung, die dem Auflösungsakt der griechisch-katholischen Kirche Legitimität verschaffen sollte, wäre ohne die Mithilfe von einzelnen Priestern aber nicht möglich gewesen. Deren Motivation zu erforschen ist kompliziert – doch greift ein pauschales Urteil, sie hätten nur um ihres eigenen Vorteils willen gehandelt, wohl zu kurz.

In der UdSSR versuchten die staatlichen Behörden immer wieder, Priester und Bischöfe dafür zu gewinnen, im Sinne des Staates zu arbeiten. Da nach dem Ende des Kommunismus die KGB-Akten in Russland nicht freigegeben wurden, sind nur einzelne Fälle bekannt geworden, die auf andere Weise dokumentiert worden sind, zumeist in den Akten der „Bevollmächtigten für religiöse Angelegenheiten". Allerdings ist es methodisch grundsätzlich problematisch, sich ausschließlich auf Geheimdienstakten zu verlassen, die ja ihrerseits keine neutralen Quellen sind; ihre Schreiber konnten und wollten nur in den seltensten Fällen die sehr viel komplexeren Zusammenhänge und Motivationen innerhalb der Kirchen, ihrer Repräsentanten und Gemeindemitglieder angemessen einschätzen. Auf der anderen Seite gibt es natürlich auch heute noch genügend Fälle, wo gerade dieses Argument benutzt wird, um sich persönlich zu entlasten und sich des unbequemen Schuldthemas zu entziehen, statt für angemessene Aufklärung zu sorgen. Gleichwohl ist für das historische Verständnis und für jede spätere Beurteilung oder Deutung zu beachten, dass in den sozialistischen Staaten kirchliches Leben in den allermeisten Fällen, wo es sich um größere und organisierte Kirchen handelte, ohne einen gewissen Kontakt zu den zuständigen Behörden, zumeist den staatlichen Ämtern für Religionsangelegenheiten, nicht möglich war, und dass daher auch die entsprechenden Kontakte aktenkundig wurden. Die Frage jedoch, welche indirekten Auswirkungen diese jeweils persönlich geprägten Beziehungen zwischen Kirchen- und Staatsvertretern hatten, welche Handlungsspielräume es innerhalb dieser Beziehungen für die Kirche gab und ob es auch alternative Wege der Kooperation oder der kirchlichen Existenz in der jeweils konkreten lokalen Situation gegeben hätte, ist schwer allgemein zu beantworten.

Allerdings gibt es Fälle, in denen die Zusammenarbeit zwischen Kirche, Staat und Staatssicherheit sehr klar dokumentiert ist. Vor allem in der ehemaligen DDR gab es seit Beginn der 1990er-Jahre zahlreiche politische, kirchliche und wissenschaftliche Kommissionen und Forschungsprojekte, die Einzelfälle und Kirchenpolitik im Zusammenhang mit der Staatssicherheit („Stasi“) gründlich untersucht haben. Dazu gehörte auch nach der deutschen Wiedervereinigung am 3. Oktober 1990 die Gründung der „Behörde des Bundesbeauftragten für die Unterlagen der Stasi der ehemaligen DDR in Berlin“, als deren erster Leiter der evangelische Pfarrer Joachim Gauck (*1940) aus Rostock gewählt wurde. Mit hoher persönlicher Integrität und Empathie gelang es ihm, öffentliche Aufmerksamkeit für die zahlreichen Opfer der SED-Diktatur zu gewinnen. Ihm folgte 2001 Marianne Birthler (*1948) nach, die wie Gauck aus den evangelischen Kreisen der 1989er-Bürgerrechtsbewegung kam. Durch all diese Aufarbeitungen ist die ambivalente Rolle der Kirche in der DDR deutlicher worden. Erst jüngst summierte der aktuelle Bundesbeauftragte für die Unterlagen der Stasi der ehemaligen DDR, Roland Jahn (*1953): „Die Kirche hat den Raum gegeben, damit sich Menschen austauschen, aber sie hat die Menschen gleichzeitig diszipliniert, damit sie mit ihren Forderungen an den Staat nicht zu weit gehen. Dieser Doppelrolle muss sich die Kirche bewusst werden.“[1]

Historiker haben erforscht, und das mag in gewisser Weise mit anderen Kirchen aus den sozialistischen Ländern vergleichbar sein, dass die Stasi seit 1952 ihren Einfluss in die DDR-Kirchen hinein gezielt verstärkte, und zwar besonders in der hohen und mittleren Ebene der Kirchenleitungen. Damals wurde eine „Richtlinie 21“[2] veröffentlicht, in der die Vorgehensweise detailliert festgelegt war. Für die neu gewonnenen inoffiziellen Mitarbeiter galt allein die mündliche Bestätigung und es musste keine Unterschrift geleistet werden; das halten die Dokumente der Staatssicherheit ausdrücklich als kirchenpolitische Devise fest. Ende des Jahres 1960 gab es insgesamt 165 Stasi-Mitarbeiter in den DDR-Kirchen, unter den Protestanten waren es 48 inoffizielle, unter den Katholiken 44 inoffizielle Mitarbeiter. Zehn Jahre später, also 1971, war die Zahl zwar fast gleichgeblieben, jedoch war es der Stasi gelungen, viel tiefer in die obersten Leitungs- und Entscheidungsstrukturen der Kirchen einzudringen. Mit dem Bischof der Evangelisch-Lutherischen Kirche Thüringen, Ingo Braecklein (1906–2001, IM „Ingo“), und dem Bischof der Pommerschen Landeskirche / Evangelischen Kirche Greifswald, Horst Gienke (*1930, IM „Orion“), hatte die Stasi auch zwei Bischöfe gewonnen. Zusätzlich waren 1988/89 ungefähr 120 Offiziere des Ministeriums für Staatssicherheit in den Kirchen und den Gruppen tä-

1 http://www.idea.de/thema-des-tages/artikel/friedliche-revolution-kam-nicht-aus-der-kirche–263.html.

2 „Richtlinie 21“, vom 20.11.1952. Dokumentiert in: H. Müller-Engbergs (Hg.), Inoffizielle Mitarbeiter des Ministeriums für Staatssicherheit. Richtlinien und Durchführungsbestimmungen. Hg. v. BStU, Berlin 1996, 164–191.

tig. Geht man davon aus, dass jeder Stasioffizier ungefähr fünf inoffizielle Mitarbeiter hatte, ergibt das eine Zahl von minimal 600 inoffiziellen Mitarbeitern in der Kirche.

Generell, und das gilt nicht nur für die DDR, sondern für sämtliche christlichen Kirchen unter kommunistischen Regimes, war die Personalpolitik ein zentrales Interesse der staatlichen Behörden, die versuchten, ihnen genehme Kandidaten durchzusetzen oder wenigstens andere zu verhindern, die sie im Verdacht hatten, „zu" kirchlich oder zu antikommunistisch zu sein, also zu stark pastorale Aktivitäten zu entwickeln und das politische System zu wenig zu unterstützen.

In Bulgarien gab die eingesetzte Untersuchungskommission 2012 ihre Ergebnisse über die Zusammenarbeit des bulgarischen Geheimdienstes mit den leitenden Geistlichen der Bulgarischen Orthodoxen Kirche bekannt. Demnach waren elf der 15 Bischöfe, die Mitglieder des Heiligen Synods waren, Mitarbeiter der Staatssicherheit. Als unbelastet erwiesen sich außer Patriarch Maxim (der 1960 zum Metropoliten und 1971 zum Patriarchen gewählt worden war) nur die drei letzten in die Heilige Synode gewählten Mitglieder. Parallel dazu wurde aber auch bekannt, dass der Mufti der bulgarischen Muslime (sowie sein Vorgänger) und der katholische Bischof der Diözese Sofia-Plovdiv ebenfalls Mitarbeiter des Geheimdienstes waren. Über den neuen, 2015 gewählten Patriarchen Neofit (*1945), von dem sich viele orthodoxe Bulgaren einen Kurs der Erneuerung erhoffen, führte die Staatssicherheit zwar seit 1983 eine Akte, in ihr waren aber keine Informationen, die von ihm selbst stammten. Er wurde somit als der einzige unbelastete Kandidat gewählt.

Im Falle der orthodoxen Kirche in der Sowjetunion muss auch die Gesetzgebung beachtet werden. Die Behörden hatten die Kirche dazu gezwungen, ein Statut anzunehmen, nach dem ein Gemeinderat die Vollmachten über die Angelegenheiten der Gemeinde erlangte, insbesondere über die Finanzen. Die Aufgaben der Priester waren auf die Durchführung von Gottesdiensten und die Spendung der Sakramente reduziert. Oft wurden Gemeinden auf Verlangen von Angehörigen des Gemeinderates geschlossen – da dessen Mitglieder von den Behörden genehmigt werden mussten, war es sehr einfach möglich, die staatlichen Interessen über die Gemeinderäte durchzusetzen. Das bedeutete, dass die Verfolgung gar nicht massiv, durch den Einsatz von Gewalt, erfolgen musste (auch wenn es das immer noch gab), sondern formal sogar die Gesetze des Landes eingehalten werden konnten.

Die katholische Kirche war von solchen Fällen in geringerem Maße betroffen. Dazu trugen verschiedene Faktoren bei. Bereits erwähnt wurde, dass katholische Priester zölibatär leben, sodass es weniger einfach als bei orthodoxen (in der Regel verheirateten) Priestern möglich war, sie unter Druck zu setzen – viele, denen Nachteile für ihre Kinder in Beruf und Ausbildung angedroht wurden, konnten diesem Druck nicht standhalten. Außerdem war die katholische Kirche strenger hierarchisch organisiert, bis hin zum Papst. Ein Angriff gegen einen katholischen Priester bedeutete dann meistens sofort eine Reaktion der Kirche im Westen. Auch wenn sich häufig an den Maßnahmen nichts änderte, so waren die Machthaber gegenüber einem solchen Reputationsschaden doch empfindlich.

Dennoch gab es einige katholische Ortskirchen, in denen man dem Staat besonders weit entgegenkommen wollte. Das galt vor allem für Ungarn, eingeschränkt auch für die Tschechoslowakei. In Ungarn galt insbesondere der Primas, Erzbischof László Kardinal Lékai (1910–1986), als relativ staatsnah. 1976 ins Amt gekommen, blieb er bis zu seinem Tod 1986 Primas von Ungarn. Er erreichte durch seinen vorsichtigen Kurs einige kleinere Erleichterungen für die Kirche; so konnten etwa nach der durch die Inhaftierung von Kardinal Mindszenty bewirkten Blockade für einige Bistümer wieder Bischöfe ernannt werden. Allerdings wurde Kardinal Lékai zu großer Nähe zum kommunistischen Regime beschuldigt. Das führte dazu, dass sich die erwähnten Basisgruppen der Bokor-Bewegung bildeten, da viele Gläubige und Priester kein Vertrauen zu ihm und zu den Bischöfen mehr hatten.

In Polen war der Krakauer Priester Tadeusz Isakowicz-Zaleski (*1956) einer der ersten, der sich mit der Frage nach der Kollaboration des Klerus mit den Behörden beschäftigte. Er stellte in den Archiven fest, dass zahlreiche Priester und einige der nun amtierenden Bischöfe früher mit der Staatssicherheit zusammengearbeitet hatten. Der Krakauer und der Warschauer Erzbischof versuchten, ihn an weiteren Recherchen und Publikationen zu hindern – doch Isakowicz-Zaleski publizierte ein Buch mit den Belegen. Die Kirche versprach schließlich eine Überprüfung der Anschuldigungen, machte ihre Ergebnisse jedoch nie öffentlich.

Zu einem Skandal, der auch international Interesse erregte, kam es in Polen, als Erzbischof Stanisław Wielgus (*1939) im Januar 2007 feierlich in sein neues Amt als Erzbischof von Warschau eingeführt werden sollte. Gegen den Protest vieler Gläubiger, die sich bereits in der Kathedrale versammelt hatten, verkündete er vor Beginn des Gottesdienstes seinen Verzicht auf das Amt, da bekannt geworden war, dass er seit den 1970er-Jahren Kontakte zum Geheimdienst unterhalten hatte. Der Gottesdienst wurde kurzerhand zu einem Sühnegottesdienst umdeklariert; in seiner Predigt zeigte Primas Glemp (1929–2013) Verständnis für

Wielgus, was zu einer Debatte in der polnischen Gesellschaft führte. Von Kritikern wurde moniert, dass sich die katholische Kirche im Land nicht mit ihrer Vergangenheit auseinandergesetzt habe und sich ausschließlich als Opfer darstelle.

Ein weiterer wichtiger Aspekt, der bei allen solchen Fällen und für alle Kirchen beachtet werden muss, ist die Frage, wie man als Kirche bzw. als einzelner Amtsträger in einer solchen Situation hätte reagieren können und wie die eigenen Handlungsspielräume eingeschätzt wurden. Viele waren subjektiv der Meinung, in der gegebenen Situation von Druck und Verfolgung das zu tun, was für das Überleben der Kirche am besten sei. In einigen Fällen kam eine starke Identifizierung mit dem eigenen Staat hinzu, vor allem in der Sowjetunion, die einen erheblichen Beitrag zum Sieg über den Nationalsozialismus geleistet hatte und nach dem Zweiten Weltkrieg zu einer der beiden Supermächte aufgestiegen war. Trotz des impliziten Bewusstseins von der schwierigen Lage der Kirche fiel es deswegen vielen schwer, den eigenen Staat zu kritisieren. Es gab also Fälle von „Anpassung" oder „Kooperation" – doch ist hinsichtlich der Frage nach Kollaboration zu beachten, dass die Situation oft sehr komplex war. Amtsträger, die etwa einer der staatlichen Priesterorganisationen angehörten oder die staatliche Politik auf andere Art unterstützten, konnten dafür ganz unterschiedliche Gründe haben: Sie konnten es als in ihrer jeweiligen Situation für die richtige Vorgehensweise erachten, um der Kirche zu dienen, und nicht selten konnten sie auch Vorteile für die Kirche erreichen. Ein anderes Motiv konnte die bereits erwähnte soziale Absicherung sein: So war die Frage nach ihrer Krankenversicherung und nach der Versorgung im Alter geregelt. In wieder anderen Fällen hatten sich Priester erpressbar gemacht (durch Alkoholmissbrauch, Vergehen oder sexuelle Eskapaden) und litten selber schwer unter ihrem Verrat, ohne es jedoch zu schaffen, aus diesem Teufelskreis herauszukommen. Und schließlich gab es nicht wenige Fälle, in denen kirchliche Amtsträger davon überzeugt waren, dass die Politik des Staates richtig sei, und sie aus ehrlicher Überzeugung unterstützten, wie das ja auch für nicht wenige Bürger galt. Besonders die Sicherung des Friedens, die auch zentrales Thema der staatlichen Propaganda war, bildete für viele orthodoxe Priester in der Sowjetunion ein Anliegen, das sie ernsthaft vertraten und in den Händen des Staates gut aufgehoben sahen. Daneben gab es aber auch Aktionen von bewusster und aktiver Arbeit zum Schaden der Kirche, oft durch Vertreter der Geheimdienste, die als kirchliche Würdenträger eingeschleust worden waren.

Generell ist zu sagen, dass praktisch in allen orthodoxen Kirchen eine Debatte über die eigene Rolle im Kommunismus ausgeblieben ist.

In den katholischen Ortskirchen kam sie vor allem dort ansatzweise zustande, wo sie der Kirche wegen der Öffnung der Archive aufgezwungen wurde. Insgesamt aber herrscht heute fast überall die Tendenz vor, sich undifferenziert als Opfer des Kommunismus zu sehen; die vielfältigen Formen von Kollaboration, Anpassung oder mangelnder Widerstandsbereitschaft – für die es, wie angedeutet, ja auch gute Gründe geben konnte – wurden jedenfalls nicht thematisiert. Im Hinblick auf den Protestantismus, das wurde am Beispiel der DDR deutlich, gibt es aus Sicht der Forschung valide und gründliche Studien, die die Linien der großen Kirchenpolitik und die Strategien sowie die zahlenmäßigen Ausmaße von Stasi-Mitarbeit in der Kirche nachvollziehbar machen. Das gilt für den Protestantismus in Estland oder Tschechien sowie auch teilweise in Ungarn, wo eine wissenschaftlich-kritische Auseinandersetzung mit den Vertretern der Diakonischen Theologie stattgefunden hat. Oftmals werden diese Erkenntnisse jedoch nur wenig in den kirchlichen und öffentlichen Diskussionen beachtet; das Thema ist dort nach wie vor sehr persönlich und emotional präsent.

Ökumene in den Zeiten des Kommunismus

Vorwürfe gegen die Kirchen im Westen und gegen die internationalen ökumenischen Gremien wurden im deutschsprachigen Raum nach dem Ende des Kommunismus außer von einigen kirchlichen, der Bürgerrechtsbewegung zuzuordnenden Kreisen vor allem von einer kleinen Gruppe von Autoren um den Kirchenhistoriker Gerhard Besier (*1947) erhoben, die 1999 ein umfangreiches Buch zur Geschichte des Protestantismus und der Ökumene in der Zeit des Kommunismus publizierten. Besier war bereits in den 1990er-Jahren als Kritiker der evangelischen Kirche in der DDR hervorgetreten, die nach seiner Auffassung eine zu große Nähe zum SED-Staat entwickelt hatte. Als Reaktion auf diese Publikation, die sich vor allem auf Archivmaterialien gestützt hatte, entwickelte sich eine kontroverse Debatte, in der sich besonders ehemalige Akteure zu Wort meldeten. In der Folgezeit kam zusätzlich das Thema auf, inwiefern die Staatssicherheit auch im Westen kirchliche Kreise und Vertreter manipulierte.

Auch der Ökumenische Rat der Kirchen und die Konferenz Europäischer Kirchen beschäftigten sich mehrfach mit dem Thema ihres Osteuropaengagements zu Zeiten des Kalten Krieges; beide standen im Zentrum der Kritik, weil sie sich mit ihren Äußerungen am meisten exponiert hatten. Das lag einerseits am aktiven Engagement der osteuropäischen Kirchen, die sich massiv gegen Menschenrechtsverletzungen einsetzten, die in anderen Teilen der Welt, zum Beispiel in Südafrika, geschahen, hing zum anderen auch mit dem strukturellen Problem zusammen, dass der Weltkirchenrat in seinen Äußerungen auf Konsens angelegt war, sodass jede eindeutige Stellungnahme zur Religionsverfolgung in Osteuropa von den Mitgliedskirchen aus der Region verhindert werden konnte.

Darüber hinaus ist jedoch auch hier die Frage zu stellen, welche Handlungsalternativen es für die westlichen ökumenischen Partner gegeben hätte. Untersuchungen zeigen, dass ihnen die schwierige Situation ihrer osteuropäischen Partner oft bewusst war, und dass sie in privaten Gesprächen am Rande offizieller Verhandlungen auch thematisiert wurde. Unter den westlichen Theologen und Kirchenleitern gab es nicht wenige, die aufgrund ihrer kritischen Position gegenüber dem westlichen System ein gewisses Verständnis für die Anliegen der Politik des Ostblocks aufbrachten, etwa hinsichtlich der Situation in der Dritten Welt, aber auch hinsichtlich einer positiven Rezeption einer durch den Sozialismus ermöglichten gerechteren Gesellschaft. Doch wussten alle, dass die friedensethischen Aussagen in den ökumenischen Begegnungen gewissermaßen der Preis dafür waren, dass die osteuropäischen Kirchen überhaupt an solchen Treffen teilnehmen konnten. Hätten solche Begegnungen mit einer Verurteilung der Kirchenpolitik in den osteuropäischen Staaten geendet, dann wären weitere Treffen nicht mehr möglich gewesen, und der Kontakt zu den Kirchen in den kommunistischen Ländern wäre abgebrochen. Es war also nicht notwendig Naivität, die dafür sorgte, dass es zu den Kontakten zwischen den Kirchenvertretern in Ost und West sowie zu den gemeinsamen offiziellen Kommuniqués gekommen ist, sondern es gab durchaus auch gute Gründe dafür.

Grundsätzlich lässt sich sagen, dass in den östlichen Kirchen eine Diskussion über diese Dilemmata ökumenischer Begegnungen größtenteils unterblieb. Die wenigen Kirchenvertreter, die das versuchten, stießen meistens auf erhebliche Widerstände. Das hängt auch damit zusammen, dass nach dem Ende des Kalten Krieges das Interesse an ökumenischen Beziehungen vor allem bei vielen orthodoxen Kirchen erheblich zurückgegangen ist. Die schärfsten kirchlichen und gesellschaftlichen Sanktionen trafen jedoch in der Regel nicht die Beschuldigten, sondern diejenigen, die die Verbindungen aufgedeckt hatten.

3. Bleibende Konfliktfälle – Kirchen und Kommunismus im 21. Jahrhundert

Auch nach dem Fall der sozialistischen Regimes in Mittel- und Osteuropa war für die christlichen Kirchen die Herausforderung durch den Kommunismus nicht zu Ende. Man wird wohl erst im Laufe des 21. Jahrhunderts sehen, inwiefern die christliche und kirchliche Auseinandersetzung mit dem Kommunismus eine Fortsetzung des weltanschaulich-ideologischen Konflikts ist, oder aber vor allem eine Auseinandersetzung mit den Repressionen einer Diktatur oder eines totalitären Regimes gegen Christen. Für die einzelnen Christen, christlichen Glaubensgemeinschaften oder Kirchen spielt diese Unterscheidung allerdings weniger eine Rolle, da es für sie vor allem um das Zeugnis ihres Glaubens und um die alltägliche Lebenspraxis in einer ideologisch begründeten religionsfeindlichen Umgebung geht. In der konkreten ökumenischen Kirchenpolitik scheinen im Hinblick auf verfolgte und unterdrückte Christen in heute noch kommunistischen Staaten die Strategien, Kontroversen und Einschätzungen jenen aus der zweiten Hälfte des 20. Jahrhunderts sehr zu gleichen – auch wenn sich seitdem die politischen, gesellschaftlichen und kulturellen Bedingungen teilweise radikal verändert haben.

Das gilt in besonderem Maße für das Christentum in China. Obwohl es nach wie vor unter straffer kommunistischer Herrschaft ist, ist, auch bedingt durch die enormen wirtschaftlichen Aufbrüche und das dadurch entstandene geistige und gesellschaftliche Vakuum, die Zahl der Christen seit 1989 sprunghaft gestiegen. Es ist sogar die Rede von einem „Christentumsfieber" und einer Renaissance des Christentums in China. Schätzungen gehen davon aus, dass sich mittlerweile 130 Millionen Chinesen, also etwa 10% der Gesamtbevölkerung, zum Christentum bekennen, und dass die Zahl der Christen in der Volksrepublik China jährlich um eine Million wächst. Die Zahlenangaben schwanken freilich – Regierungsangaben setzen die Zahl der Christen zwischen 23 Millionen und 40 Millionen an. Dazu werden allerdings nur die staatlich anerkannten christlichen Kirchen gezählt, die durch die Patriotischen Vereinigungen vertreten sind und damit aus Sicht des Staates als Massenorganisationen gelten: Das ist zum einen auf protestantischer Seite die Patriotische Protestantische Drei-Selbst-Bewegung bzw. der Chinesische Christenrat (CCC), dem zwei Drittel aller offiziell anerkannten chinesischen Christen angehören, und zum anderen auf katholi-

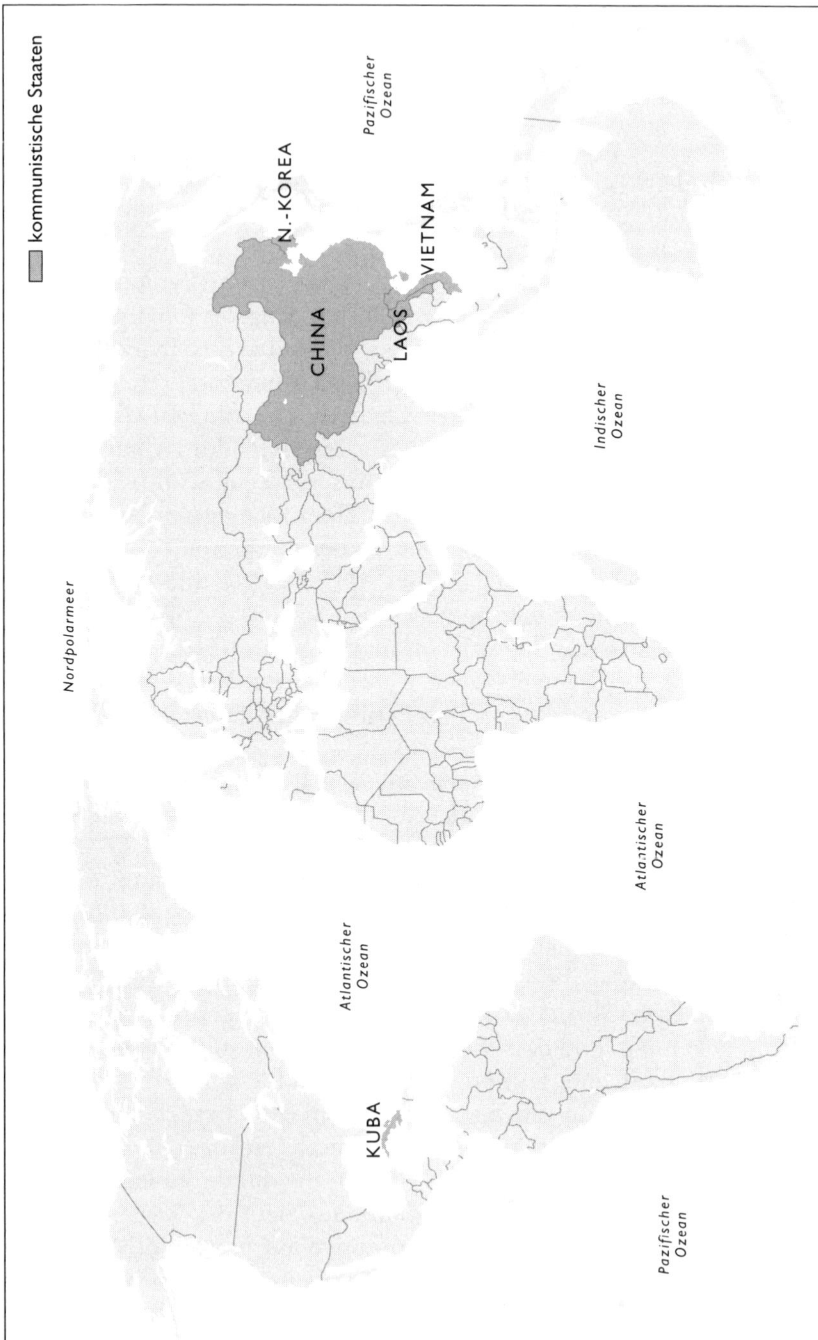

Karte 5: Weltkarte heute

scher Seite die Patriotische Vereinigung der Chinesischen Katholischen Kirche, die ein Drittel der offiziell anerkannten chinesischen Christen abbildet. Als offiziell anerkannte Kirchen haben sich dabei sowohl die Protestantische Drei-Selbst-Bewegung wie auch die Chinesische Katholische Kirche ausdrücklich durch ihre jeweiligen Satzungen unter die Führung der Kommunistischen Partei Chinas gestellt und arbeiten mit dem staatlichen Büro für Religiöse Angelegenheiten zusammen.

Die in den registrierten Staatskirchen legalisierten Christen bilden jedoch nur einen Teilbereich des chinesischen Christentums ab. Denn ein Großteil der chinesischen Christen trifft sich illegal: Im Protestantismus in den sogenannten „Hauskirchen“, von denen es zehntausende gibt; das sind Gemeinden und Gebetskreisen mit meist nicht mehr als 25 Mitgliedern, die sich vor allem in privaten Wohnungen treffen und die nach wie vor vom chinesischen Staat verfolgt werden. Zur Zeit der Kulturrevolution hatten die Hauskirchen insbesondere auf dem Land Zulauf, mittlerweile ziehen sie aber auch zunehmend junge, gut gebildete und ökonomisch gefestigte Menschen aus dem städtischen Universitäts- und Kulturbereich an und sind deswegen vor allem ein urbanes Phänomen mit schnellem Wachstum. Dabei gibt es durchaus Unterschiede zwischen den traditionellen, stark biblisch orientierten oder charismatischeren Hauskirchen und dem neuen universitären Typus. Vor allem bei letzteren spielt die ideologiekritische Auseinandersetzung mit dem Kommunismus und dem Materialismus eine wichtige Rolle: Das Christentum wird nicht nur wegen seiner spirituellen Fülle, sondern auch als Vertreter westlich-christlicher Werte geschätzt. Dem wiederum begegnet der kommunistische Staat mit wachsenden Repressionen und Verfolgungen, wie etwa die amerikanische Nichtregierungsorganisation China Aid in ihren jährlichen Berichten dokumentiert.

Ein etwas anderes Profil als die evangelischen Hauskirchen weist die katholische Untergrundkirche auf. In ihr drückt sich die bereits in den 1950er-Jahren begonnene und seit den 1980er-Jahren verschärfte Spaltung der katholischen Kirche Chinas aus. In der Untergrundkirche sammeln sich romtreue Bischöfe und Priester, die sich in Opposition zur staatlichen Patriotischen Vereinigung der Katholischen Kirche befinden. Nachdem sie jahrzehntelang auch Priester und Bischöfe im Untergrund weihen durften, brachte 2007 der Brief Papst Benedikts XVI. (*1927) an die Kirche in China Ernüchterung, da der Papst dazu aufforderte, die katholische Kirche in China offiziell kirchenrechtlich zu verankern, und dabei betonte, dass die Untergrundkirche kein Normalfall sei. Von zahlreichen katholischen Christen im Untergrund wurde dies als ein Kniefall vor dem kommunistischen Regime angese-

35 Chinesische Christen beim Ostergottesdienst 2007

hen. Andererseits sind die Beziehungen zwischen dem Heiligen Stuhl und China nach wie vor sehr angespannt. Trotz einzelner Akte, die bald nach einer Verbesserung, bald nach einer Verschlechterung der Beziehungen aussehen, lässt sich keine eindeutige Tendenz erkennen.

Weitaus weniger dynamisch und vielschichtig stellt sich dagegen die Situation des nordkoreanischen Christentums seit 1989 dar. Während das Ende der kommunistischen Herrschaft in Osteuropa 1989/91 in Südkorea mit Demokratisierung, wirtschaftlichem Aufschwung und Globalisierung einherging und breite Hoffnungen auf eine baldige Wiedervereinigung Koreas nährte, rüstete das nach seiner Verfassung sozialistisch begründete Nordkorea ideologisch und militärisch auf. Der an das brutale Regime Stalins in der Sowjetzeit erinnernde Personenkult um den Staatsgründer Präsident Kim Il Sung und seinen Sohn und Nachfolger Kim Jong Il (1941–2011) wird auch von dem seit Ende 2011 eingesetzten Führer Kim Jong Un (*1983) fortgesetzt. Christen mit ihrem Bekenntnis zu Gott als dem höchsten Herrscher gelten daher seit der Etablierung des atheistisch-kommunistischen Regimes in Nordkorea 1948 als Feinde – auch wenn offiziell in der Verfassung die Religionsfreiheit verankert ist und es unter anderem mit dem 1946 gegründeten Nordkoreanischen Christenbund (Korean Christian Federation) eine staatlich legale Vertretung des Protestantismus in Nordkorea gibt. Der

Koreanische Christenbund soll etwa 12.000 Protestanten in Nordkorea repräsentieren (genaue Zahlen sind schwer zu erheben) und sieht seine Aufgabe vor allem darin, zwischen Christentum und Regierung zu vermitteln und als ökumenischer Repräsentant Nordkoreas zu agieren. Zu ihm gehören auch die beiden einzigen protestantischen Kirchen Nordkoreas, die Bongsoo-Kirche und die Chilgol-Kirche in der Hauptstadt Pjöngjang. Neben der 2006 eröffneten russischen orthodoxen Dreifaltigkeitskirche gibt es auch eine Gemeinschaft von etwa 3.000 offiziell zugelassenen Katholiken. Sie sammeln sich in der staatlich registrierten nordkoreanischen Gesellschaft der Katholiken und in der katholischen St. Marien- bzw. Jangchunkirche in Pjöngjang – und stehen wie die Protestanten unter starkem politischen und gesellschaftlichen Druck.

Über die nordkoreanischen Vertreter des Kirchenbundes und ihren regimetreuen Einsatz für soziale Entwicklung laufen auch die wenigen ökumenischen Kontakte aus dem Westen: So besuchte etwa erstmals 1999 mit Konrad Raiser (*1938) ein Generalsekretär des ÖRK Nordkorea, zehn Jahre später brach der neue Generalsekretär des ÖRK, Samuel Kobia (*1947), mit einer Delegation aus Genf nach Nordkorea auf. Auch verschiedene Nahrungsmittelhilfslieferungen jüngster Zeit werden von den südkoreanischen Kirchen oder dem Ökumenischen Forum für Frieden, Wiedervereinigung und Entwicklung an den Koreanischen Kirchenbund, häufig über China, geliefert.

Trotz der im staatlich anerkannten Koreanischen Kirchenbund zusammenkommenden Protestanten gibt es zuverlässige Berichte und Zeugnisse von Menschenrechtsorganisationen über brutale Verfolgungen von Christen. Schon der Besitz einer Bibel kann mit Todesstrafe oder der Einsperrung der ganzen Familie in ein Arbeitslager bestraft werden. Seit Jahren führt Nordkorea die Liste des Open-Doors-Weltverfolgungsindexes an; ungefähr 70.000 bis 80.000 Christen werden zurzeit als politische Gefangene in Arbeitslagern festgehalten und oft zu Tode gefoltert. Trotz dieser gefährlichen Situation gibt es wohl auch ein christliches Leben im Untergrund. NGOs wie Open Doors sprechen von geschätzten 200.000 nordkoreanischen Christen, die ihren Glauben heimlich leben, wobei die über ganz Nordkorea verteilten Hauskirchen und Hausgemeinden als Treff- und Gottesdienstpunkt wie in China eine wichtige Rolle spielen. Zeichen politischer Öffnung sind zurzeit in Nordkorea nicht sichtbar – anders als in der Sozialistischen Republik Vietnam.

Dieses Land mit sechs Millionen Katholiken und etwa 600.000 Protestanten hat sich im Zuge der – auch durch den Zerfall der Sowjetunion mit bedingten – Erneuerungspolitik unter der Bezeichnung

Đổi mới (Erneuerung) seit 1990 stärker im Hinblick auf das vietnamesische Christentum geöffnet. Die Verfassung von 1992, ergänzt durch einige Zusatzbestimmungen von 1998 und 2004, hält nun in Artikel 72 ausdrücklich die Religionsfreiheit fest – allerdings in engen religiösen Grenzen. Die Lage für die Christen in Vietnam hat sich seitdem in mancherlei Hinsicht liberalisiert. Dazu gehört auch die aktiv von der Regierung betriebene Verbesserung der Beziehungen zum Vatikan. 2009 empfing Papst Benedikt XVI. den Staatspräsidenten Vietnams, Nguyễn Minh Triết (*1942), zu einer Audienz. Zuvor hatte er bereits verschiedene hochrangige vietnamesische Politiker getroffen. Die Einrichtung einer neuen Diözese und die staatliche Genehmigung, neue Anwärter ins Priesterseminar aufzunehmen und Priester zu weihen, gehörte zu den positiven Ergebnissen dieses nun deutlich weniger angespannten Staat-Kirche-Verhältnisses. Dazu ist auch der staatliche Umgang mit katholischen Symbolfiguren, die während der 1960er- und 1970er-Jahre von den Kommunisten inhaftiert wurden, zu zählen. Ein prominentes Beispiel ist etwa der ehemalige katholische Bischof von Saigon und spätere Kurienkardinal Nguyên Văn Thuân (1928–2002). Er war 13 Jahre in einem Umerziehungslager gefangen gehalten und 1988 zum Verlassen des Landes gezwungen worden, und durfte nun, kurz nach seiner Ernennung zum Kurienkardinal durch Johannes Paul II., wieder als Gast nach Vietnam reisen. Eine andere wichtige Leitfigur des vietnamesischen Katholizismus, Paul Joseph Kardinal Phạm Đình Tụng (1919–2009), der als Bischof von Bac Ninhon 1963 bis 1990 von den Kommunisten unter Hausarrest gestellt wurde und dabei eine besondere Gebetstechnik und das volksnahe katechetische Werk Luc Bat entwickelt hatte, wurde 1994 ebenfalls von Papst Johannes Paul II. zum Erzbischof von Hanoi ernannt und dann in das Kardinalskollegium aufgenommen. Trotz dieser durchaus positiven Beispiele betonen NGOs wie Open Doors allerdings, dass die christlichen Kirchen nach wie vor durch den Staat kontrolliert werden. Jede Gemeinde muss zuvor offiziell genehmigt werden, die Ernennung von Bischöfen wird ebenso kontrolliert wie die Zahl der Priesteramtskandidaten. Viele Christen versuchen diesem System zu entgehen, indem sie sich gar nicht registrieren lassen. Gleichwohl wird immer wieder davon berichtet, dass Christen, deren Handlungen als nicht parteikonform eingeschätzt werden, in Vietnam verfolgt werden, und dass sie mit Hausdurchsuchungen, Verhören, Hausarrest, Kirchenschließungen und Verhaftungen rechnen müssen.

Anders als in China gibt es in Vietnam wohl keine so scharfe Trennung zwischen staatsfreundlicher Kirche und illegaler Untergrundkirche. Es gibt aber, wie in fast allen ehemaligen und gegenwärtigen kommunistischen Staaten, auch in Vietnam parteinahe christliche Sammlungsbewegungen, die als offizielles konfessionelles Sprachrohr im Land und in der Ökumene gelten. Dazu gehört etwa das „Movement of Catholic Solidarity of Patriotic Catholics“ auf katholischer Seite oder die vor kurzem zusammengeschlossenen beiden Bünde der „Evangelical Church of Vietnam“ und die „General Confederation of Evangelical Church of Vietnam“ auf evangelischer Seite.

Eine andere Entwicklung als im Fall Chinas, Vietnams und Nordkoreas ist auf der Karibikinsel Kuba, auf der noch etwa 60% der gut zwölf Millionen Kubaner katholisch getauft sind, anzutreffen. In der seit der Revolution von 1959 vom Staat zunehmend an den Rand gedrängten und isolierten katholischen Kirche hat sich seit Mitte der 1980er-Jahre und nach der mit dem Zerfall des Ostblocks einsetzenden schweren ökonomischen und sozialen Krise Kubas ein neues Selbstverständnis etabliert: Mehr und mehr begann sich seitdem die katholische Kirche als eine gesellschaftliche Kraft zu verstehen, deren Leitbild – ähnlich wie in der evangelischen Kirche in der DDR in den 1980er-Jahren – in der friedlichen Koexistenz und Kooperation mit dem sozialistischen Staat bestand. Der Staat lockerte seine Isolationspolitik und ließ 1991 nicht nur erstmals Christen als Parteimitglieder zu, sondern veränderte 1992 auch offiziell sein ideologisches Selbstverständnis: Aus dem atheistischen Staat wurde ein sozialistischer. Hohe Symbolkraft in diesem nun einsetzenden Entspannungsprozess zwischen Kirche und Staat hatte der erste Besuch eines Papstes im sozialistischen Kuba im Januar 1998. Bereits in seiner ersten öffentlichen Predigt auf Kuba hatte Johannes Paul II. an Kuba und die Welt appelliert, sich gegenseitig zu öffnen. Auch wenn kritische Medien auf die Instrumentalisierung des Papstbesuches durch das Castro-Regime hinwiesen, stärkte der Papstbesuch das gesellschaftliche Selbstbewusstsein der katholischen Kirche als einer breit verankerten, zivilgesellschaftlichen Kraft auf Kuba. Für die Kirche brachte das in der Folge weitere konkrete Erleichterungen im kirchlichen Leben: So wurde beispielsweise 1998 erstmals wieder der Weihnachtsfeiertag eingeführt; die Zahl der Taufen stieg und bei besonderen Anlässen durften sich nun auch Bischöfe im staatlichen Fernsehen äußern. Auch unter Fidel Castros (*1927) Nachfolger, dem 2008 ins Amt gekommenen Staatspräsidenten Raúl Castro (*1931), setzte sich dieses stärker dialogisch bestimmte, offenere Verhältnis zwischen Staat und Kirche fort. Bei der 2010 erfolgten Freilassung der 75 politischen Gefangenen von 2003 spielte die katholische Kirche, insbesondere durch den Erzbischof von Havanna, Jaime Lucas Kardinal Ortega y Alamino (*1936), eine wichtige Vermittlungsrolle. Stimmen aus der Opposition kritisieren allerdings schon seit längerem die zunehmend positive Rolle der katholischen Kirche in der kubanischen Gesellschaft und sehen darin vor allem den Versuch des Regimes, die Kirche politisch zu instrumentalisieren. Aus diesem Grund entstanden auch außerhalb der Kirche oppositionelle Gruppen und Bewegungen, die sich für freie Wahlen, Demokratie und Menschen- und Bürgerrechte in Kuba einsetzen. Zu den einflussreichsten Oppositionsbewegungen der letzten Jahre gehört dabei etwa der 1988 vor allem von katholischen Laien gegründete, aber ökumenisch agierende Movimiento Cristiano Liberación (MCL, Christliche Freiheitsbewegung). Er versucht, ähnlich wie die Bürgerrechtsbewegung Charta 77 in der kommunistischen Tschechoslowakei, sich innerhalb der kubanischen Verfassung mit breiten Initiativen für den friedlichen und gewaltfreien Wandel in Kuba einzusetzen. Insbesondere unter ihrem charismatischen Führer, dem katholischen Ingenieur Oswaldo Payá, konnte sie mit dem Proyecto Varela, dem „Nationalen Dialog" und dem „Programm für alle Kubaner" über 12.000 Kubaner mobilisieren. Das kostete ihre Mitglieder freilich viel – mehr als 40 von ihnen wurden in der großen Verhaftungswelle von 75 regierungskritischen Oppositionellen im sogenannten „Schwarzen Frühling" von 2003 zu langjährigen Haftstrafen verurteilt und inhaftiert. Payá selbst kam unter bislang ungeklärten Umständen 2012 bei einem Autounfall ums Leben. Auch die Bewegung der Damen in Weiß (Movimiento Las Damas de Blanco), die aus Protest gegen die Verhaftungen von 2003 entstand, hat ein festes Fundament im katholischen Glauben, denn sie marschierten jeden Sonntag nach der Messe in der Kirche Santa Rita in Havanna schweigend und in Weiß gekleidet durch die Hauptstadt; in anderen Städten des Landes gibt es ähnliche Proteste.

Der Protestantismus bildet im Gegensatz zum Katholizismus auf Kuba eine Minderheit. Zu ihm gehört neben den ca. 200.000 Baptisten, den 27.000 Methodisten und der kleinen Presbyterianisch-Reformierten Kirche, die etwa 12.000 Protestanten zählt, auch eine wachsende Zahl von Pfingstlern. Etwa ein Drittel der evangelischen Christen sowie einige kleinere Einrichtungen oder ökumenische Bewegungen auf Kuba sind im systemnahen Kubanischen Kirchenrat organisiert. Er arbeitet nicht nur mit dem staatlichen Büro für religiöse Angelegenheiten zusammen und pflegt offizielle ökumenische Kontakte. Seine kirchenleitenden Personen genießen überdies ähnliche Privilegien wie Staatsbeamte (Devisen, Auslandsreisen etc.). Hinzu übt er durchaus auch selber Druck auf kritische Pfarrer aus. Daneben gibt es allerdings gerade unter den Freikirchen und Pfingstkirchen wachsende Gemeinden, die sich fernab vom offiziell registrierten kubanischen Protestantismus in Hauskirchen organisieren und die starken Verfolgungen durch den Staat ausgesetzt sind.

Schlusswort

Der Kommunismus als bleibendes Feindbild der Kirchen?

Auf welche historische Phase, auf welches Land oder auf welche christliche Konfession man auch schaut: Die von den Zeitgenossen wahrgenommene Unvereinbarkeit von Kommunismus und christlicher Menschen- und Weltanschauung springt immer wieder ins Auge. Auch wenn es verschiedene Analogien und Ähnlichkeiten zwischen Kommunismus und Christentum gibt, und auch wenn man beide sowohl als Ideologie, als Werteorientierung oder als idealen Gesellschaftsentwurf bezeichnen könnte: Die Beziehung zwischen Religion und einer sich ohne Gott begründenden Weltanschauung mit missionarischem, revolutionärem Charakter bildete (und bildet) einen unüberwindbaren Gegensatz. Deshalb stieß der Kommunismus im 19. Jahrhundert, als er in seiner modernen Form entwickelt wurde, auf entschiedenen Widerstand der Kirchen, und deshalb wurde das Christentum im 20. Jahrhundert, als sich erstmals Staaten nach den Grundsätzen der kommunistischen Lehre organisierten, in diesen Staaten vehement verfolgt, was Millionen von Diskriminierten, Verfolgten und Opfern bedeutete.

Kommunismus und Christentum haben daher eine Unheilsgeschichte hinter sich, die mit der Bereitschaft der kommunistischen Machthaber zusammenhing, die erwarteten Konsequenzen ihrer Herrschaft – das automatische Absterben von Religion – auch mit Gewalt durchzusetzen, als sie sich nicht von selber einstellten. Es wäre des Nachdenkens wert, ob das notwendig so sein musste, oder ob nicht auch ein kommunistischer Staat mit Anerkennung der Kirche denkbar und politisch realisierbar gewesen wäre. Doch das sind hypothetische Überlegungen, da die Geschichte anders verlaufen ist.

Als ideologisches Gegenkonzept zur Religion betrachtete der Kommunismus den Humanismus, der wiederum von der säkularen Anerkennung der Menschenrechte geprägt war und in dem ein sozial gerechtes, menschenwürdiges und von Menschen verantwortetes Miteinander die bestehenden Abhängigkeitsverhältnisse ersetzen sollte. Die Betonung der Macht und der Gestaltungskraft des Menschen wurde hier deutlich. Damit kam jedoch zugleich die Vorstellung von einem Gott, der die Welt geschaffen hat und mit seiner Schöpfung in Verbindung steht, an ihr Ende: Denn in den humanistischen und marxistischen Konzeptionen wurde der Mensch als der Schöpfer schlechthin betrachtet; demnach ersetze menschliches Wirken den transzendentalen, überweltlichen Schöpfungsakt. Der Mensch war damit Gestalter seines Schicksals und nicht von einer höheren Macht abhängig. Hinter diesem humanistischen Ansatz stand auch eine spezifische, zeitgenössische Vorstellung von Machbarkeit. Im Zeitalter der Industrialisierung ging man optimistisch vom Fortschritt von Forschung und Naturerkenntnis aus; sie sollten die Welt immer besser zu verstehen helfen und schließlich die Menschen aus ihrer Verblendung befreien. Der zitierte Satz des Kosmonauten Gagarin, dass es keinen Gott gibt, passte in diese Weltdeutung, aber auch Versuche sowjetischer Wissenschaftler und Ingenieure, etwa die Flussrichtung sibirischer Flüsse zu verändern, um Zentralasien bewässern zu können, oder die Bemühungen, den Leichnam Lenins für „ewig“ zu erhalten: Letztlich würde der Mensch über die Natur siegen, und es würde ihm alles gelingen; es sei nur eine Frage des Einsatzes und der Zeit.

Marx und Engels waren die ersten, die durch ihre Gesellschaftsanalyse zu einem solchen Weltbild gelangten, es systematisierten und zu einer Lehre mit wissenschaftlichem Anspruch ausbauten. Die Frage nach dem konkreten Charakter des Kommunismus lässt sich jedoch nicht theoretisch und allein von der Lehre her beantworten. Sie muss die historische Verwirklichung in den realen sozialistischen und kommunistischen Systemen und Staaten im 20. Jahrhundert im Blick haben und damit die Tatsache, dass die politische Umsetzung der marxistischen Lehre durch Lenin, Stalin und andere kommunistische Herrscher nicht nur einen hohen und blutigen Preis hatte, sondern dass sie ihre großen Versprechen nie verwirklichen konnte. Diese Einsicht wiederum delegitimiert auch die marxistische Ideologie. Alternativen, wozu die Demokratisierungsversuche sozialistischer Gesellschaften, vor allem in Lateinamerika, aber auch der Prager Frühling 1968 zählten, wurden in der Situation der Konfrontation zwischen den beiden großen Blöcken im Kalten Krieg nach 1945 nicht geduldet, wobei geostrategische Interessen oft eine ebenso große Rolle wie die ideologischen Gegensätze spielten.

Das Aufeinandertreffen von Christentum und Kommunismus offenbarte zugleich auch ein Paradox: Nämlich dass sich die sozialistischen Staaten als atheistisch begriffen und die einstige bourgeoise Moral ablehnten, zugleich aber die metaphysische Rolle beanspruchten, darüber zu bestimmen, was gut und was böse war. Der Kampf gegen das Böse wurde zu einem Lebensprinzip des sowjetischen und der anderen sozialistischen Staaten. Aus dieser Perspektive ist Stalins These von der Intensivierung des Klassenkampfes mit fortschreitendem Aufbau des Sozialismus ein typisches Beispiel für die religiöse Funktion der Partei. Dieser quasireligiöse Charakter des Stalinismus zeigte sich auch darin, dass in einigen (wenn auch marginalen) russischen orthodoxen Kreisen ein eigener Stalin-Kult entstanden ist. Ein anderes Erbe der engen Beziehungen zwischen Christentum und Kommunismus in der Sowjetunion ist die „Sowjetisierung" des kirchlichen Lebens in Mittel- und Osteuropa, die bis heute im Alltag der Glaubensgemeinschaften spürbar ist. Das betrifft vor allem die Entfremdung zwischen der postsozialistischen Gesellschaft und christlich-religiösen Werten, die aber auf sonderbare Weise einhergeht mit einem Wachstum von „Religiosität" in der Bevölkerung, wie sie nach dem Ende der sozialistischen Regierungszeit festgestellt werden konnte. Während freilich die Russische Orthodoxe Kirche nach dem Ende des Kommunismus an nationale Traditionen der vorkommunistischen Zeit anknüpfte und sich damit als eine wichtige neue gesellschaftlich-politische Kraft unter dem russischen Präsidenten Wladimir Putin (*1952) legitimierte, leiden heute zahlreiche andere orthodoxe, katholische und evangelische Kirchen und Gemeinschaften an der durch den Kommunismus beförderten Marginalisierung und müssen ihre Verortung in der postsozialistischen Gesellschaft neu bestimmen.

Vermutlich wäre die Schnittmenge an konkreten Handlungsmöglichkeiten zwischen Vertretern des Christentums und des Kommunismus gar nicht so gering gewesen. Denn im Einsatz für das Wohl des Menschen, für Freiheit und Selbstbestimmung, gegen Armut, Unterdrückung und Ausbeutung müssen sich der christliche und der kommunistische Ansatz nicht notwendig unterscheiden, auch wenn ihre Herleitungen ganz unterschiedlich sind. Von wenigen Beispielen abgesehen, ist es aber zu solchen gemeinsamen Bemühungen um eine sozial gerechtere und friedlichere Gesellschaft nicht gekommen. Waren im 19. und im frühen 20. Jahrhundert die Kirchen vom Fehlen einer metaphysischen Grundlage im Kommunismus verschreckt, so sahen die kommunistischen Denker ihrerseits keine Möglichkeit zu einer Verständigung mit den Kirchen, die sie als Teil des Problems empfanden, gegen das sie vorgingen. Im 20. Jahrhundert entwickelten sich die kommunistischen Staaten, die Verwirklichungen der Theorie, dann zu brutalen Repressionssystemen, die jede Form von Religion unterdrückten und für einen ernsthaften Kontakt mit den Kirchen auch dann nicht offen waren, als Christinnen und Christen bereit waren, Möglichkeiten der Kooperation zu bedenken. Dabei hätte es vielleicht die Chance gegeben, neben einer möglicherweise fruchtbaren Zusammenarbeit auf konkreten Gebieten auch einen inhaltlichen Dialog über die unterschiedlichen Grundaussagen zwischen beiden denkerischen Systemen zu führen. Doch ist es dazu nicht gekommen.

Überblickt man die im 19. Jahrhundert einsetzende lange Geschichte der Abgrenzungen, der Konflikte und der Rivalitäten zwischen Christentum und Kommunismus, gibt es keinen Sieger. Seit der Machtübernahme der Bolschewiki wurde eine jahrhundertealte, teils rückwärtsgewandte, antimoderne, nichtsdestotrotz aber reiche, vielfältige und dynamische christliche Kultur in Mittel- und Osteuropa zerstört. Langfristig veränderten sich damit ein christlich geprägter Alltag, Kirchenleben und Frömmigkeit fundamental. Gewachsene Kirchenstrukturen, historische Gebäude, traditionelle Ausbildungs- und Glaubensorte verschwanden und marginalisierten das Christentum. Millionen gläubiger Christen und Christinnen in Mittel- und Osteuropa hatten für die Ausübung ihres Glaubens einen Preis zu bezahlen: Sie mussten zu ihm stehen und nahmen für ihn Nachteile und Repressionen in Kauf, im Alltag, in der Kirche, in der Gesellschaft und auf oppositionellen Wegen. Nur wegen dieser inneren, persönlichen Glaubensstärke konnte das Christentum überleben. Europa hat jedoch nach dem Ende der kommunistischen Regimes eine Welle von Bürgerkriegen, Nationalismus und religiöser Intoleranz erlebt. Das zeigt, dass es noch immer nicht einfacher geworden ist, Visionen einer gerechten und friedlichen Welt zu verwirklichen.

Zeittafel

17.06.1789	Französische Revolution
09.11.1846	Erste päpstliche Verurteilung des Kommunismus durch Pius IX.
21.02.1848	Das „Manifest der Kommunistischen Partei" von Marx und Engels erscheint
08.08.1869	Gründung der „Sozialdemokratischen Arbeiterpartei" in Deutschland
28.12.1878	Enyzklika „Quot apostolici muneris" von Leo XIII. mit Verurteilung des Sozialismus
17.05.1905	Zar Nikolai II. erlässt ein Toleranzedikt, mit dem das orthodoxe Christentum in Russland einige Privilegien verliert
März 1906	Publikation des Sammelbandes „Wechi" in Russland, in dem viele Intellektuelle ihre Abkehr von kommunistischen Ideen deutlich machen
12.03.1917	Verkündigung der Autokephalie der Georgischen Orthodoxen Kirche
15.08.1917	Eröffnung der Landeskonzils der Russischen Orthodoxen Kirche
25.10.1917	Oktoberrevolution in Russland, bis 1922 Bürgerkrieg
26.10.1917	Enteignung allen Kirchen- und Klosterlandes in Russland
05.11.1917	Metropolit Tichon wird Patriarch der Russischen Orthodoxen Kirche
20.01.1918	Dekret „Über die Trennung der Kirche vom Staat und der Schule von der Kirche" in der Sowjetunion
03.12.1919	In Berlin wird der „Bund religiöser Sozialisten" gegründet
30.10.1921	Unkanonische Weihe eines Bischofs der „Ukrainischen Autokephalen Kirche"
15.05.1922	Gründung der „Erneuererbewegung"
13.08.1922	Der Petrograder Metropolit Weniamin wird nach einem Todesurteil erschossen
30.12.1922	Offizielle Gründung der Sowjetunion
24.01.1924	Tod Lenins
07.04.1925	Patriarch Tichon stirbt; es kann kein Nachfolger gewählt werden

April 1925	Gründung des „Verbandes der Gottlosen" (seit 1929: „der militanten Gottlosen") in der Sowjetunion
Ab 1928	Stalin wird Alleinherrscher in der Sowjetunion, Zwangskollektivierung der Landwirtschaft, GULag
08.04.1929	Das Gesetz „Über die religiösen Vereinigungen" nimmt den Kirchen fast alle Rechte
29.07.1929	Loyalitätserklärung des Metropoliten Sergi
1934/35	Mao Zedong wird nach dem „langen Marsch" der chinesischen Kommunisten Parteiführer
1936–1938	„Große stalinistische Säuberung"
22.06.1941	Angriff der deutschen Wehrmacht auf die Sowjetunion
26.06.1941	Metropolit Sergi ruft die orthodoxe Bevölkerung zum Widerstand auf
04.09.1943	Gespräch Stalins mit den drei Metropoliten
08.09.1943	Wahl von Metropolit Sergi zum Patriarchen
1945–1948	Nach dem Zweiten Weltkrieg Machtübernahme der Kommunisten in Mittel- und Osteuropa
1945–1952	Stalinistische Schauprozesse in Mittel- und Osteuropa, Säuberungen
05.03.1946	Churchill prägt den Ausdruck „Eiserner Vorhang"
08.03.1946	Synode von Lemberg, Aufhebung der griechisch-katholischen Kirche in der Ukraine
11.10.1946	Erzbischof Stepinac, Zagreb, wird in einem Schauprozess zu 16 Jahren Zuchthaus verurteilt
August 1948	In Amsterdam wird der Ökumenische Rat der Kirchen gegründet; inhaltliche Auseinandersetzung zwischen Dulles und Hromadka
08.02.1949	Kardinal Mindszenty, Budapest, wird zu lebenslanger Haft verurteilt
19.06.1949	Verhaftung und Internierung von Erzbischof Beran, Prag
01.10.1949	Gründung der kommunistischen Volksrepublik China
07.10.1949	Gründung der DDR
Februar 1953	Beginn der staatlichen Angriffe auf die Junge Gemeinde in der DDR
05.03.1953	Tod Stalins
25.09.1953	Verhaftung des polnischen Primas Stefan Kardinal Wyszyński
25.02.1956	XX. Parteitag der KPdSU, Beginn der Entstalinisierung
23.10.1956	Volksaufstand in Ungarn
Juni 1958	Gründung der Prager Friedenskonferenz (CFK)

1959	Kubanische Revolution
13.08.1961	Bau der Berliner Mauer
Dezember 1961	Die orthodoxen Kirchen Russlands, Polens, Bulgariens und Rumäniens treten dem Ökumenischen Rat der Kirchen bei
09.02.1963	Erzbischof Slipy wird aus der sowjetischen Haft entlassen und kann am Zweiten Vatikanischen Konzil teilnehmen
1964–1967	Vietnam-Krieg
1966–1969	„Kulturrevolution" in China
1967	Albanien erklärt sich zum atheistischen Staat
21.08.1968	Einmarsch der Warschauer-Pakt Truppen in die Tschechoslowakei, Ende der Prager Frühlings
10.06.1969	Gründung des „Bundes der Evangelischen Kirchen in der DDR"
Juni 1975	Erzbischof Casaroli besucht die DDR
01.08.1975	Schlussakte von Helsinki
Dezember 1975	Auseinandersetzung um die Religionsfreiheit in der UdSSR bei der Vollversammlung des Weltkirchenrats in Nairobi
18.08.1976	Selbstverbrennung von Pastor Oskar Brüsewitz in der DDR
01.01.1977	Veröffentlichung der „Charta 77" in Prag
06.03.1978	Treffen zwischen Erich Honecker und Vertretern der Evangelischen Kirchenleitungen in der DDR unter Leitung von Bischof Schönherr
16.10.1978	Wahl des polnischen Kardinals Karol Woytiła zum Papst Johannes Paul II.
17.09.1980	Gründung der Gewerkschaft „Solidarność" in Polen
1980	Beginn der unabhängigen kirchlichen Friedensbewegung „Schwerter zu Pflugscharen"
25.01.1982	„Berliner Appell" von Eppelmann und Havemann
21.04.1983	Anlässlich des Lutherjubiläums trifft sich Erich Honecker auf der Wartburg mit Bischof Werner Leich
06.08.1984	Die römische Glaubenskongregation veröffentlicht die „Instruktion über einige Aspekte der ‚Theologie der Befreiung'"
11.03.1985	Michail Gorbatschow wird Generalsekretär der KPdSU, Beginn von Perestroika und Glasnost
1988–1989	Ökumenische Versammlungen in der DDR

Februar 1989	Beginn der Runden Tische zwischen Regierung, Opposition und Kirche in Polen
25.09.1989	Erste Montagsdemonstration in Leipzig
09.10.1989	Großdemonstration von 70.000 Menschen in Leipzig
09.11.1989	Öffnung der Berliner Mauer
1990/1991	Unabhängigkeit von Estland, Lettland und Litauen
21.12.1991	Auflösung der Sowjetunion
1991–1995	Jugoslawische Zerfallskriege
1998	Papst Johannes Paul II. besucht als erster Papst das kommunistische Kuba

Auswahlbibliographie

Es werden nur Titel in deutscher und englischer Sprache angegeben. Verwendete Literatur in russischer Sprache findet sich bei den Zitatbelegen.

Amelung, Iwo/Schreijäck, Thomas (Hg.), Religionen und gesellschaftlicher Wandel in China, München 2012.

Applebaum, Anne, Der Eiserne Vorhang. Die Unterdrückung Osteuropas 1944–1956. Berlin 2011.

Arvydas, Anusaukas (Hg.), The Anti-Soviet Resistance in the Baltic States. Vilnius 1999.

Barberini, Giovanni/Stöhr, Martin/Weingärtner, Erich (Hg.), Kirchen im Sozialismus. Kirche und Staat in den osteuropäischen sozialistischen Republiken. Frankfurt a. M. 1977.

Basse, Ottokar (Hg.), Kirche im sozialistischen Gesellschaftssystem. Begegnungen, Erfahrungen, Einsichten. Zollikon 1986.

Beeson, Trevor, Mit Klugheit und Mut. Zur religiösen Situation in Osteuropa. Wien 1979.

Beintker, Michael (Hg.), Karl Barth im europäischen Zeitgeschehen (1935–1950): Widerstand – Bewährung – Orientierung. Beiträge zum Internationalen Symposium 2008 in Emden. Zürich 2010.

Belyakova, Nadezhda, Kontrolle, Kooptation, Kooperation. Sowjetstaat und Orthodoxe Kirche. In: Osteuropa 59 (2009), H. 9. 113–131.

Benedict, Hans-Jürgen, „Der Kommunismus und die Hilfe gegen ihn“: das antikommunistische Manifest Wicherns als Grundlage der berühmten Wittenberger Stegreifrede Wicherns und als verhängnisvolles Erbe der Inneren Mission. In: Evangelische Theologie 61 (2001), 455–475.

Berglund, Bruce/Porter-Szücs, Brian (Hg.), Christianity and Modernity in Eastern Europe. Budapest 2010.

Besier, Gerhard/Boyens, Armin/Lindemann, Gerhard, Nationaler Protestantismus und Ökumenische Bewegung. Kirchliches Handeln im Kalten Krieg (1945–1990). Berlin 1999.

Boeckh, Katrin, Strategien der Religionsverfolgung in der Sowjetunion im Licht vatikanischer Berichterstattung. Das Beispiel der Katholiken (1917–1939). In: Römische Quartalschrift 108 (2013), 86–108.

Brakelmann, Günther, Kirchenleitungen und Synoden über soziale Frage und Sozialismus 1871–1914. Gütersloh 1977.

–, Kirche und Sozialismus im 19. Jh. Die Analyse des Sozialismus und

Kommunismus bei Johann Wichern und bei Rudolf Todt. Witten 1966.
Bremer, Thomas, Kreuz und Kreml. Geschichte der orthodoxen Kirche in Russland. Freiburg i. Br. ²2016.
–/Haneke, Burkhard (Hg.), Zeugen für Gott. Glauben in kommunistischer Zeit, 2 Bd.e, Münster 2014, 2015.
–, The Greek Catholic Churches in Post-War Catholic-Orthodox Relations. In: Leustean, Lucian (Hg.), Eastern Christianity and Politics in the Twenty-First Century. London / New York 2014, 737–753.
–, Kirche und Regime in der Sowjetunion und Russland. In: Veen, Hans-Joachim / März, Peter / Schlichting, Franz-Josef (Hg.), Kirche und Revolution. Köln / Weimar / Wien 2009, 59–70.
–, Die Religionsgemeinschaften im ehemaligen Jugoslawien: Nach der Gründung Jugoslawiens 1918. In: Melčić, Dunja (Hg.), Der Jugoslawien-Krieg. Wiesbaden ²2007, 242–254.
–, Kleine Geschichte der Religionen in Jugoslawien. Königreich, Kommunismus, Krieg. Freiburg i. Br. 2003.
–, Die ökumenische Bewegung während des Kalten Krieges – Eine Rückschau. In: Theologische Revue 99 (2003), 177–190.
–, Religionen, Kirchen. In: Bohn, Thomas / Neutatz, Dietmar (Hg.), Geschichte des Russischen Reichs und der Sowjetunion. Köln / Weimar / Wien 2002, 102–112.
–, Kirchen und Religionsgemeinschaften. In: Hatschikijan, Magarditsch / Troebst, Stefan, Südosteuropa. Gesellschaft. Politik, Wirtschaft, Kultur. Ein Handbuch. München 1999, 151–168.
–, Der Katholizismus in Südosteuropa. In: Dopmann, Hans-Dieter (Hg.), Religion und Gesellschaft in Südosteuropa. München 1997, 59–70.
Brown, Janice, Conscience and Captivity. Religion in Eastern Europe. Washington 1988.
Brown, Stephen, Von der Unzufriedenheit zum Widerspruch: Der konziliare Prozess für Gerechtigkeit, Frieden und Bewahrung der Schöpfung als Wegbereiter der friedlichen Revolution. Frankfurt a. M. 2010.
Bubík, Tomáš/Hoffmann, Henryk (Hg.), Studying Religion with the Iron Curtain Closed and Opened, Leiden 2015.
Buchenau, Klaus, Orthodoxie und Katholizismus in Jugoslawien 1945–1991. Ein serbisch-kroatischer Vergleich. Wiesbaden 2004.
Chadwick, Owen, The Christian Church in the Cold War. London 1993.
Chandler, Andrew, George Bell, Bishop of Chichester. Church, State and Resistance in the Age of Dictatorship. Grand Rapids 2016.
Chumachenko, Tatiana / Roslof, Edward E., Church and State in Soviet Rus-

sia: Russian Orthodoxy from World War II to the Khrushchev Years. Armonk 2002.
Czerny-Werner, Roland, Vatikanische Ostpolitik und die DDR. Göttingen 2011.
De Graaf, Beatrice, Über die Mauer. Die DDR, die niederländischen Kirchen und die Friedensbewegung. Münster 2007.
Diedrich, Hans-Christian, „Wohin sollen wir gehen …“ Der Weg der Christen durch die sowjetische Religionsverfolgung. Russische Kirchengeschichte des 20. Jahrhunderts in ökumenischer Perspektive. Hannover 2007.
Fabiny, Tibor, Bewährte Hoffnung. Die Evangelisch-Lutherische Kirche Ungarns in vier Jahrhunderten. Erlangen 1984.
Fejérdy, András (Hg.), The Vatican „Ostpolitik“ 1958–1978. Responsibility and Witness. Rome, 2015.
Filo, Július (Hg.), Christian World Community and the Cold War. Bratislava 2012.
G2W (Hg.), ČSSR, Zur Lage der evangelischen Kirche der Böhmischen Brüder. Eine Dokumentation. Küsnacht 1978.
Gabriel, Ingeborg/Bystricky, Cornelia (Hg.), Kommunismus im Rückblick: Ökumenische Perspektiven aus Ost und West (1989–2009). Ostfildern 2010.
Garstecki, Joachim (Hg.), Die Ökumene und der Widerstand gegen Diktaturen. Nationalsozialismus und Kommunismus als Herausforderung an die Kirchen. Stuttgart 2007.
Gassenschmidt, Christoph/Tuchtenhagen, Ralph (Hg.), Politik und Religion in der Sowjetunion 1917–1941. Wiesbaden 2001.
Gatz, Erwin (Hg.), Ostmittel-, Ost- und Südosteuropa (Kirche und Katholizismus seit 1945 Band 2). Paderborn 1999.
Gerster, Daniel, Friedensdialoge im Kalten Krieg. Eine Geschichte der Katholiken in der Bundesrepublik 1957–1983. Frankfurt a. M. 2012.
Greschat, Martin (Hg.), Deutsche und polnische Christen. Erfahrungen unter zwei Diktaturen. Stuttgart u. a. 1999.
–/Hüffmeier, Wilhelm (Hg.), Evangelische Christen im geteilten Deutschland. Die 50er Jahre. Festschrift für Christa Stache. Leipzig 2013.
Grimshaw, Mike, Encountering Religion: „Encounter“, Religion, and the Cultural Cold War, 1953–1967. In: History of Religions 51 (2011), 31–58.
Grulich, Rudolf, Die katholische Kirche in der Sozialistischen Föderativen Republik Jugoslawien. Zollikon s. a. (ca. 1978).
Hauptmann, Peter (Hg.), Kirche im Osten. Studien zur osteuropäischen Kirchengeschichte und Kirchenkunde. Göttingen 1987.

–/Stricker, Gerd (Hg.), Die Orthodoxe Kirche in Rußland. Dokumente ihrer Geschichte (860–1980). Göttingen 1988.

Heyer, Friedrich/Weise, Christian, Kirchengeschichte der Ukraine im 20. Jahrhundert. Göttingen 2001.

Hockenos, Matthew D., Martin Niemöller, the Cold War, and his embrace of pacifism, 1945–1955. In: Kirchliche Zeitgeschichte 27 (2014), 87–101.

Huhn, Ulrike, Glaube und Eigensinn. Volksfrömmigkeit zwischen orthodoxer Kirche und sowjetischem Staat 1941 bis 1960. Wiesbaden 2014.

Hummel, Karl-Joseph (Hg.), Vatikanische Ostpolitik unter Johannes XXIII. und Paul VI. 1958–1978. Paderborn u. a. 1999.

Hutten, Kurt, Christen hinter dem Eisernen Vorhang. Die christliche Gemeinde in der kommunistischen Welt. Stuttgart 1962.

Jauer, Joachim, Urbi et Gorbi. Christen als Wegbereiter der Wende. Freiburg i.Br. 2008.

Joppien, Heinz-Jürgen (Hg.), Der Ökumenische Rat der Kirchen in den Konflikten des Kalten Krieges. Kontexte – Kompromisse – Konkretionen. Frankfurt a. M. 2000.

Kalkandjieva, Daniela, The Russian Orthodox Church, 1917–1948. From Decline to Resurrection. London / New York 2015.

Karp, Hans-Jürgen/Köhler, Joachim (Hg.), Katholische Kirche unter nationalsozialistischer und kommunistischer Diktatur. Deutschland und Polen 1939–1989. Wien 2001.

Kirby, Dianne (Hg.), Bishop George Bell and the Cold War. In: KZG 21 (2008), 249–372.

–, Religion and the Cold War. Basingstoke 2003.

Koslowski, Peter/Fjodorow, Wladimir (Hg.), Religionspolitik zwischen Cäsaropapismus und Atheismus. Staat und Kirche in Russland von 1825 bis zum Ende der Sowjetunion. München 1999.

Kunter, Katharina, Religion und Dissidenz: Der Beitrag des tschechischen Protestantismus zur Bürgerrechtsbewegung Charta 77. In: Kaiserová, Kristina/Nižňanský, Eduard/Schulze Wessel, Martin (Hg.), Religion und Nation: Tschechen, Deutsche und Slowaken im 20. Jahrhundert. Essen 2015, 169–185.

–, Churches dealing with the Stasi-Past. In: Sidenvall, Eric (Hg.), Som i en spegel. Kyrka och teologi i möte med DDR. Växjö 2015, 32–44.

–/Schilling, Annegreth (Hg.), Globalisierung der Kirchen. Der Ökumenische Rat der Kirchen und die Entdeckung der „Dritten Welt" in den 1960er und 1970er Jahren. Göttingen 2014.

–, Evangelische Volksfrömmigkeit im kommunistischen Mittel- und Osteuropa – ein doppelter Widerspruch? In: dies./Kuhn, Thomas (Hg.), Reform – Aufklärung – Erneuerung. Transformationsprozesse im neuzeitlichen und modernen Christentum. Festschrift zum 80. Geburtstag von Martin Greschat. Leipzig 2014, 297–310.

–, Mantel des Schweigens. Bulgariens Kirchen tun sich schwer mit der Aufarbeitung der jüngsten Vergangenheit. In: Zeitzeichen 15 (2014), 8–11.

–, „Auge in Auge, Hand in Hand." Das politische und spirituelle Potential der Gemeindepartnerschaften vor und nach 1989. In: EPD Dokumentation vom 15. Juni 2010, 22–25. Auch erschienen in: Cordes, Martin (Hg.), Durch die Ritzen der Mauer. Kontinuitäten, Brüche, Neuanfänge in kirchlichen Partnerschaften seit 1949. Hannover 2011, 16–22.

–, Für Menschenrechte und Demokratie. Protestanten und die tschechische Bürgerrechtsbewegung Charta 77. Ein Thema im Spannungsfeld von ökumenischer Kirchenpolitik, zivilgesellschaftlichem Engagement und kirchlicher Zeitgeschichte. In: Kaiser, Jochen-Christoph (Hg.), Vom Ertrag der neueren Kirchengeschichte für Kirche und Gesellschaft. Marburg 2008, 141–166.

–/Schjørring, Jens Holger (Hg.), Die Kirchen und das Erbe des Kommunismus. Die Zeit nach 1989 – Zäsur, Vergangenheitsbewältigung und Neubeginn. Fallstudien aus Mittel- und Osteuropa und Bestandsaufnahme aus der Ökumene. Erlangen 2007.

–, Erfüllte Hoffnungen und zerbrochene Träume. Evangelische Kirchen in Deutschland im Spannungsfeld von Demokratie und Sozialismus 1980–1993. Göttingen 2006.

–, Zurück nach Europa. Die Kirchen als politischer und gesellschaftlicher Faktor im demokratischen Transformationsprozess Tschechiens. In: Kirchliche Zeitgeschichte 19 (2006), 145–158.

–, Ein Stück Westen im Osten: Ökumenische Begegnungen zwischen niederländischen und ostdeutschen Christen in den siebziger und achtziger Jahren. In: Jahrbuch des Instituts für Niederlande-Studien 13 (2002). Münster 2003, 67–83.

–, The Bells of Hope ring behind the Iron Curtain. Die Ökumene, das Jahr 1953 und die Wahrnehmung des deutschen Protestantismus. In: Greschat, Martin/Kaiser, Jochen-Christoph (Hg.), Die Kirchen im Umfeld des 17.6.1953. Stuttgart 2003, 265–276.

–, Die Kirchen im KSZE-Prozess 1968–1978. Stuttgart 2000.

Lefever, Ernest W., Weltkirchenrat und Dritte Welt – Ökumene im Spannungsfeld zwischen Theologie und Politik. Stuttgart 1981.

Lehmann, Hartmut/Schjørring, Jens Holger (Hg.), Im Räderwerk des „real existierenden Sozialismus". Kirchen in Ostmittel- und Osteuropa von Stalin bis Gorbatschow. Göttingen 2002.

Leustean, Lucian L. (Hg.), Eastern Christianity and the Cold War, 1945–1991. London 2011.

Lochman, Jan Milic, Christ und Prometheus? Genf 1988.

Luxmoore, Jonathan/Babiuch, Jolanta, The Vatican and the Red Flag. The Struggle for the Soul of Eastern Europe. London/New York 1999.

Maser, Peter/Erdmann-Schott, Christian (Hg.), Kirchengeschichte in Lebensbildern. Lebenszeugnisse aus den evangelischen Kirchen im östlichen Europa des 20. Jahrhunderts. Münster 2005.

–/Schjørring, Jens Holger (Hg.), Wie die Träumenden? Kirchen in der Phase des Zusammenbruchs der kommunistischen Herrschaft im östlichen Europa. Erlangen 2003.

–/Schjørring, Jens Holger (Hg.), Zwischen den Mühlsteinen. Protestantische Kirchen in der Phase der Errichtung der kommunistischen Herrschaft im östlichen Europa. Erlangen 2002.

–, Kirchen und Religionsgemeinschaften in der DDR 1949–1989. Ein Rückblick auf vierzig Jahre in Daten, Fakten und Meinungen. Konstanz 1992.

Nerderlandse Hervormde Kerk (Hg.), Verlorene Jahre? Über die Herausforderungen für das gemeinsame Kirchesein nach den eingreifenden Veränderungen in Mittel- und Osteuropa und dem Ende des Kalten Krieges, eine Handreichung der Generalsynode der Nederlandse Hervormde Kerk. Neukirchen-Vluyn 1993.

Palmer, Gretta, Chinas große Prüfung. Tatsachenberichte über die rote Christenverfolgung. Luzern 1954.

Metodiev, Momchil, Die bulgarisch-orthodoxe Kirche und der kommunistische Staat. Studienpapier der Konrad Adenauer-Stiftung, Auslandsbüro Sofia, online veröffentlicht unter: http://www.kas.de/bulgarien/de/publications/32430/ (12.11.2012)

Pospelovsky, Dmitry, The Russian Church under the Soviet Regime, 1917–1982. 2 Bd.e. Crestwood 1984.

Raden, Friedhelm, Christliche Hilfswerke im Kalten Krieg. Herbolzheim 2000.

Ramet, Sabrina (Hg.), Protestantism and Politics in Eastern Europe and Russia. Duke 1992.

Rauschenberg, Walter, Christianizing the Social Order. New York 1912.

Reitz, Rüdiger, Christen und Sozialdemokratie. Konsequenzen aus einem Erbe. Stuttgart 1983.

Sachse, Christian (Hg.), „Mündig werden zum Gebrauch der Freiheit". Politische Zuschriften an die Ökumenische Versammlung 1987–1989 in der DDR. Münster 2004.

Schambeck, Herbert (Hg.), Agostino Kardinal Casaroli. Der Heilige Stuhl und die Völkergemeinschaft. Reden und Aufsätze. Berlin 1981.

Schulz, Günther, Das Landeskonzil der Orthodoxen Kirche in Rußland 1917/18 – Ein unbekanntes Reformpotential. Göttingen 1995.

–/Schröder, Gisela-A./Richter, Timm C., Bolschewistische Herrschaft und Orthodoxe Kirche in Russland. Das Landeskonzil 1917/1918. Quellen und Analysen. Münster 2004.

Schulze Wessel, Martin/Zückert, Martin (Hg.), Handbuch der Religions- und Kirchengeschichte der böhmischen Länder Tschechiens im 20. Jahrhundert. Oldenburg 2009.

Stehle, Hansjakob, Geheimdiplomatie im Vatikan. Die Päpste und der Kommunismus. Zürich 1993.

–, Die Ostpolitik des Vatikans. 1917–1975. München 1975 (erweitert: Bergisch Gladbach 1983).

Stöhr, Martin, Deutsches Weltgericht in Sachen Ökumene. Ein Kommentar. In: Ökumenische Rundschau 50 (2001), 96–117.

Stricker, Gerd, Keston Institute (Oxford) und Glaube in der 2. Welt (Zürich): zwei ostkirchliche „Schwester-Institute". In: Informationes theologiae Europae 9 (2000), 363–370.

Szymeczek, Józef/Danyś, Miroslav, Christen im Widerstand gegen die kommunistische Diktatur in der Tschechoslowakei, Ceský Tesín 2006.

Trojan, Jakub S., And the Nightingales sing. Theological Reflections and Dialogues. Prag 1992.

Veen, Hans-Joachim/März, Peter/Schlichting, Franz-Josef (Hg.), Kirche und Revolution. Das Christentum in Ostmitteleuropa vor und nach 1989. Köln 2009.

Von Klimó, Árpád, Der ungarische Katholizismus und die Revolution von 1956: Neuere Literatur und Forschungen zu Kommunismus, Kirche und Laien (1945–1956). In: Historisches Jahrbuch 128 (2008), 495–521.

–, Ungarn seit 1945. Göttingen 2006.

Wanner, Catherine (Hg.), State Secularism and Lived Religion in Soviet Russia and Ukraine, Oxford 2012.

Wuthe, Paul, Für Menschenrechte und Religionsfreiheit in Europa. Die Politik des Heiligen Stuhls in der KSZE/OSZE. Stuttgart 2002.

Zwischen „erster, zweiter und dritter Welt". Ökumenische Bewegung im Kalten Krieg, mit Beiträgen von Johannes Althausen, Martin Greschat, Günter Krusche, Katharina Kunter (Heft 1 der „Ökumenischen Rundschau", Jahrgang 49, 2000).

Personenregister

Abbildungsnachweis

Abb. 1, 18, 33: wikipedia; Abb. 2, 3, 5, 6, 10, 14, 16, 31: Bildarchiv Herder; Abb. 4, 9: ©akg images; Abb. 7, 32: ©ullstein bild; Abb. 8, 26: © G2W; Abb. 11, 13, 19: © SZ Photo; Abb. 12: © Archive Photos; Abb. 15: © Privatarchiv A. Beglow, Moskau; Abb. 17: © WCC Archives, Geneva, D5439–00; Abb. 20, 21: © Getty images; Abb. 22, 24, 25: © Archiv des Instituts für Kirchengeschichte der Ukrainischen Katholischen Universität Lwiw; Abb. 23: © imago sportfotodienst; Abb. 28: Keston Institute; Abb. 27: © Archive of the Consistory of the Estonian Evangelical Lutheran Church; Abb. 29: © Eastblockworld.com; Abb. 30, 34: © dpa picture alliance; Abb. 35: © Visum; Karte 1–5: © Peter Palm, Berlin